全国教育科学规划课题《社会安全视野下的学校安全法律制度研究》（BAA120013）的研究成果

中国学校安全
治理研究

方益权 等◎著

中国社会科学出版社

图书在版编目（CIP）数据

中国学校安全治理研究／方益权等著 . —北京：中国社会科学出版社，2017.11

ISBN 978 - 7 - 5203 - 1060 - 4

Ⅰ.①中… Ⅱ.①方… Ⅲ.①学校管理—安全管理—研究—中国 Ⅳ.①G474

中国版本图书馆 CIP 数据核字（2017）第 231867 号

出 版 人	赵剑英	
责任编辑	张　林	
特约编辑	宋英杰	
责任校对	石春梅	
责任印制	戴　宽	

出　　版	中国社会科学出版社	
社　　址	北京鼓楼西大街甲 158 号	
邮　　编	100720	
网　　址	http://www.csspw.cn	
发 行 部	010 - 84083685	
门 市 部	010 - 84029450	
经　　销	新华书店及其他书店	

印　　刷	北京明恒达印务有限公司	
装　　订	廊坊市广阳区广增装订厂	
版　　次	2017 年 11 月第 1 版	
印　　次	2017 年 11 月第 1 次印刷	

开　　本	710 × 1000　1/16	
印　　张	16.5	
插　　页	2	
字　　数	263 千字	
定　　价	78.00 元	

目　　录

第 一 章

社会安全：我国学校安全
治理的新视野

当前，我国经济正处于"三期叠加"和"四化同步"的阶段①。在这一阶段，多种矛盾交织合流、国内矛盾易受国际因素影响、矛盾形式与内容更趋复杂多变、矛盾"连锁反应"与"蝴蝶效应"频繁转化、矛盾的顽固性爆发性增强、平息和化解的难度显著增大，② 呈现自然与人为致灾因子相互联系，传统与非传统安全因素相互作用，系统与非系统性风险相互影响，既有与新生社会矛盾相互交织的复杂局面。③ 但是，在传统安全理论和半传统安全理论的局限下，我们在思考如何建设平安社会时，经常忽视社会是作为一个巨系统而存在的，是由家庭、学校、企业、政府机关等"社会子系统"组成的，并不存在脱离了这些"社会子系统"的超然存在的所谓社会；④ 我们在思考如何建设安全学校时，也经常忽视学校是作为社会巨系统中的一个子系统而存在的，并不存在超然于社会巨系统之外可以封闭式存在并独善其身的学校。因此，非传统安全理论的社会安全视野下，平安社会和安全学校应该同属于一个语境下的"母子安全系统"，超然于家庭、学校、企业、政府机关等"社会子系统"安全建设的

---

① "三期叠加"是指增长速度换挡期、结构调整阵痛期和前期刺激政策消化期。"四化同步"是指工业化、信息化、城镇化和农业现代化。

② 顾华详：《社会管理法治机制建设若干问题探讨》，《唯实》2012 年第 4 期，第 67 页。

③ 胡颖廉：《公共安全领域缘何事故频发》，《经济日报》2014 年 8 月 18 日，第 9 版。

④ 1979 年，钱学森和乌家培在论述"社会系统工程"时指出，人类社会不只是大系统，而且是巨系统，是包括整个社会的系统，强调这类问题的范围之大和复杂程度之高是一般系统所没有的。这是学术界第一次提出巨系统概念。

社会安全理论研究与实践探索必然失之于空而不实，超然于社会巨系统的学校安全理论研究与实践探索必然失之于褊狭不全。将学校安全作为社会安全的重要组成，在社会安全视野下研究我国学校安全治理，这是我国学校安全理论研究与实践探索的必然路径。

第一节　社会安全与社会安全治理概述

传统安全理论在指涉对象上强调国家安全，在主导价值上强调军事与政治安全。非传统安全理论则在这两个问题上采取相反立场，它们将关注对象从国家层次移开，关注更多层次特别是人的安全；在所偏好的价值方面，它们也更加侧重于经济安全、环境安全、社会安全、人的解放、女性安全等领域。当前，国际国内安全形势新变化也促使安全理论调整面临新常态，非传统安全理论正不断受到重视。以一种符合学校安全新形势的社会安全理论作为指引，突出强调安全治理，对于加强我国学校安全理论研究与实践探索来说，将开辟一片崭新天地。

一　社会安全的内涵与基本特征

（一）社会安全的内涵

社会安全这个术语是由非传统安全理论的重要学派哥本哈根学派的领军人物巴里·布赞在《人民、国家和恐惧：国际关系中的国家安全问题》一书及相关论文中首先提出的。[①] 巴里·布赞对国家安全与社会安全进行了明确区分，认为社会安全应是整个社会的安全，是社会群体所认同的安全，而不仅仅是社会内部部分群体或个体的安全。随着苏联的解体、欧洲一体化的飞速发展以及东欧民族分离主义和种族冲突不断恶化、宗教冲突不断加剧、恐怖主义在全球蔓延、新型疾病的跨国界传播、网络安全等"非主流安全"问题更加突出等形势下，国家传统安全中占主导地位的军事安全逐渐退居次席，人们把安全的焦点由"国家"转移到了"社会"

---

① Barry Buzan, People, States and Fear: The National Security Problem in International Relations, Brighton, Wheatsheaf, 1983.

上来，由此社会安全理念开始形成，① 并作为一个新理论得到不断的发展和完善。

要了解社会安全的含义，必须先把握"安全"的内涵。翻阅多国语言对"安全"的解释发现：在希腊文中表达为"完整"的意思；在梵语中表述为"没有伤害"或"完整"；在拉丁语中则表有"卫生"之意。在我国的汉语字典里，"安"的解释为不受威胁，没有危险、太平、安全、安适、稳定等，可谓无危则安，"全"的解释为完满、完整或者指没有伤害、无残缺等。"安全"的意思是"有保障、无危险"。主要包括下列内容：（1）安全指事实状态上看没有危险，不受威胁，不出事故。（2）安全从条件上看，是为外界创造舒适环境和高效活动状态的客观条件。（3）安全从心理上看，它是一种保持系统完整的心理状态。（4）安全从理念上看，它是一种保护人与物不受到伤害或者是一种满足一定安全技术指标使物处于规范要求的理念。因此，社会安全或公共安全是指不特定的、多数人的健康、生命安全、公私财产的安全。②

"危害公共安全罪"是《中华人民共和国刑法》"分则"中的第二类罪，刑法学理论上的公共安全定义与前述定义大体吻合，其主要观点有五种：第一种观点认为，公共安全是指不特定的多数人的生命、健康、重大公私财产，以及公共生产、生活的安全。③ 按照此观点，公共安全包括两大类：不特定多数人的生命、健康、重大公私财产的安全，公共生产、生活安全。第二种观点认为，公共安全是指不特定多数人的生命、健康、财产安全，重大公共财产安全和其他公共利益的安全。④ 按照此种观点，公共安全包括三大类：不特定多数人的生命、健康、财产安全，重大公共财产安全，公共利益安全。第三种观点认为，公共安全是指不特定或者多数人的生命、健康或者公私财产安全。⑤ 按照此种观点，公共安全包括两大类：不特定人的生命、健康、财产安全，多数人的生命、健康、财产安

---

① 冯毅：《社会安全突发事件概念的界定》，《法制与社会》2010 年第 9 期，第 279 页。

② 周静茹：《以科学发展观解析公共安全之内涵和外延》，《长春大学学报》2006 年第 2 期，第 73 页。

③ 高铭暄：《中国刑法学》，中国人民大学出版社 1989 年版，第 369 页。

④ 高铭暄、马克昌：《刑法学》（下篇），中国法制出版社 1999 年版，第 609 页。

⑤ 张明楷：《刑法学》，法律出版社 1997 年版，第 555 页。

全。第四种观点认为，公共安全是指不特定的人身与财产安全。① 按照此种观点，公共安全包括两个方面：不特定的少数人的生命、财产安全，不特定的多数人的生命、财产安全。第五种观点认为，公共安全是指"不特定或者多数人的生命、健康、财产安全，重大公私财产安全，重大生产安全，公共生活安宁以及重大公共利益的安全"。按照此种观点，公共安全包括六大类：不特定人的生命、健康、财产安全，多数人的生命、健康、财产安全，重大公私财产安全，重大生产安全，公共生活安宁，重大公共利益安全。② 而从危害公共安全的犯罪形态来看，主要包括了以下几大类：以危险方法危害公共安全的犯罪（如放火、爆炸、投毒等犯罪）；破坏公用设施的犯罪；具有恐怖性质的犯罪；违反枪支、弹药、爆炸物、核材料管理的犯罪；重大责任事故的犯罪。在《中华人民共和国刑法》中对刑法界定的犯罪是以具有严重的社会危害性作为考察犯罪行为的标准，排除一些程度较轻的危害公共安全的行为，也同样排除人的行为以外的事件，这些事件是不以人的意识为转移的，包括自然事件和社会事件。

　　人们经常从灾害、风险、危机等不同角度来描述社会安全，并分析影响社会安全的因素和问题，但很少有人对社会安全作明确的界定。对于什么是社会安全，也没有形成统一的看法。有学者认为，社会安全主要是指全社会各个群体避免伤害的能力和机制。有学者主张将社会安全划分为：交通安全、产业生产安全、消防安全、公共安全、家庭生活安全等几个方面。其中公共安全包括社区治安、学校安全、公共场所安全等。李忠杰先生认为，当前影响中国社会安全的状况主要有四类：一是自然灾害可能造成社会秩序混乱、公众利益受损；二是社会灾难直接造成的对公众利益的伤害和对社会秩序的冲击；三是社会公共卫生事件引起较大的社会恐慌心理；四是直接由社会因素如群体性事件、网络与信息安全事件而造成的社

---

① 刘志伟：《危害公共安全犯罪疑难问题司法对策》，吉林人民出版社2000年版，第13页。

② 邵维国：《论我国刑法中公共安全的内涵及其认定标准》，《中国青年政治学院学报》2002年第6期，第93页。

会不稳定，甚至社会动荡。① 郭强先生从改善民生角度看社会安全问题，认为当前中国国家安全问题在内不在外。国家安全的基础是社会安全，社会安全的基础是人民安全，人民安全包括人民的生活安全、财产安全、职业安全、权利安全等。② 郑杭生先生提出从广义和狭义两个角度来界定社会安全，并主张从狭义角度上使用社会安全的概念。他认为："广义上的社会安全是指整个社会系统能够保持良性运行和协调发展，而把妨碍社会良性运行和协调发展的因素及其作用控制在最小范围内。在这个意义上，社会安全包括了经济安全、政治安全、社会生活安全和思想文化安全。狭义上的社会安全主要相对于经济安全和政治安全而言，是指除经济子系统和政治子系统之外其他社会领域的安全"③。

总的来说，当前，在非传统安全理论的指引下，人们对社会安全存在以下几点共识：第一，社会安全是一种非传统安全，主要应当从人类生存和生活的角度来研究人的安全问题；第二，社会安全是保护社会群体的安全，同时也不容忽视社会成员个体的安全；第三，社会安全保障的第一责任人是政府，政府必须切实担负起其应有的责任；第四，社会安全的基础是人类社会的协调发展；第五，社会安全管理的核心是社会风险管理；第六，社会安全没有地域边界，全球化是社会安全的新特点。④ 因此，社会安全就是关注人的安全，是以社会协调发展和全球化理念为先导，政府通过社会风险管理尽可能地为社会群体提供一种"生存优态"。

需要强调指出的是，社会安全作为非传统安全理论的核心概念，在指涉对象和主导价值方面都区别于传统安全理论和半传统安全理论，它更注重"人"这一层次的安全，更多的是关注社会中"人的价值"，要求树立"以人为本"的理念，把保障公众的生命安全作为主要内容，更多地去关注公众集体的生活、价值和尊严，为公民的正常的生活需求提供安全良好

---

① 梁波、王道勇：《当前影响我国社会安全的重大问题——中国社会发展问题高端论坛·2012 研讨会综述》，《科学社会主义》（双月刊）2012 年第 4 期，第 42 页。

② 同上书，第 43 页。

③ 郑杭生、洪大用：《中国转型期的社会安全隐患与对策》，《中国人民大学学报》2004 年第 3 期，第 2—3 页。

④ 北京市哲学社会科学规划办公室、北京市教育委员会，首都社会安全研究基地：《首都社会安全研究报告 2005》，同心出版社 2005 年版，第 11—16 页。

的社会环境。其不再是由国家进行主要控制和管理，而是更多地渗透在公民的日常生活中，通过公民民主参与方式实现社会的自我治理，其安全范畴主要包括社会生产、社会秩序、社会环境以及社会中公民的人身财产安全等方面。联合国开发计划署 1994 年《人类发展报告》直接提出了"人的安全"的概念，并列举了构成人类安全的七个要素：经济安全、食品安全、健康安全、环境安全、人身安全、社会安全和政治安全。①

课题组认为，社会安全是由政府机构、非政府的公共机构、私人机构或公共机构与私人机构的组合等行为体通过构建保险、救助和服务等防范风险的制度体系，使社会系统能够保持良性运行和协调发展，避免社会群体和个人受到伤害的能力和机制。

（二）社会安全的基本特征

第一，指涉对象的群体性。社会安全问题的产生往往不是个别或个体问题，而是社会性问题，社会安全作用指涉对象通常是不特定的多数人，也就是说，指涉对象具有群体性，一旦发生如若处理不当将有可能引发社会秩序的紊乱，从而影响群体的正常生活秩序。

第二，主导价值为秩序价值。社会安全是社会和谐的重要表征，它是良好社会秩序的表现。从公共安全理论角度看，社会安全也具有公共性。公共安全理论中分析公共安全问题时，通常与风险、危机、灾难等相关变异量关联，社会安全状态的好坏与公共安全问题息息相关，并将影响社会安全的公共安全问题变异量因素作为评估标准。因此，要确保社会安全处于稳定状态，必须保证良好的社会秩序。

第三，产生的影响广且复杂。社会安全涉及的内容较为广泛，既包含国防、社会治安、公共卫生、生产安全、交通消防甚至包含心理上对安全的期许、有序的秩序、较好的管理模式和制度体系等。危害社会安全的事件或行为往往波及范围广泛，对人们的影响具有很强的关联性。基于社会安全内容的广泛性，导致危害社会安全的诱因比较复杂。

第四，影响力具有持久性。社会安全问题负面影响的多样性使社会安全的危害不仅仅表现为生命与财产等的有形伤害，还体现在心理受挫和精

---

① 余潇枫等：《中国非传统安全能力建设：理论、范式与思路》，中国社会科学出版社2013 年版，第 15 页。

神伤害等的无形伤害。社会民众对社会安全问题产生无形的伤害主要包括安全感的降低、价值认同的减损等。伴随而来的是产生社会公众对社会和政府等公共机构失去信心的心理。

二 社会安全的理论与价值归属

(一) 社会安全的理论归属

安全问题是人类社会面临的基本问题,如何理解和比较众多的安全理论对于研究社会安全有着重要的意义。而构建出一个安全理论框架将所有的安全理论都放在一个平台上进行分析,有助于对传统的、半传统的和非传统的安全理论进行比较。关于安全研究的框架应该包括安全研究的主要方面。在这个问题上,最重要的两位代表人物巴里·布赞和甘地·巴伯持有着不同的观点。巴里·布赞指出:"自 20 世纪 40 年代晚期以来,国际安全领域主要从这五个问题进行争论:一是关于安全对象的讨论;二是关于引发安全问题的原因的讨论,是内部因素还是外部因素引发的;三是关于安全领域的范围的争论,是将领域局限在国防领域,还是应该扩展到其他领域;四是关于安全研究的基本思想的讨论;五是关于安全研究的认识论和方法论的选择。[1] 甘地·巴伯则认为,在安全研究中,分析者首先要回答两个核心问题:谁的安全与何种价值的安全;其次,关于来自什么威胁的安全和通过何种方法维护安全也是应该解决的问题。[2]

这两个框架都把安全指涉的对象(谁的安全问题)当作安全研究的首要问题,关于安全相关价值(涉及的领域)也是极为相似。两者相比较,第二种框架即甘地·巴伯的框架更适合本课题组的研究。因为,第二种框架是将安全问题当成一种理论来分析,而前者更像是一门学科的探讨。通过对安全研究框架的两个指标:"谁的安全"(指涉对象),"什么安全"(主导价值)的分析研究,可以判断社会安全是属于非传统安全理论,而不是传统安全理论或半传统安全理论。传统安全的指涉对象强调国

---

① 巴里·布赞:《论非传统安全研究的理论架构》,《世界经济与政治》2010 年第 1 期,第 113—133 页。

② Kanti Bajpai, "Human Security: Concept and Measurement," Kroc Institute Occasional Paper, August 2000, p. 9, http://www.hegoa.ehu.es/dossierra/seguridad/Human_ security_ concept_ and _ m easurement. pdf.

家安全，主导价值强调军事和政治安全。介于传统安全理论与非传统安全理论之间的理论被称为半传统安全理论。社会安全则属于非传统安全理论中的一种。

(二) 社会安全的价值归属

社会安全问题既可以延伸至国家安全层次，社会的不安定必然对国家安全造成威胁；也可以下延至人的安全层次，社会安全与人的安全连接的紧密性甚至远远要胜于国家安全。自20世纪90年代初以来，学者们对人的安全研究的兴趣不断增长。在这一过程中，联合国开发计划署曾扮演了关键的议程设置者角色。1994年，它发布的《人类发展报告》中有关于"人的安全"这一概念的提法。[①] 该报告指出，"新的人类安全观"是世界秩序所需要的新的理念之一。这种安全观更加强调人的安全，不仅仅是国家的安全。[②] 该报告以专章《人类安全的新维度》对人的安全概念进行了系统阐述。并在报告中进一步提出："人的安全包括两个主要方面：第一，免于饥荒、疾病、压迫等慢性威胁；第二，免于家庭、工作和社区等日常生活场所中的危害性和突发性干扰。"[③] 《人的安全现状》强调"人的安全与国家安全互为强化、相辅相成。没有人的安全，国家安全不可能实现，反之亦然"。[④] 此后，在联合国及加拿大、日本等国家的推动下，人的安全问题开始直接进入世界政治议程。人的安全研究以什么为指涉对象？顾名思义，是人而不是国家被当作最主要的指涉对象。[⑤] 关于国家安全与人的安全的关系，人的安全研究认为：国家安全最终是为了个人的安全，国家是其公民安全的首要提供者，它是安全的工具，而非安全的目

---

①　李开盛、薛力：《非传统安全理论：概念、流派与特征》，《国际政治研究》（季刊）2012年第2期，第101页。

②　廖福特：《国际人权法——议题分析与国内实践》，元照出版公司2005年版，第304页。

③　United Nations Development Programme (UNDP), Human Development Report 1994, Oxford University Press, 1994, 23.

④　Human Security Now, report launched：UNSCO, p. 6.

⑤　Kanti Bajpai, "Human Security：Concept and Measurement," Kroc Institute Occasional Paper, August 2000, p. 37, http：//www. hegoa. ehu. es/dossierra/seguridad/Human_ security_ concept_ and _ m easurement. pdf.

的。① 这在某种程度上承认并回归了马克思主义的人本思想。马克思主义认为：一切社会的起点是个人,一切社会的终点是个人,人的解放是社会解放的根本特质。世间万物中,再也没有比人的生命存在更基本、更重要的价值了。人既是价值的主体,又是价值客体,也就是说,人既是手段,又是目的。任何人类历史的第一个前提无疑是有生命的个人的存在。人的生命存在、人格尊严以及人的自由,自觉的创造性本质的全面发展,是人作为主体存在本身所拥有的价值,而人对社会、他人或自身需要的满足和肯定,则是人作为客体存在所表现出来的价值。② 显然,人,只有人,才是社会安全的终极归宿,才是安全理论研究与实践探索中要保护的核心价值,国家只是手段或阶段性目的。

三　社会安全建设与安全治理理论

安全治理是社会安全建设的新模式。在社会安全建设中,安全治理理论的引领和促进作用已得到充分验证。反过来,社会安全建设的丰富实践也进一步丰盈和完善了安全治理理论。

（一）安全治理理论的主要内容

随着社会的发展,现代风险社会给人们又提出了新的挑战,而有效地应对社会安全是首先要解决的问题。社会安全的责任主体不仅仅局限在国家政府,它需要更多的社会主体参与进来。它们的参与也将引起社会安全建设理念和模式的根本性甚至颠覆性改变。多主体参与社会安全治理,意味着社会安全治理模式的更新,这种模式更灵活也更切合实际,因而也更有效。"安全治理"概念是在社会新形势下提出的新的应对社会安全的治理理论。安全治理理论丰富了安全内涵,安全治理是针对社会安全风险的防控提出的新的思路,是一种全新的安全治理模式。

"治理"一词早在 19 世纪末就已出现,在 20 世纪 90 年代以后,治理理论在环境领域和国际金融领域得到广泛应用,也相应地出现了"环境

---

① 李开盛、薛力:《非传统安全理论:概念、流派与特征》,《国际政治研究》（季刊）2012 年第 2 期,第 101—102 页。

② 冯兰义:《人的价值和人的全面发展研究概览》,《文史哲》1998 年第 6 期,第 117—120 页。

治理""国际金融治理"等概念。全球治理理论的创始人之一詹姆斯·罗西瑙提出"没有政府的治理"这一观点。他指出,治理与统治不同,治理比政府的统治的内涵更丰富,是一系列活动领域里的管理机制,它们虽未得到正式授权,却能有效发挥作用。① 治理理论专家让—皮埃尔·戈丹也非常强调治理区别于统治的内涵。他说:"治理从头起便需要区别于传统的政府统治概念。"② 联合国全球治理委员会在《我们的全球伙伴关系》中,将治理概括为"治理是各种公共的或私人的个人和机构管理其共同事务的诸多方式的总和"。俞可平认为,治理一词的基本含义是指官方的或民间的公共管理组织在一个既定的范围内运用公共权威维持秩序,满足公众的需要。治理的目的是在各种不同的制度关系中运用权力去引导、控制和规范公民的各种活动,以最大限度地增进公共利益。所以治理是一种公共管理活动和公共管理过程,它包括必要的公共权威、管理规则、治理机制和治理方式。③

由此可见,治理与统治有着根本的区别。归纳起来主要体现在以下四个方面。区别之一在于权力来源的差异,治理的权力来源带有自愿的、广泛参与的性质。它除了来源于法律法规等强制性规定外,更源于公民的认同和共识。区别之二在于管理范围的差异,治理的范围较之统治的管理范围要宽泛,它超出政府权力所涉领域至公共领域范围。区别之三在于参与主体的差异。治理的主体多元化,涉及社会各级各类公共机构和非政府的公共机构,区别于以政府等国家组织为参与主体的管理。区别之四在于权力运作方式的区别。基于权力产生不同,导致管理是通过自上而下的方式运行;治理的权力更多体现的是自愿性的协作互动的方式,是一种伙伴关系管理事务。

安全治理的概念最早由埃尔克·克拉曼提出,主要是指欧洲和跨大

---

① [美]詹姆斯·N·罗西瑙主编:《没有政府的治理:世界政治中的秩序与变革》,张胜军、刘小林等译,江西人民出版社 2001 年版,第 5 页。转引自崔顺姬、余潇枫《安全治理:非传统安全能力建设的新范式》,《世界经济与政治》2010 年第 1 期,第 86 页。

② [法]让-皮埃尔·戈丹:《现代的治理,昨天和今天:借重法国政府政策得以明确的几点认识》,转引自同上书,第 87 页。

③ 贾建芳:《转轨中的中国政治走向:善治与增量民主——访俞可平研究员》,《科学社会主义》2004 年第 1 期,第 4 页。

西洋的安全关系，区别于以往的安全概念。这也意味着安全内涵的拓展，由最初的统治转到治理，安全治理理论开始运用到安全领域。安全治理也是一种新的管理模式，它由多主体自主参与，权威和信息实现分享，对各项管理事务进行协商处理的管理模式。安全治理理论源于解释和处理国际安全问题，而今，有不少学者开始用安全治理模式分析食品药品安全、环境安全、安全生产、防灾减灾救灾、社会治安防控等内容。在安全治理理论指引下，各国学校安全领域也在逐渐走出"目的—手段"的线性管理思维模式，更加注重用系统治理的模式来提升校园安全水平。

（二）安全治理是社会安全建设新模式

治理运用于安全领域对于提升安全维护能力起着重要作用。具体表现在以下几个方面。

第一，丰富了安全研究的视角。以往，安全问题的处理仅仅局限在国家这一单一视角，而安全治理理论更强调对安全的广义理解，即要求从个人、国家、地区乃至全球，经济、政治、社会、文化、宗教，历史、现实、未来，社会、群体、个体等多层面、多角度、多维度观察和处理安全问题，有助于人们从新的安全视角去认识和发现问题。

第二，拓展了安全治理的参与主体。安全治理主体的多元性有助于在安全问题处理过程中实现资源的有效共享，从而使资源、信息得到有效整合，体现了安全保障的"综合能力"。主体的多元化更有助于兼顾人的安全和社会安全双重维护效果。通过各种公共或私人机构实现更多的行为体介入，从而达到治理效果的最优化，实现治理价值的最大化，提升对安全维护的能力。

第三，融入了"协商"的柔性特质。安全治理区别于统治或管理的最显著特点在于其"协商"的柔性特质。安全治理过程中注重各参与主体的协商解决，强调非强制性的合作处理。在协调各方主体达成统一处理意见时，主要是基于参与者自身的意愿和对该问题较为一致的看法。这也意味着安全治理价值能够实现更大化，使安全治理能够得到广泛认同，治理效果得以持续。罗西瑙尤其强调规则体系在治理过程中的作用，他说:

"治理是只有被多数人接受才是生效的规则体系。"①

第四，提升了安全评估的可操作性。安全治理实现了安全考核的量化。安全治理过程中特别注重安全治理者通过哪种方式实现政策目标以达到预期的结果，即对该安全维护参与主体、过程和结果进行量化的绩效考核与评估。这意味着在安全治理过程实现了"监督与反馈"形成的有机闭循环系统。

第五，展现了安全治理模式的"综合性"。安全治理是一种由多元主体参与解决安全问题的合作模式，又是一种融合各种利益，使各种利益得以调和的模式，这种治理模式具有综合性特质，通过参与主体的拓展，共享权威、资源并进行有效整合，以自愿协商为基础，借助机制和制度来协调各方利益，满足多方需求，促进积极合作。由此可见，安全治理是一种全新的治理模式，它通过结构的调整，导致功能和行为发生改变，从而取得更为积极的效果。

简而言之，安全治理模式强调安全维护的多元行为主体参与、鼓励有效整合和运用各种资源，着眼于安全治理过程中的协商处理机制，完善了安全的量化评估机制，是安全建设所必要的分析框架。安全治理通过多元参与行为体，基于认同的安全治理理念，凭借各项制度和体制的支撑，有效地整合不同行为体的参与和资源调配，将安全危机控制在非常态危机的临界点之前实现有效治理，以获得良好的生存及发展环境。因此，安全治理模式也是学校安全理论研究和实践探索中的必然选择。

第二节　学校安全与学校安全治理概述

一　学校安全的内涵与基本特征

（一）学校安全的内涵

关于学校的概念及其作用，存在不同的解释，以不同视角诠释学校安全的意义。其中，功能主义者认为，学校是促进社会技术发展、物质财富增长和推动民主运动的重要公告机构。马克思主义者把学校教育看作维持

---

① ［美］詹姆斯·N. 罗西瑙主编：《没有政府的治理：世界政治中的秩序与变革》，张胜军、刘小林等译，江西人民出版社2001年版，第4—5页。

一部分人对另一部分人的控制并使之合法化的工具。与功能主义者和马克思主义者不同,解释主义者对学校在社会中的作用不进行全局性的争论,他们认为学校在社会中的作用因社会环境的改变而改变,他们具有局部而非全局性的倾向。对此,解释主义者认为,学校是群体和个体按照某一范围内的人彼此都明白的"游戏规则"相互作用、相互影响的地方。① 张玉堂则认为,"学校"是指"依法定条件和要求建立起来的,专门采取思想影响、知识传播、行为规范等手段或途径,培养或者影响人向着一定方向成长和发展的专门机构"。② 学校作为人才培养的专门教育机构,其根本目的是促进每个学生的身心发展,为社会的发展培养需要的人才。李岚清先生曾经有一句名言,"生命不保,谈何教育"。然而,由于学生的生理和心理大多尚未成熟,生活阅历较浅,安全防护的意识较差,是较容易发生安全事件的弱势群体。因此,学校更需要注重安全治理——如果学生的安全得不到保障,学校就没有存在的价值意义。安全是学校存在的根本,是保证学生身心健康发展的基本条件,是学校开展正常的教育教学工作的基础,是培养优秀学生和促进学校良性发展的前提。

关于学校安全的概念,众多研究者也从不同的视角提出了自己的观点。侯莹莹认为,学校安全是指"学生享有安全和谐的学习和成长环境以及良好的教学秩序,学生的生命财产、身心健康和自我发展有安全的保障,最大限度地避免各种灾难的伤害。学校管理组织能够有效地防范和治理各种校园安全危机,保障学生的安全和学校秩序的稳定,促进学校整体协调发展,保障学生的健康成长"③。李贞德认为,学校安全是指"学校师生在学习教学等活动中,免受任何外来的危险和伤害,从而使师生身体、心理达到健康、舒适、和谐、完好的一种状态"④。李登贵认为,学校安全是指学习、工作、生活在学校这一特定公共环境中的成员个人权利

---

① Walter Feinberg、Jonas F. Soltis:《学校与社会》,李奇等译,教育科学出版社 2000 年版,第 83—84 页。

② 张玉堂:《学校安全预警与救助机制理论和实践》,四川人民出版社 2010 年版,第 13 页。

③ 侯莹莹:《转型期我国中小学校园安全管理研究》,硕士学位论文,南京师范大学,2011 年,第 10 页。

④ 李贞德:《中小学校园安全问题研究》,硕士学位论文,河南大学,2012 年,第 2 页。

特别是人身权利和财产权利不受威胁、危害、侵犯的平安状态。在安全体系中，学校安全属于社会安全范畴，在一定的情况下也与自然安全有着相关性；同时，学校安全是一种公共安全，因为学校是一种公共组织，是青少年儿童聚集的公共场所，因而学校安全是社会公共安全的组成部分。[①]

　　在日本，学校安全主要包括安全教育、安全管理、组织活动（见图1—1）。学校安全教育主要是依托课程与专业以及与专业相关的第二课堂活动进行安全教育的指导；学校安全管理主要是对学生和学校内相关设施财产的管理；学校安全组织活动主要是以活动为载体开展相关的安全教育，实现学校的安全教育管理。[②]

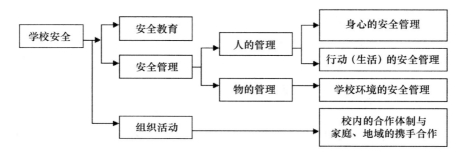

图1—1　学校安全构造

资料来源：石毛昭治《学校安全の研究》（2005）[③]。

　　可见，学校安全是一个综合性的概念，学校安全在范围上不仅包括学校内部教学环境、师生的思想情绪以及教学秩序等方面的安全稳定，也包括校园周边环境的安全稳定。学校安全工作的核心是最大限度地预防和杜绝学生伤害事故的发生，保障学生的身心健康与安全，确保教学秩序的正常进行。由于学校安全是一项具有极其长期性、复杂性和艰巨性的工作，其问题的解决既有各国可以共享的科学理念和有效举措，又有基于各国国

---

① 李登贵：《日本学校事故及其赔偿责任研究》，博士学位论文，北京师范大学，2006年，第41页。

② 樊秀丽：《日本学校安全法立法运动》，《首都师范大学学报》（社会科学版）2011年第3期，第70页。

③ 同上。

情、社情、校情的复杂特殊性,因而既需要相关理论的学习借鉴,又需要各国学者的创新研究和实践探索;其问题的解决不可能是一方主体通过自身不懈努力即可达致的,因而需要多元主体协同治理;其问题的解决不可能是一蹴而就、一劳永逸的,因而需要警钟长鸣、常抓不懈。

鉴于此,课题组认为,学校安全是指在学校运行过程中,学习、工作、生活在学校中的成员的人身和财产权利处于不受威胁、侵犯的平安状态。在安全体系中,学校安全属于社会安全范畴;学校是学生聚集的公共场所,而学校成员总是以个体的身份存在于学校共同体之中,因此个人的安全又构成了社会公共安全的一部分。当学校成员个人安全受到威胁和侵犯时,学校整体的安全也同时受到威胁和侵犯,因而,学校安全是社会安全的重要组成。

实际上,学校安全应当包括三个层次。第一层次,作为学校成员的学生的安全。包含学生人身安全、财产安全和其他权利安全等方面,学生的人身安全是学校安全的重心。第二层次,作为学校成员的教师等职员的安全。包含教师等职员人身、财产安全和其他权利安全等方面——在学校,教师的人身安全仍然是一个重要的问题,不容忽视。第三层次,学校成员的所在环境的安全,即内外治安秩序,也可以称为学校治安。包含学校内部管理秩序如校园治安,以及校园周边环境的治安秩序。这三个层次以及每个层次中的具体方面都是互相联系的,形成了一个体系。在这个体系中,集体和个人都被纳入安全网络之中。但是,具有终极意义的是学校成员个体尤其是学生的安全。

(二) 学校安全的基本特征

第一,脆弱性。脆弱性是学校安全十分重要而又明显的特点。脆弱性包含学校的脆弱性,也包含学生的脆弱性和教师等职员的脆弱性。学校是学生最为集中、集中时间最长的场所,作为教育机构,不可能将学校置于与政府机关类似的强力而有效的安保体系之中。学生缺乏社会经验,自我保护和对危险、威胁和风险的识别力、判断力、防卫能力均较弱,面对勒索等校园暴力行为,经常呈现出没有反应或过度反应,都是脆弱性的表现。教师等职员虽然具有与其教书育人职责之履行所相应的职业素养,却经常缺乏安全保护方面的相关素养之培训培养。

第二,长期性。学校安全是一项长期性、持续性、艰巨性的工作,不可能一劳永逸。学校安全从学校运行之日起就存在，任何时候都不能放松警惕。

第三，复杂性。学校周边环境作为社会的"微环境"具有复杂性的特点。目前，我国学校周边大多商业网点遍布，生活服务设施多，校园流动人员多，治安情况复杂，整治工作难度大。加上学校周边还存在着一定的交通、食品、消防以及卫生等安全隐患，更是增加了学校安全治理的难度。

第四，综合性。学校安全工作是一项关系社会安全稳定的系统工程，其不仅仅是学校及教育行政部门的职责，还涉及公安、交通、消防、卫生、建设、工商等多个政府职能部门和社区等社会多元主体。因此，包括各相关行政管理部门在内的学校安全治理各相关主体，要明确自身在学校安全治理方面的职责和使命，增强对学校安全统筹治理的意识，改变各主体各自为战、条块分割的管理现状，实行齐抓共管、通力合作的联动安全治理机制。

第五，可预见性。学校安全是相对的，学校不可能完全保证学校、学生、职员绝对不发生任何安全事故。但这并不表明学校安全事件是不可控制、不可预见的。通过建立科学、合理、严密的学校安全治理体系和风险管理机制，可以有效预防和减少学校安全隐患，来保证学生等意外伤害的因素控制在最低限度，从而实现学校安全稳定的总体目标。

二 学校安全问题产生原因的类型化分析

学校安全面临的问题和挑战纷繁复杂，影响学校安全的因素也是多种多样，因此，有必要对影响学校安全的原因加以类型化分析研究。只有通过类型化分析研究，才能在治理手段和相应策略上做到对症下药、有的放矢，在制度配置上也才能做到具有很强的针对性和可操作性，以取得良好的安全治理实效。学校安全问题产生的原因，可以类型化地展现为以下方面。

第一，根据是否以人的主观意志为转移，将学校安全问题分为危害学校安全的行为和危害学校安全的事件。危害学校安全的行为主要是不特定的人通过作为或不作为的方式而引发的危害学校安全问题。危害学校安全的事件主要是以自然事件或社会事件而引发的学校安全问题。

第二，依据因素产生的诱因不同，学校安全问题产生的原因将危机划分为内源性危机与外源性危机。危害学校安全的内源性危机主要产生于教学、行政等学校的各项管理活动之中，由于学校组织内部管理不善而产生。危害学校安全的外源性危机主要强调学校外部环境变化给学校带来的危机，如社会动荡、政局不稳对于学校安全的影响。① 也有学者依据因素产生的诱因不同，将学校安全危机划分为内生型、外生型和内外双生型危机（可能兼具内外因素，称之为双生型危机）②。课题组认为，根据该学者对内外双生型危机的定义，可以将其分别纳入内源性危机或外源性危机之中。也就是说，由于学校管理漏洞给外部犯罪分子以可乘之机等内部原因引发的学校安全问题，可以纳入内源性危机之中；而由外部犯罪分子个人情绪或报复等外部原因引发的学校安全问题，可以归类到外源性危机之中。

第三，根据引发学校安全问题的诱因领域不一样，分为自然性危机、政治性危机、社会性危机、经济性危机。自然性危机多以灾害性形态引发的学校安全问题，包括地震、台风等自然灾害；政治性危机主要是指在意识形态领域的冲突，因此而引发的学校安全危机，如政治性集会或罢课等；社会性危机源自社会发生的各类冲突引发的学校安全问题；经济性危机主要是因为财务管理不善而引发的学校安全问题，如学校的腐败问题。

第四，根据引发学校安全问题的主体不一样，将安全危机分为学生群体引发的危机、教职工群体引发的危机、其他群体引发的危机三大类。根据不同群体的生理特点和生活状况进行危机划分，有助于采取有效地对策，在最短的时间里降低危机造成的负面影响。如有的学校设置心理健康诊所，排解师生心理健康，在一定程度上能够避免师生群体的消极行为对学校安全的危害；学校加强校园安全保卫建设，可以在一定程度上防范由校外人员或其他群体引发的危害学校安全的因素在校内发酵并产生危害后果。

第五，根据危机发生的不同方式，将危机分为常态型危机与应急性危机。常态型危机是指日常教育教学过程中具有规律性，发生之后可以防范

① 王立峰：《高校公共安全法律机制的理论证成——以公共安全的内涵为视角》，《西南科技大学高教研究》2007 年第 3 期，第 22 页。

② 肖鹏军：《公共危机管理导论》，中国人民大学出版社 2006 年版，第 5 页。

和避免的危机。主要包括寝室安全防火、食品安全等。应急性危机是指一些具有突发性且无法预料的危机。主要包括突发的灾害性事故或严重犯罪行为。

当然，实践中，学校安全面临的情况与问题是相当复杂的，其引发原因也同样复杂多变。相对来说，公众更多地把注意力集中于学校治安问题，课题组的研究也以此作为侧重点。

三 学校安全治理的相关指导理论

学校安全治理与社会安全建设一样，需要以科学的理论为引领和指导。客观地说，由于学校安全治理是一个兼具宏观性、中观性与微观性的社会实践过程，也是一个涵盖安全学、管理学、教育学、法学、社会学等诸多学科及其社会实践领域的复杂系统，对学校安全治理具有引领和指导意义的相关理论非常丰富。课题组认为，以下几种理论在学校安全治理领域具有较大影响，并发挥着重要的指导作用。

（一）风险社会理论

"风险社会"是20世纪80年代德国社会学家乌尔里希·贝克在《风险社会：迈向一种新的现代性》一书中提出的概念。从认识论角度来看，风险的概念直接与反思性现代化的概念相关。风险可以被界定为系统地处理现代化自身引致的危险和不安全感的方式。[①]乌尔里希·贝克认为，工业社会以前出现的风险都是个人风险，是人类无法支配的力量带来的。更准确地说，这种风险实际是"危险"。真正的风险概念应该是在工业社会发展到一定程度才出现的，是一个具有反思性的概念。而玛丽·道格拉斯和维尔达沃斯基为代表的人类学者和文化学者对风险定义不同，将风险表述为群体对风险的认知。玛丽·道格拉斯认为风险是人们意识的结果。与此类似，德国社会学家尼克拉斯·卢曼也把风险看成是一种认知和理解的形式，认为风险不仅仅是工业技术的发展所带来的一系列灾难性后果，也包含了金融市场投机风险、劳动力市场的不可预见性、人生筹划中的风险等各种各样的风险类型。乌尔里希·贝克甚至直接将现代社会定义为风险社会，认为当今人类社会生活在文明的火山上。

---

① 乌尔里希·贝克：《风险社会》，何博闻译，译林出版社2004年版，第19页。

由于学校处于社会巨系统之中，风险社会理论对创建安全学校具有重要的启发性意义。一是，基于风险是一种独特的"知识与不知的合成"这一特性，可以拓展人们对学校危险源的认知。也就是说，更多的知识也成为新风险的来源——基于更多的知识，我们认识到：危害学校安全的危险源除了各种外部的、可知的事件或行为，还包括来源于相关制度自身或知识结构自身的风险，也就是人为制度衍生的风险。这对于我们更深刻地认识学校安全问题，并对学校安全有更有效的治理模式，都是具有非常重要的价值的。二是，人们可以基于对工业社会的自反性思考，牢记不能过于沉迷"技术"的力量，要做好各种预案以避免不法分子乘虚而入。对于学校安全而言，片面地、不恰当地夸大"技防"的重要性，其本身也可能成为不安全因素，如在断电时违法犯罪分子乘虚而入危害校园安全等等。三是，基于风险的不确定性和难预测性，要求学校安全相关治理主体要培养强烈的风险意识。

（二）冲突理论

冲突理论发端于 K. 马克思、M. 韦伯、G. 齐美尔的著作中。社会冲突理论则以科塞、达伦多夫等学者为代表。冲突理论的核心观点是社会主体之间由于需要、利益、价值观念的差别和对立所引起的相互反对的社会互动行为，[1] 是社会运行中的普遍现象。[2] 具体而言，冲突理论具有以下几个要点：一是群体冲突因现实问题而发生，即为了实现某种具体目的，解决方案的目的性越强越有实效性，则冲突的强度越小；二是群体冲突因非现实问题如宗教信仰、价值、意识形态和阶级利益等引发，冲突介入的情感越强，冲突的强度就越大；三是在同一个社会系统里，各部门间功能依附性大小决定了冲突的激烈程度，依附性越小，则缓解冲突与紧张的制度化手段的有效性越低，因此冲突越激烈，反之，冲突强度越小；四是"社会安全阀"制度（安全阀可以是制度、替代品或其他排泄情绪的方式）可以使冲突常规化和制度化，促进群体间的妥协、调和与团结。[3]

---

① L. 科塞：《社会冲突的功能》，孙立平译，华夏出版社 1989 年版，第 24 页。

② 黄顺康：《公共危机管理与危机法制研究》，中国检察出版社 2006 年版，第 65 页。

③ 王彬彬：《浅析科塞的社会冲突理论》，《辽宁行政学院学报》2006 年第 8 期，第 46—47 页。

冲突理论对社会安全相关研究具有如此重要的作用，其对于学校安全同样具有很强的启迪作用：一是要优化学校各系统的灵活性，消除僵化的制度模式，避免冲突因素的长久积蓄，爆发学校安全危机。二是学校也存在现实性和非现实性冲突形态，比如学生针对学校管理产生对抗就是现实性冲突，学生因失恋、受挫而破坏学校设施、伤害他人等就属于非现实性冲突，区别对待，采取疏导和规制并举的手段是有意义的。三是学校应当建立健全信息公开机制，畅通沟通机制，让学生掌握更多的危机信息，避免不必要的恐慌心理蔓延。四是重视并有效发挥"安全阀"作用，积极发挥学生社团、辅导员、心理健康中心在学校安全建设中的作用减轻学生相关压力，释放不良情绪，排除各种困惑。

（三）公共危机管理理论

所谓公共危机，就是指在社会中，一系列中止和平进程或瓦解社会正常秩序的事件正在迅速展开，并不断增加着爆发暴力行为的危险，对社会稳定的破坏力大大超过了正常的水平，迫使相关的系统必须在有限的时间内作出反映或生死抉择，采取控制或调节行为，以维持系统的生存。[①] 公共危机管理是指以政府为核心的公共组织在现代风险和危机意识以及危机管理理念的指导下，依法制定公共危机管理法规和应急方案，与社会其他组织和公众协调互动充分合作，对可能发生的公共危机事件实施有效预测、预警、预报、监控和防范，并通过整合社会资源对已经发生的公共危机事件进行应急处置，化解危机和进行危机善后或经济社会运行与秩序重建工作的全过程。[②]

总而言之，公共危机管理的理念主要包括一是正确看待危机的客观性，二是用科学的方法处理危机，三是危机治理过程中强调政府之外的多主体协同治理，四是做好防范工作将危机消灭在萌芽阶段。

美国公共政策学者曾经归纳出成功处理危机的三个要素："政府部门积极主动应对、媒体'第一时间'的反应和民众的自我调适。"[③] 但是，

---

① 张超：《政府的危机管理艺术》，《华章》2011 年第 26 期，第 21 页。

② 何永杰：《武警黄金部队地质灾害应急救援能力建设研究》，硕士学位论文，长安大学，2014 年 12 月 3 日，第 13 页。

③ Lakoff, Gand M. Johnson, Metaphors We Live By, Chicago：Chicago University Press, 1980.

如何把这种政策性应对之举转变成为一个具有长期性的有效机制，从而避免其短期效应特征，就成为危机管理中普遍关心的焦点问题。从各国的实践经验来看，建立一个高效的包含预警、处置和辅助机制在内的危机管理机制，已经成为或正在成为各国危机管理突发公共事件的必由之路。① 一是危机管理的预警机制。就是在事件爆发之前，在制度安排上做到有预案、有危机处置人员及其训练、有危机信息系统等三大要素，也就是说要完善危机预警、危机处置与危机配套保障机制，已达成危机处置的良性循环。二是预警机制建设要实现对分散信息的集中，提供有效地决策方案，应对突发的公共事件的目标。通过建立一个完善的预警机制，提高组织在突发事件发生时的快速反应能力，从而减少危机监测成本和提高危机监测效果；通过教育、培训和模拟训练的方式，不断提高公共管理者和社会公众的危机意识和能力；通过建立一套系统全面的信息系统，全面地监测、跟踪各种动态，特别是注意那些有可能导致突发事件发生的要素。当然，预警机制作用的发挥离不开政府、学校、第三部门、民众之间的大力合作和共同参与。三是要建立危机管理的处置机制。就是在危机发生时，要有指挥机构统一负责危机管理，及时跟进事态发展新情况，以便有效应对和处理危机。危机过后，要有评估和复原体系维持一定的经济秩序和社会秩序。四是危机管理的配套保障机制。主要做好预案管理、信息沟通、媒体管理等应对危机的人员、组织机构和物质配备等危机管理基础性工作。这些管理行为贯穿危机管理始终，均属于危机的基础管理行为。由于学校是一种公共组织，是青少年儿童聚集的公共场所，因而学校安全从属于社会安全范畴，是社会安全的重要组成，学校安全治理的组织结构、制度体系和措施手段等都可以借鉴公共危机管理理论和方法，并得到有益的启发和借鉴。

(四) 多中心治理理论

　　文森特·奥斯特罗姆等研究者将"多中心"从经济领域引入公共领域，在公共领域讨论"多中心性"的问题，并在社会治理模式问题上产生了深刻的影响。奥斯特罗姆学派对"多中心"的研究阐述了他们对人

---

① 王邹强、麻宝斌:《突发公共事件的应急管理探讨》,《长白学刊》2004 年第 2 期，第 38 页。

们以相互建构起来的秩序处理公共事务的看法，他们深知"凡是属于多数人的公共事务常常是最少受人照顾的事务"，利维坦和私有化都不是完美的公共事务的治理之道，人们借助既不同于国家也不同于市场的制度安排却常常对某些公共事务进行了适度治理。① 多中心治理理论主要用来阐述治理公共事务。该理论具有三个主要特点：一是独立的决策中心，二是决策中心之间订立协议，三是建立自己的运行机制。从这个层面上看，"大城市地区多样的政治管辖单位可以以连续的、可预见的互动行为模式前后一致地运作"。②

多中心治理有如下明显的三个优点：一是多种选择。"多中心治理结构为公民提供机会组建许多个治理当局。"③ 由于多中心服务和治理体制存在，每个人能够同时在几个政府单位中保存着公民身份，获得有效服务。如果存在多个选择机会，公民就能够用脚投票或用手投票来享受类似消费者权益一样的更多的权利。二是避免了公共产品或服务提供的不足或过量。多中心治理体制和公共服务体系有助于"维持社群所偏好的事务状态"，④ 通过多层级、多样化的公共控制将外在效应事务治理内部化；通过将服务或产品打包提高它的经济效益。这样的公共治理就具有私人治理相似的性质，大大减少了搭便车之类的公共困境。三是公共决策的民主性和有效性。多中心强调决策中心下移，面向地方和基层，决策以及控制在多层次展开，微观的个人决策以集体的和宪政层次的决策为基础，而集体的和宪政层次的决策需要尊重受其影响的大多数的意见，吸收和鼓励基层组织和公民参与。它的合理性在于有效利用地方性的时间、地点信息作出合理的决策。⑤

---

① 李明强、王一方：《多中心治理：内涵、逻辑和结构》，《中共四川省委省级机关党校学报》2013 年第 6 期，第 87 页。

② 埃莉诺·奥斯特罗姆、帕克斯和惠特克：《公共服务的制度建构》，宋全喜、任睿译，上海三联书店 2000 年版，第 12 页。

③ 埃莉诺·奥斯特罗姆等：《制度激励与可持续发展》，陈幽泓等译，上海三联书店 2000 年版，第 204 页。

④ 迈克尔·麦金尼斯：《多中心治理体制与地方公共经济》，毛寿龙、李梅译，上海三联书店 2000 年版，第 46 页。

⑤ 王兴伦：《多中心治理：一种新的公共管理理论》，《江苏行政学院学报》2005 年第 1 期，第 98—99 页。

　　安全学校建设,就学校内部而言,涉及的主体就极为繁多,其职责分工难以厘清,需要借鉴多中心治理理论进行主体职责的重新梳理。2006年9月,由十部(局、署)签发实施的、我国第一个专门关于中小学安全管理的法规性文件《中小学幼儿园安全管理办法》注重制度建设,设专章对校内安全管理工作制度创制提出了总的要求,即"学校应当遵守有关安全工作的法律、法规和规章,建立健全校内各项安全管理制度和安全应急机制",同时对校长负责制、门卫制度、校内安全定期检查和危房报告制度、消防安全制度、食堂卫生制度、实验室管理制度、学生安全信息通报制度、住宿学生安全管理制度、校车管理制度等学校应当建立健全的各项具体的安全工作制度作出了明确规定。安全学校建设,就学校外部而言,学校安全治理已不再是孤立封闭的系统,学校安全事件的引发因素具有多元复杂性并经常来自于社会各方面,学校安全事件的影响也可能溢出校门而演变成社会公共危机事件,因此所涉及的相关主体就更加繁多,涉及公安、工商、文化、城管、交通等众多政府职能部门以及社区和一些自组织,其职责分工协作也更加复杂,更需要借鉴多中心治理理论进行相关主体职责的重新建构。因此,在学校安全治理中发挥各多元主体的积极参与作用迫在眉睫。

　　(五) 协同治理理论

　　协同的概念是由德国著名物理学家赫尔曼·哈肯在 20 世纪 70 年代提出。协同,顾名思义是指相互协调、共同作用,也就是"协同合作之学"。[1] 在协同学中,"协同就是指系统各个组成部分或子系统之间的协调一致、共同合作产生的新的结构和功能"[2]。协同理论指出,在开放的系统中,子系统按照一定的规律通过相互协调,共同作用,使系统从无序到有序的过程,最终生成宏观有序的系统。运用协同学原理进行研究的对象必须具备复杂系统、开放系统、系统内部存在非线性作用、系统远离平衡

---

　　① 赫尔曼·哈肯:《协同学——大自然构成的奥秘》,凌复华译,上海译文出版社 2005 年版,第 12 页。

　　② 颜泽贤、范冬萍、张华夏:《系统科学导论——复杂性探索》,人民出版社 2006 年版,第 43 页。

态、系统随机涨落等要件。① 系统协同学思想认为，在一个系统内，各种子系统（要素）很好地配合、协同，多种力量就能集聚成一个总力量，形成大大超越原各自功能总和的新功能。②

协同治理理论是一种新兴的理论，它是自然科学中的协同论和社会科学中的治理理论的交叉理论。可以说，作为一种新兴的交叉理论，协同治理理论对于解释社会系统协同发展有着较强的解释力。③ 协同治理主要包括四个方面，即治理主体的多元化、自组织的协同性、治理范围的有限性和治理模式的互动性。④ 协调治理"是通过协商一致、建立伙伴关系、形成统一目标等方式管理公共事务，是政府、社会组织包括公众个人上下互动的管理过程，它的管理机制主要来源于合作网络的权威，因此它的向度是多元的而不是单一的或者自上而下的"⑤。该理论主要是突破了原有的政府中心的管理模式，认为社会等领域自组织力量参与公共物品供给的整个过程，因此形成多元主体协同治理的局面。它为非政府组织参与公共管理与解决社会问题提供了理论依据。并且，从善治理论的学术演进来看，国家与社会的协同治理，是善治思考的终点，要实现善治，必须保持：（1）权力和权利的协调；（2）政府与社会的彼此合作；（3）公共选择和公共博弈的公平有效；（4）所有利益相关者共同参与，责任共担，利益共享；（5）政府与民间组织良性互动，分工协作，实现对公共事务的共管共治。⑥

如前所述，我国安全学校建设所涉及的学校内部责任主体极为繁多，其职责分工难以厘清，合力协作也极为复杂；学校外部所涉及的相关主体

---

① 伍洪杏：《长株潭突发事件的应急联动体制机制研究》，《湖南商学院学报》2011年第3期，第61页。

② 胡纵宇、毛建平：《协同创新视角下的高校文化环境分析》，《南京邮电大学学报（社会科学版）》2014年第2期，第122页。

③ 李汉卿：《协同治理理论探析》，《理论月刊》2014年第1期，第138页。

④ 郑恒峰：《协同治理视野下我国政府公共服务供给机制创新研究》，《理论研究》2009年第4期，第25—28页。

⑤ 周晓丽：《灾害性公共危机治理——基于体制、机制和法制的视界》，社会科学文献出版社2008年版，第111页。

⑥ 燕继荣：《协同治理：社会管理创新之道》，http://www.cpaj.com.cn/news/2013225/n20013228.shtml。

繁多，其职责分工协作复杂，条块分割难以形成体系和系统，导致无法发挥合力协力作用。因此，我国学校安全的治理系统具备开展协同治理的必备要件，以协同治理思路推进安全学校建设。反过来说，以往非协同治理理念下长期的多样化的学校安全建设成效不彰，也说明学校安全治理工作有效运用协同治理理论进行深入的理论研究和实践探索具有广阔空间。创建新的更适合现代社会实际状况和发展需要的学校安全治理模式。

第三节　社会安全治理与学校安全治理的关系

学校是社会中的学校，社会安全与学校安全是密切相关、紧密联系的。学校安全是社会安全的一个重要组成，学校安全在很大程度上是由社会安全的大局所决定的；反过来，在一定条件下，学校安全反作用于社会安全，学校安全问题经常会溢出校园成为社会安全问题，学校安全也能成为社会安全的稳定器，保障学校安全，是巩固社会安全的需要。任何现象都会引起其他现象的产生，任何现象的产生都是由其他现象所引起的。这种引起和被引起的关系，即因果联系。在非传统安全理论下，社会呈现一种强融合性，实际上甚至不存在单纯的引起和被引起的关系，各种因素和状况复杂交错融合。我们应从学校安全与社会安全的这种复杂交错融合关系中把握学校安全事件频发的诱发因素和潜在危机源，才有可能真正做到预防为先，在源头上将学校安全事件消灭在萌芽状态，以有效建设安全学校。

一　社会安全是学校安全的前提基础

学校不是游离于社会之外的世外桃源，学校安全形势与整个社会安全形势息息相关。从根本上来看，学校安全形势的好转有赖于整个社会安全形势的彻底好转。[①] 学校是以教育和培养学生发展为基本职责的重要社会组织，学校安全不可能脱离社会安全的大环境而独立存在。由于学校安全是社会安全的有机组成部分，从根本上讲，学校安全是由社会安全的大局

---

① 王云娟：《校园安全需要群防群治》，《河北教育》2001 年第 10 期，第 9 页。

所决定的，没有社会安全，学校安全就缺乏健康发展的外在环境，学校正常的教育教学秩序也无法顺利进行，学校安全就是一句空话。因此，社会安全是保障学校安全的前提和基础，是学校生存和发展必不可少的外部环境。

学校安全有赖于社会安全。社会这个巨系统影响着学校这个小系统的运行，社会安全问题日益凸显，并将继续蔓延到学校场域之中。一些社会矛盾和社会问题没有得到及时的处理，导致穷凶极恶的犯罪者把对社会的不满和仇恨转嫁到无辜的学生身上，酿成了一系列校园惨案，印证了社会安全是保障学校安全的前提和基础。但是，当前人们对于保障学校安全的社会安全环境并没有给予足够的重视，认为仅仅治理好校内安全就达到了实现学校安全的目标。

实际上，在我国，作为青少年接受教育的一个特殊场所的学校虽然处于社会区域之中，但却经常处于相对孤立闭锁的状态。学校没有充分利用周围社会环境的有益资源服务于人才培养和安全学校创建，仅将相关工作的范围局限在校内空间。这带来的不利显而易见，使学校无法把校内校外的有益资源和力量联系、整合、协同起来，致使学校在处理各种危机时显得力量薄弱且孤立无援。因此，新时期维护学校安全要突破传统学校安全工作只针对校园内局部研究的误区，要正确认识学校安全与社会安全之间的紧密关联性和融合性，在不断健全和完善学校校内安全工作体系的基础上，促进校外安全工作体系的构建，并着力加强社会安全与学校安全的联系，形成共同维护和保障学校安全工作的协同力。

二 学校安全是社会安全的有机组成

社会安全本身是一个庞大的安全系统，包含了社会的各组成部分的安全如市场安全、生产安全、学校安全、居民安全等方面。社会安全系统中某一个组成部分的安全问题扩大和强化，将会使整个社会的安全度降低甚至进而危及社会安全系统，激发社会安全问题。学校安全隶属于社会安全范畴，是现代社会安全体系中极为重要的有机组成部分。学校安全与社会安全相互作用、相互制约、相辅相成。社会安全是保障学校安全的前提和基础，学校通常被人们称为世界上仅剩的一片净土。如果连这片净土的安全都保障不了，何谈整个社会的安全。并且，学校作为人才培养的摇篮，也是社会最为敏感的脆弱神经，其安全与否不仅直接关系到学生的健康成长和千家万户的幸福和安宁，而且关系到社会的稳定和国家的发展，如果在学校安全方面出了问题，其安全问题溢出校门并成为整个社会安全问题的可能性极大。保护学生的健康成长，为其成长提供一个稳定、安全的环境，是所有社会成员努力所要达成的目标。我们知道，学校是对社会变革反应最敏感的、最活跃的、最具影响力的公共组织。学生历来被认为是时代精神的传感器，是社会变迁的晴雨表。学生对社会（尤其是近现代社会以来）的某些变化，总是最早作出最敏感乃至最强烈的反应，而学生的这些反应又最容易引起全社会的高度关注。① 因此，从这个角度看，学校安全也是社会安全的传感器和晴雨表，是社会安全的有机组成并在很大程度上影响甚至左右社会安全。确保学校安全，在一定程度上可以确保社会安全。

　　从根本上说，学校安全事件是社会矛盾的一种极端表现，其不仅对师生的人身安全和身心健康形成直接的威胁，引发师生的心理恐惧与精神不安，而且还容易造成社会恐慌气氛，为社会安全带来不稳定因素。"生命至高无上，安全责任为天"，对于频频发生的学校安全事件，关注度高，引发争议大，并且对社会的安全与稳定带来了严重的负面影响。在社会一体化的大背景下，学校安全是整个社会安全的重要风向标，学校安全暴露的问题，恰恰是社会安全需要解决的迫切问题。学校安全问题处理得当，不仅有利于教育的健康发展，还有助于推动社会的安全与稳定。

三　社会安全系统观与学校安全治理

　　当前，学校安全问题大多是由社会安全问题引发的，并已成为社会安全的缩影，频频发生的学校安全事件尤其是校外人员对学生的侵害案件，与社会整体安全形势有着直接的紧密联系。如何才能筑牢学校的安全防线，保障学生的安全呢？基于学校安全与社会安全之间的紧密融合性，课题组从系统理论的视角来审视学校安全，可以将学校安全置于社会安全领域的母系统之中，在更大范围、更高起点、更高层次上谋划和推进安全统

---

① 田杰：《青年社会心理的结构张力与优化完善——读沈杰〈青年对社会变迁的反应〉》，《上海青年管理干部学院学报》2013 年第 2 期，第 3 页。

筹治理。

　　系统可被定义为由相互关联、相互制约、相互作用的若干元素组成的具有特定功能、结构和环境的整体（复合体）。"这些因素相互联系并相互作用。所有系统既有在其中更小的子系统，也是构成其环境的更大系统的一部分。"① 社会安全是由多个安全子系统组成的，涵盖范围极广。学生安全健康的成长是社会、政府、学校和每个家庭单位的共同期望，维护学校安全不仅仅是学校本身的工作，也是一项全社会的系统工程。按照系统论的观点，家庭是一个系统，学校是一个系统，政府是一个系统，社区也是一个系统，但在社会安全这个大系统下，学校安全与家庭、政府、社区之间不是相互独立的，而是相互联系并相互作用甚至相互融合的。

　　"当不同背景之间建立起支持性联系（目标共享、相互信任、积极定向和达成一致）时，每一种特定背景的发展潜力将得以提升，以致不同背景之间形成积极和谐、良性循环的网络。"② 学校作为一个公共机构不能与周围的环境相隔离，维护学校安全需要学校安全与社会安全的有关机构建立联系，把周围的环境当作可利用的资源，借助政府、公安、消防、交通、建设、卫生、工商、社区、家庭等管理机构和相关自组织的力量，强化合作意识，创新合作机制，共同做好学校安全的维护与治理，才能还学校一方净土。

　　综合社会安全与学校安全的内容，学校安全范畴具有丰富的内涵，仅从概念范畴的界定来理解，难免会囿于思维的条条框框之中。因此，应当对社会安全从以下几方面作进一步解释。

　　其一，社会安全能够通过制度设置对学校安全加以建构和调整。社会安全表征社会秩序的一种良性状态。而秩序"意指在自然进程和社会进程中都存在着某种程序的一致性、连续性和确定性。"③ 与秩序相对应的

---

　　① Shlomo Sharan、Hanna Shachar、Tamar Levine：《创新学校——组织和教学视角的分析》，姚运标译，中国轻工业出版社 2007 年版，第 57 页。

　　② Bronfenbrenner，U. 1979. The Ecology of Human Development：Experiments by Nature and Design. Cambridge，MA：Harvard University Press. Bronfenbrenner，U. 1993. The ecology of Cognitive Development：Research Models and Fugitive Findings. In Wozniak，R. H.，& Fischer，K.（Eds）. Scientific Environments，Hillsdale，NJ：Erlbaum，3 – 44.

　　③ E. 博登海默：《法理学：法律哲学与法律方法》，邓正来译，中国政法大学出版社 1999 年版，第 219 页。

是无序,当无序状态出现时,关系的稳定性消灭了,结构的有序性混淆不清了,行为的规则性和进程的连续性被打破了,偶然的和不可预见的因素就会不断地干扰人们的正常的社会生活,从而产生不安全感。[①]众所周知,秩序通常是通过制定制度予以维持的,学校安全基于秩序的特性,也可以从社会安全治理层面通过制度的设置加以保障和实现。

其二,学校安全应以教育目的为宗旨,服务于人才培养。按照我国的教育方针和《中华人民共和国教育法》的精神,我国的教育是以人才培养作为教育目的的,学校一切工作的重点应以学生为本,因此,学校安全也要服从并服务于这一目的,安全管理与安全制度都应考虑到学生主体健康成长成才的基本需要,坚持权利本位思想,实行人性管理、民主管理与制度管理。通过管、控、压等极端手段构建的表面上稳定的秩序,并不是真正意义上的学校安全或社会安全的秩序,更不会产生安全感,并且,这种"稳定的秩序"只是暂时的沉寂。和社会安全一样,学校的安全稳定,应当涵盖安定有序、公平正义、稳定和谐的文化安全氛围,师生主体具有安全感,表现为良好的学校安全治理模式与制度机制。因此,社会安全视野下的学校安全涉及社会治理、学校治理的方方面面,包括校园内部的宿舍管理、卫生安全、校内治安及违法犯罪防控等,也必然包括校园周边安全环境的治理、社会舆论对学生及学校的评价等方面。

其三,社会安全评估机制应当适度引入学校安全评估体系中。当前,学校安全状况评估更多的是通过经验性地分析存在哪些危害学校安全的事件或行为,以及分析危害的强度、频度与范围来考察学校安全状况,这种评估必然具有经验总结的先天滞后性和前瞻性不足的弊端。而社会安全评估则是通过对安全保护资源的供给、安全保护资源的需求、安全保护资源的利用、社会各阶层对安全工作的诉求、社会各阶层对安全工作的参与、社会各阶层对安全工作的认可程度等方面作出全面客观的评估,主要优先解决公共安全问题(自然生态环境、人文环境、政策环境、经济环境、行为危险因素、流行病的安全需要、安全需求、安全供给、安全经济、安全管理、社会各阶层的安全诉求和满意度等),并针对这些问题,提出社

---

① 张文显主编:《法理学》,转引自何士青《保障和改善民生的法治向度》,《法学评论》2009年第3期,第4页。

会安全干预规划或实施方案的过程。在学校安全评估体系构建中，基于学校实际和安全学校创建需要，适度引入社会安全评估机制，建立健全学校安全的常态治理模式与应急管理模式，对于建设安全学校是非常有价值的。

第 二 章

协同治理:社会安全视野下境外 学校安全治理的有益借鉴

学校安全作为社会安全的重要组成,因各国国情的差异导致在治理的特点与要求等方面有所不同,但在全世界范围内仍然具有很大程度的一致性。因此,学习借鉴境外①国家和地区在学校安全治理方面的有益经验,是各国学校安全治理的共同做法。从境外学校安全治理情况看,学校安全治理能力建设是学校安全建设的重要内容。学校安全治理能力是指学校在相关安全责任主体的治理行为控制能力、物的状态保证能力和环境的支持保障能力的综合作用下,学校安全得到保障的程度和水平。学校安全治理能力理论强调从学校安全相关的全系统的整体性能出发,通过人、物、环境三者间的信息传递、加工和控制,形成一个相互关联的复杂的学校安全保障系统,并运用系统科学理论和系统工程方法,使学校作为一个系统具有安全、高效、经济等综合效能。② 以协同治理为学校安全建设的一种新范式,着眼于安全多元行为主体的参与、着眼于安全环境的全方位改善、着眼于多种资源的有效整合和运用、着眼于安全政策实施的现实目标,是社会安全视野下学校安全治理能力体系建设所必要的分析框架。

---

① 根据《中华人民共和国国家安全法》对"境外"的解释,本课题所指"境外"是指中华人民共和国领域以外或者领域以内中华人民共和国政府尚未实施行政管辖的地域。

② 刘中文、王玉海、刘真伦:《论安全力理论在安全管理长效机制中的应用》,《煤矿灾害事故预测预警及控制技术学术研讨会论文集》,2014 年,第 295 页。

第一节　境外学校安全治理的理念和举措

　　一些国家和地区在学校安全治理研究方面历史悠久，研究成果比较丰富。较早研究学校安全治理的国家和地区主要有美国、日本、法国、韩国、中国台湾等。美国通常以学校安全建设中发生的具体案例为主要研究对象；法国主要以学校安全建设理论研究为主，以便提供学校安全建设实践的指导依据；日本则全面开花，兼顾学校安全建设的理论研究与学校安全建设具体案例的实证分析。这些国家和地区在学校安全治理研究上，最终都无一例外地求诸法治，以其作为维护和保障学校安全的基本措施。基于理论研究成果的实践转化运用，这些国家和地区的学校安全治理立法实践和运作模式也各有特色。

一　美国学校安全治理的理念与举措

　　美国在学校安全治理立法理论研究和实践上，比较注重学校安全治理的基础立法工作，在联邦层面和各州层面形成了比较完善的全面而系统化的学校安全治理法律体系；紧密结合学校安全治理中的突出问题，有针对性地展开学校安全治理立法理论研究和实践探索，形成了诸多具有创新意义的学校安全治理立法理论研究成果和实践举措；尤其是在学校暴力、校园毒品等问题上，美国的重视程度和治理效果都是非常值得称道的——虽然由于美国特殊的国情，其校园枪杀案长期占全球总量的很大比例。

（一）高度重视学校安全治理工作

　　美国高度重视学校安全治理工作，把"建设安全的学校"作为学校安全治理立法的根本原则和宗旨。梳理美国进行学校安全治理的工作，按时间脉络有以下重要的举措。

　　1987 年，美国政府制定和颁发《美国校园安全守卫法令》，规定学校必须每年发布学校安全政策实施业绩和年度学校发生违法犯罪数据。①

---

　　① 李成旺：《中美校园安全立法与警务运用比较研究》，《现代交际》2011 年 4 月，第 39 页。

1990 年 9 月 19 日，布什总统签署公布了《珍妮·克雷莉法》(《校园安全法》)，使校园保卫有了联邦法律依据。该法规定，各类学校必须发布校园犯罪年度资料，以便学生在入学前获知该校的犯罪率。如果相关学校违反规定，将要承担不少于 27500 美元罚款及法律责任。例如，2007年美国东密西根大学（Eastern Michigan University）因未向校内师生警告该校发生的一起谋杀案，而被联邦教育部以违反《校园安全法》处 357500 美元罚金，创下学校安全违规罚款的最高纪录，也显示了美国政府加强执行《校园安全法》的决心。①

1994 年，经国会通过了《2000 年目标：教育美国法》（Goals 2000：Educated America Act），将国家教育目标由 6 项增加为 8 项。增加了第 7 项 "安全的学校" 目标。该项全国教育目标的主要内容是：美国的每一所学校将没有毒品和暴力，以及不经授权的枪支和酒精的出现；并将提供一种秩序井然、有益的学习环境。在 "安全的学校" 目标项下，具体规定了配套目标所需的细节要求。这也是联邦第一次直接专项拨款用于地方学区以帮助它们实现更为安全的联邦计划以降低或消除犯罪、暴力、吸毒以及不良纪律。单独通过的《学校安全法》又作为《2000 年目标：教育美国法》的第七章。② 所增加的第 8 项内容主要是建立起学校与家长的伙伴关系，服务于学生的成长。

2001 年，《不让一个孩子掉队法》（No Child Left Behind Act）参照德克萨斯州 "所有学校必须通报暴力事件" 的法规，要求学区对学校发生的暴力事件做详细的统计，且必须将结果公布出来。对 "长久处于危险境地的学校" 严格予以规定，要求必须做出说明和认定。但是允许每个州对 "长久处于危险境地的学校" 制定不同的标准。

2006 年，美国联邦政府召开 "白宫校园安全专题会议"，会议主要就维护校园安全和保护学生权益展开讨论，更加注重对暴力犯罪地预防。"白宫校园安全专题会议" 主要包括对 "预防学校中的暴力"（Preventing

---

①　陆乐等：《校园安全让多国百姓揪心，血腥惨案频现多国校园》，《环球时报》2010 年 5 月 19 日，第 12 页。

②　王鹰：《外国中小学校的校园安全》，劳凯声主编《中国教育法制评论》第 2 辑，教育科学出版社 2003 年版，第 322 页。

Violence In Schools）；"有准备的学校与社区更加安全"（Prepared Schools and Communities Are Safer）；"帮助社区痊愈与复原"（Helping Communities Heal and ecover）；"携手使我们的学校安全"（Working Together to Make Our Schools Safe）四部分的讨论。

贝拉克·奥巴马政府也对学校安全予以高度重视。奥巴马政府要求各学区对校园暴力事件进行详细统计，并公布结果。这样有效地延续了《不让一个孩子掉队法》（NCBL）关于学校安全的年度公告制度。2012 年 12 月 14 日康涅狄格州桑迪·胡克小学包括教师与学生在内的 28 人被枪杀，奥巴马总统大为震怒并亲自为遇难者守灵，表示要严惩罪犯。在其任期内，一直强力推进枪械管制，其中一个重要的原因就是频发的美国校园枪击案件。

（二）形成了"联邦—州—地区"三级学校安全治理法律体系

美国联邦、各州、各地区一直尽力通过构建完善的学校安全治理法律体系以解决学校安全问题，联邦立法者通过制定各种具体法案并要求地方政府积极贯彻实施以保障学校安全。具体做法有以下几方面。

1994 年，美国国会制定了《校园禁枪法》（Gun-Free Schools Act of 1994，即 GFSA）目的是遏止数量日益增多、程度日益加剧的学校暴力事件。该法案明令禁止学生携带枪支、弹药等危险物品进校园（若学生违规至少开除一年），各州学校对此类行为采取"零忍受"策略，该法要求享受联邦教育基金的各州必须通过 IASA 法案（即《改善校园环境法案》），否则无权享受该基金。实践证明，1995 年 10 月，50 个州均颁发了符合要求的相关立法。各州、县、区也相继出台了配套的学校安全的"零忍受"管理策略，用来应对学校中出现的各类暴力事件、破坏学校安全和学生严重违反校纪的事件。[①] 随着该策略在美国的普遍采用，学校治安状况有了明显好转。

州一级的学校安全立法是美国将学校安全上升为教育决策的最有力保障。以加利福尼亚州为例，从 1983 年开始，学校安全立法程序就已启动，并于 1997 年通过了该州学校安全领域的标志性立法《学校安全综合规划

---

① 李树峰：《国外学校的"零忍受"策略》，《外国中小学教育》2005 年第 9 期，第 48 页。

法案》。该法要求每所学校拟定学校安全综合计划，制定与社区紧密合作的综合安全措施与项目，并形成年度评估与更新制度。纽约州也于数年前颁布了名为《拯救计划》的学校安全法，将攻击教师、学校职员与学生的罪名，从原来的行为不检上升为 D 级重罪。[①] 新泽西州则在 2003 年 9 月首先制定法规，要求学区采用反欺侮政策，处理欺侮和其他骚扰。法规规定，禁止一切欺侮、骚扰或恐吓学生的行为；为犯罪和犯罪后果做出解释；制定学生行为规范；报告和调查投诉；学区必须制定学校处理违纪事件的权限。[②]

　　美国联邦和地方立法要求各学校必须在人防、技防和安防等方面建立系统而严格的安全保卫措施以及危机预防与处理机制。例如：在人防方面的规定是设立具有相当于警察权限的校园警察；在安防方面，学校通常采用门禁或访客登记进行人流出入管理。对访客要求佩带醒目标志，对学生则要求统一着装，在上下学期间配备交通协管予以管理；在技防方面，使用金属探测仪和监控录像等电子设备，设置护栏和照明光等安全设施。在美国，校园警察机构较普遍，校园警察具有携带枪支和拘捕犯人等真正的警察权力。各中小学校聘用的安保人员也被允许携带警棍，并且都要经过专业的安全保卫训练。美国校园安全相应的法律规定更多的是针对发生的重要安全突发事件予以单独的法律规定，并没有统一的学校安全法律，也没有所谓的安全保障"国家标准"。在美国，更多的是发挥民间团体开展的各类安全培训活动，依照内部制定的危机预防、管理及安全教育的规范、准则，训练师生员工了解和掌握基本的应对危机的知识与方法。另外，政府设立专款帮助学校开展预防校园暴力等演练，提高学生在发生紧急突发事件时的应对能力。按规定，学校每学年都要进行一到两次综合性的安全演习。[③]

（三）重点关注校园暴力等学校安全重点问题治理

　　在世界范围内，如何防范和应对校园暴力事件都是一个让各国政府和

---

　　① 国际教育：《看国外采取哪些保障措施如何构筑校园安全防线》，http：//www. jyb. cn/wo。

　　② 万赟：《美国校园欺侮对策及其实用性借鉴》，《外国中小学教育》2006 年第 9 期，第 24 页。

　　③ 王小飞：《美国：逐级立法完善校园安全》，《中国教育报》2010 年 6 月 1 日，第 6 页。

社会民众头疼的难题。在很多国家，校园暴力事件已经成为现代社会普遍存在的问题。在美国，学校暴力也是学校安全问题的核心之所在①。

为了创建安全无毒的学校和社会，以保护青年人免受暴力和毒品的危害，美国国会于 1994 年制定了《安全、无毒品的学校和社区法案》（Safe and Drug-Free School and Communities Act），即 SDFSCA，此法律为《校园安全法》修正案的一部分，它指出了校园暴力对学校的负面影响，为各类预防校园暴力的活动提供资金支持。②

面对频发的学校暴力问题，乔治·布什对教育领域给予了高度的关注与支持，签发了《美国 2000 年教育战略》。该项教育改革法案聚焦校园安全问题，在关于给学生创造一个安全的学习环境过程中指出，仅靠政府和学校难以解决校园安全暴力问题，必须由家长、企业和社区组织等协同合作，要各群体组织分角色承担起家长、警察、医院、福利机构或者戒毒中心等的责任。③ 反映在学校危机管理上，一些非政府组织、社区组织、私人组织等开始进入危机管理的组织架构，实行横向联动。在国家层面，国土安全部（DHS）已经将美国红十字会（ARC）和全国抗灾积极分子志愿者组织（NVOAD）等非政府组织，纳入其公共安全管理体系。它们的管理职能首次被写入《国家应对预案》（NRP）里，其中美国红十字会明确要承担"人群护理、住宿和人文关怀服务"等职责。④ 联邦教育部也将这些非政府组织列入危机管理资源库，并向各个学校推荐。⑤

通过一系列的学校安全管理计划和相关政策法规的执行，学校暴力事件得到有效整治，学校暴力状况得到有效缓解。1994 年美国国会出台了一系列有关学校安全的法案，这些系统完备的法律法规，在法律层面上为学校安全保证提供了坚实的基础。

---

① 截至 2015 年 10 月 15 日，美国在 2015 年共发生 294 起校园枪击案。《美国今年发生 294 起校园枪击案》，http://learning.sohu.com/20151015/n423347054.shtml。

② 米切尔·L. 耶尔、安东尼斯·凯茨亚尼斯：《美国保障校园安全的法律措施》，王石磊编译，《世界教育信息》2005 年第 9 期，第 58 页。

③ George Bush，America 2000：An Education Strategy，Washington，D. C：1991. 34.

④ Department of Homeland Security. National Response Plan. Washington，D. C：2004. 12.

⑤ 方展画、王东：《美国校园危机管理的组织架构分析》，《高等教育研究》2008 年第 9 期，第 100 页。

同样值得注意的是，在美国的学校安全建设方面有一套"教育部—地区—社区—学校"层层规定的较为完善的安全计划，该计划涉及各层面有助于提升学校安全保护的可操作性。1998 年，美国教育部及美国司法部发布的《提前警告，及时回应：学校安全指南》（Early Warning，Timely Response：A guide to safe school）中，明确规定了安全、无暴力学校的标准。① 一是制定标准，学校制定标准让所有的学生遵守，同时学校能够尊重个体差异、让学生平等地享受教学资源。二是搭建平台，建立良好的家校合作平台，让家长积极地参与到正确教育孩子的过程中。三是其他组织参与，社区以及当地相关部门联动，举社会力量积极地参与到学校暴力防治工作中，为学校提供所需的外部资源。四是加强学生教育，使学生与学生之间、学校教职员工与学生之间能够及时地为学生提供一切合理的在情感上、生活上、学习上各个方面的帮助。五是教学安排，学校开设相关的安全课程，专项讨论学校暴力问题，让学生掌握一定的解决暴力冲突的方式方法。六是树立观念，要平等地对待学生，消除由于种族、性别、社会阶级、宗教、身体容貌等带来的偏见。七是预警信息提前上报，对潜在的以及已经发生的学校暴力事件提供安全的途径。八是典型案例分析，学校能够公开地、客观地评述暴力事件，并且有完善的暴力防治方案。九是公民意识培养，学业和公民意识培养，培养其诚实、善良、有责任感等良好的品质。

美国教育部发布的这个指南引起了社会民众的高度关注，他们呼吁学校尽快配套具有可操作性的安全计划。继而美国教育部于 2000 年制定了《保护我们的孩子：行动指南》（Safeguarding Our Children：An Action Guide）为学校做好安全计划提供了较强的可操作性的步骤，对于预防和减少学校暴力起到了重要作用，指南中强调了三个层次综合模式的重要性，即通过预防、针对性早期干预和个别强化服务来解决学校的安全问题。如图 2—1。②

关于学校安全治理的三层次具体要实现的目标是：第一层次的"预

---

① U. S Department of Education，U. S Department of justice（August 1998）：Early Warning，Timely Response：A guide to safe school：3 - 5.

② 宋娴：《美国校园暴力及其治理模式》，《外国中小学教育》2007 年第 3 期，第 15 页。

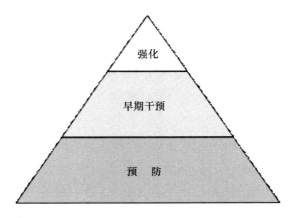

图 2—1   三层次治理模式

防"主要是让学生掌握各类紧急情况的应对方法,创设安全的校园环境;第二层次的"早期干预"主要是对学校里 10%—15% 有暴力倾向的学生及时介入与引导;第三层次的"强化"主要是对学校里 3%—10% 已经产生暴力行为的学生进行个体化教育并引导。

2003 年 5 月,美国教育部向全国下发《学校与社区制定危机计划的实用指南》(Practical Information on Crisis Planning:A guide for Schools and Communities),其中制定了学校危机管理的四阶段模式,为校园安全建设提供了诸多保障。如图 2—2。①

学校危机管理主要通过对危机的预防 (Prevention)、危机的准备 (Preparedness)、危机的应急 (Response)、危机后恢复 (Recovery) 四阶段的管理进行层层保障。每阶段具体内容为:(1) 危机的预防,指从最初阶段主动消除可能发生的校园安全隐患;(2) 危机的准备,指预案的制定,以便应对发生的危机,做到有预案可依;(3) 危机的应急,指在发生危机的过程中有条不紊地参照执行相应的具体措施;(4) 危机的恢复,指在危机事件发生后,做好恢复学校硬件设施的同时关注该危机事件所涉及的师生心理健康并予以疏通。从图示可看出危机管理的过程

---

① U. S. Department of education (2003) Practical Information on Crisis Planning:A Guide for School And Communities,转引自宋娴《美国校园暴力及其治理模式》,《外国中小学教育》2007 年第 3 期,第 15—16 页。

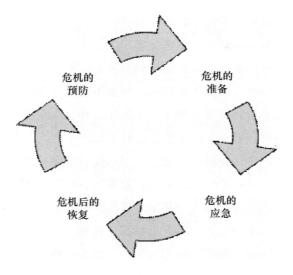

图2—2　学校危机管理的四阶段模式

是一个循环回复的过程，是一个出现的问题和积累的经验不断地被完善的过程。

在学校暴力及其防治体系的研究中，美国的政策与法律制定者明确了学校是校园暴力预防的关键性机构，在美国，各州、学区以及很多非政府组织策划、实施了诸如"和平缔造者""快速成长方案""好行为游戏方案""灵活解决冲突方案"等成功的暴力干预方案服务于广大儿童和青少年。各个方案在内容和适用的具体情况均有差异，但是这些成功的学校暴力干预方案，具有以下几点共性。

第一，成立了专门的组织机构和提供相应服务。各州、学区针对校园欺凌现象建立了很多政府支持的组织和网站，如"反欺凌网络组织""明尼苏达无欺凌计划"等。在很多学区成立"学校暴力防治小组"，根据"各级学校学校暴力事件处理原则及通报要点"，明确暴力事件固定处理流程及通报系统，并有效掌握信息，介入辅导。结合社区资源建立"支持性及矫治性辅导网络"，提供法律和心理服务，对学校的暴力特点，尤其是对校内帮派活动的范围进行正确的评定。

第二，协同社会力量，形成教育合力。联合教育行政部门、司法部门、社区组织、社会媒体、学生家长等社会力量一起整治校园安全问题。

　　第三，因地制宜，学校制订符合自己情况的安全计划。对学生教育干预和预防提前到前面的阶段，根据美国相关要求制定可操作的学校安全总体计划，为他们提供积极的经验和反暴力策略。但仅靠计划和书面协议是不够的，还要体现在长时间训练之中，使学生和教师知道怎么做，同时学校设施的建设也要对此有充分的考虑。除此之外，学校要及早发现学校周边危险人员和危险因素，关注学生的危险程度。

　　第四，技术防护，完善学校安全保卫系统。参照社会反击暴力威胁和犯罪的措施，学校采用零容忍政策、校服政策、校警和其他法律执行人员的执勤政策、参观者登记政策、使用金属检测仪和电子监视仪等方式加强应对学校暴力的措施。暴力防治保卫系统要做到要学生及时报告有暴力计划的人员，暴力防治过程中要坚持长效性，且要严格执行。

　　第五，学校暴力干预对象低龄化和特定化。随着网络的飞速发展，更多的学者认为学校暴力干预的时期在前期效果会更好，主要是针对幼儿园和小学阶段，对于此年龄段的学生干预效果也更持久，可以达到节约费用，降低风险的作用。另外，研究者针对性地挑选特定时期儿童进行跟踪研究，如入学前的幼儿和即将升学的小学六年级学生，以探索更加有效的学校暴力干预方案。[①]

　　美国尤其注重学校安全教育，认为这是学校的重要责任，在解决学生安全问题方面，学校有着得天独厚的优势。1983 年，美国政府为了失踪的孩子，将 5 月 25 日定为"失踪儿童日"，意在提醒民众"孩子的安全是全国之重"。另外，"Take 25"的公益组织成立了一个专门做孩子的安全教育的公益机构，该公益机构是一个与警察局和社区进行合作的组织，为保卫孩子的安全产生一定的积极作用。在美国红十字会也有相应的安全保卫课程，比如在网站上推广"灾难演习"课程的安全学习计划。在每年的 5 月 25 日，是美国人的儿童安全教育推广日。国家层面也高度重视学生的安全问题，在 2010 年 3 月，奥巴马政府提出优先构建新的安全教育模式以确保学生安全，并将学生安全教育置于重要位置。[②]

---

　　① 李进忠：《美国校园暴力走向及其治理模式》，《基础教育参考》2007 年第 11 期，第17—18 页。

　　② 罗朝猛：《国外如何开展安全教育》，《中国教育报》2014 年 11 月 11 日，第 5 页。

二　日本学校安全治理的理念与举措

在日本,针对学生的伤害事件时有发生。这些恶性事件促使日本社会反省学校安全治理方面存在的漏洞,并在学校安全治理立法、学校安全执法、社会安全观念提升、学校安全保障、学生安全教育等方面做了很多努力,使日本在全球学校安全治理方面始终走在前列,学校安全也得到了很好的保障。

(一) 形成了完善的学校安全治理法律体系

日本一直都非常重视学校安全的立法,其现行的学校安全治理法律体系实现了纵向和横向的统一。纵向上,国家层面颁布的学校安全治理法律形式有较为完整的六个层次。包含母法,子法,施行令,府令和省令,人事院和委员会等颁布的规则,文部大臣、各种委员会和各厅长官所发出的告示、训令、通知、通达六个层次;地方也有三个层次的法律形式,如议会制定的条例,地方行政长官制定的规则、地方教育委员会制定的规则。横向上,覆盖面广,对受教育群体、学校和课程的规定都较为全面。具体对学生和成人,公立和私立学校,课程等方面都做了相应的法律规定,几乎面面俱到,并都将学校安全治理置于其中的重要地位。[①] 正是在这样一张纵横交错,完善而严谨的学校安全治理网络的覆盖下,才使日本的学校安全治理有法可依,从而形成一种高效运作的规范化治理体系。

综观日本现行的学校安全治理立法,"对日本的儿童而言,作为日本战后改革最大业绩的《日本国宪法》(1946 年) 的制定具有重大的意义。因为《宪法》使日本的儿童观得到了根本性的转变。也就是说,在现行《宪法》精神的指导下,儿童作为构成日本国民的一员,也获得了基本人权的主体地位。《宪法》为保障人权而设立的个别规定,也完全成为保障儿童的人权的规定。由这些规定所延伸的各种基本法体现了日本在各个领域中对未成年人的保护"[②]。具体来讲,日本已经初步形成了一套相对完

[①] 李红雁:《关于制定〈校园安全法〉的若干思考》,硕士学位论文,湖南师范大学,2002 年 4 月 1 日。

[②] 尹琳:《从未成年人法律体系看日本的儿童权利保护》,《青少年犯罪问题》2005 年第 2 期,第 50 页。

善的学校安全治理体系，仅涉及学生人身伤害事故的法律、法规就达 30 余部之多，在这些法律规范中有上自国家和地方层面的法律、法规，还有下至学校的规章制度。在各个层面法律规范的效力上高低有序、内容上逻辑结构较为完整。由此可见，日本法律规范体系较为完备。这为学校安全事故的正确和有效预防、处理、法律责任追究提供了充分的法律依据。①

（二）两次学校安全立法运动影响深远

在促进学校安全治理的立法方面，日本两次学校安全立法运动既促进了学校安全治理法律体系的完善，又是两次全民性的学校安全观念大教育。

第一次学校安全立法运动，1973 年 3 月日本教育法学会设立了学校事故问题研究特别委员会（简称"学校事故研"），该"学校事故研"主要是对在学校事故中受伤害者的救济问题进行的立法。于 1977 年公布了其研究成果，即"学校事故损害赔偿法"（学赔法）纲要案和"学校灾害补偿法"（学灾法）纲要案两部法案。

第二次学校安全立法运动，源于 2001 年 6 月 8 日在大阪教育大学附属池田小学发生的一起与中国福建南平事件极为相似的学校凶杀事件。事件发生后，学校事故研以及相关各界以此为教训，积极推动与学校安全相关的立法。2002 年，学校事故研设置了"学校安全标准"项目；2004 年 5 月 30 日，公布了"学校安全法"纲要案。②

该"学校安全法"纲要案虽然未能在日本国会通过，但影响深远，其许多规定已经在日本学校安全治理领域深入人心并得以实践，并产生了良好的学校安全治理效果。该纲要案的立法背景是基于学校安全形势严峻，学校恶性暴力伤害案件频繁发生，学校意外伤害事故发生率居高不下，学校食物中毒、交通事故、诱拐事件等时有发生，学校因自然灾害所致之学生伤亡案件频繁等。同时，也基于学校危机管理上存在的国家政策、立法和行政方面的问题，主要是"通知、文件传达主义"，政府印发

---

① 李红雁：《关于制定〈校园安全法〉的若干思考》，硕士学位论文，湖南师范大学，2002 年 4 月 1 日。

② 樊秀丽：《日本学校安全法立法运动》，《首都师范大学学报（社会科学版）》2011 年第 3 期，第 69 页。

的规范手册往往缺乏可操作性,却由学校承担责任,引发了诸多校园安全事件,频发的校园事件也证明它是行之无效的做法,根本不能称之为"具有实效性的安全对策";另外,日本民众认为其当时现行有关学校安全保障的法律不够健全。这些问题,都要依靠国家将"学校安全基准"进行立法化才能完全彻底地解决。因此,学校事故问题研究特别委员会认为,应该制定一部单独的《学校安全法》,建议吸收其他法规中的有关内容,以解决现有法规中存在的交织混乱等问题。

该纲要的基本宗旨是:为保障儿童、青少年安全地接受教育的权利,国家及地方公共团体必须努力履行保证学校安全的责任和义务;在学校教育中,应当最优先保证儿童和教职员的生命安全。草案的《总则》部分开宗明义地提出了"作为学校安全基准制定主体的国家和政府的义务,作为学校安全管理义务主体的学校设置者及学校本身的责任和义务"。该草案提出由国家制定学校安全最低标准并设置了"学校安全职员"的规定。相应地成立了"学校安全基本计划审议会"和配备专门负责安全的校园安全保卫人员。[①]

该纲要案提出五个基本理念:(1)儿童青少年从自身的最佳利益原则出发,拥有安全地接受教育的权利。为保障此权利,在国家及地方层面,规定公共团体必须努力履行保证学校安全的责任和义务。(2)在学校教育层面,教育过程中应最优先保证师生的生命、身体和健康安全。(3)在学校教育中,管理学校的环境必须建立在不妨碍学校自主性教育活动的前提下。(4)建设学校环境时,必须遵守学校灾害防范等在纲要案的最低标准,而且为了保障师生的安全与健康,要求学校创建舒适且有创造性的学校环境。(5)赋予儿童及其监护人和教职员基于上述四条的规定,向学校要求创建安全舒适的校园环境的权利。[②]

该纲要案中颇具开创意义的主要内容包括由国家制定学校安全最低基准;建立"学校安全职员"制度,整备安全学校的条件;设立"日本学

---

① 罗朝猛:《日本:全民动员给孩子个安全的校园》,《上海教育》2010年第11期,第41页。

② 王岚:《守护学校:日本制订〈学校安全法〉草案》,《科研与决策》2006年第6期,第27页。

校安全中心"，等等。

（三）全面协同合力治理

日本内阁高度关注学校安全问题。于 2005 年，发布了《保护孩子不受犯罪伤害》年度报告，该报告主要就学校、社区和家庭等主体如何联动保护孩子不受犯罪伤害提出建议。日本曾经还以特别交付税的形式为学校安装监控和报警设备等补助经费。

日本文部科学省于 2002 年编发了《当可疑人进入学校时的危机管理指导手册》，2003 年向学校发放了《防止校园犯罪实践案例集》，2007 年对《学校危机管理指导手册》进行修订。通过动员社区力量协助维护儿童安全等一系列措施和制度规定来强化安全管理体制，实现学校安全综合治理效果。

日本各地方政府会同教育部门、警务部门采取了很多防护措施。在大阪市山口县相关店铺设立"儿童报警 110 联络处"，数量达到 1 万多处以便让儿童紧急时进店寻求庇护并拨打报警电话。在学校周边设立"警察看护所"，严格管理校外人员进入。另外在装备设备方面，让学生携带防暴报警器，在校内安装监控器；同时，在学校配备校园警务人员，集体上下学等措施在保护学校安全方面也起到重要作用。[1]

学校在学校安全治理方面的职责非常清晰。日本对校园安全保护的相关法律规定中关于学校的人防建设规范较为全面。首先对学校的设置者明确其有保障学生安全的责任；其次，明确校长要为师生安全配置相应的安全设施和装置且必须对在校教职工做好安全培训；再次，学校就安全方面的内容必须要有安全计划和应急预案，当发生意外伤害事件时，学校要对学生及相关人员身心健康的恢复提供必要的支持。最后，校内外联动，学校、社区、家庭以及警察署等协同治理，共同保障学生的安全。[2] 2013 年3 月，东京都教委发布了《学校危机管理手册》，随后又配发了《安全教育规程》所涉及的内容丰富且具有较强的操作性，对学校安全计划的制订及课程的实施到反馈评价环节都有指导性意见，因此，形成了从计划、

---

[1]　刘敏、姜晓燕、金东贤、李协京、王小飞：《看国外如何构筑校园安全防线》，《中国教育报》2010 年 6 月 1 日，第 3 页。

[2]　李协京：《日本：维护儿童安全人人有责》，《中国教育报》2010 年 6 月 1 日，第 6 页。

实施到评价的"三位一体"的指导体系。[①]

　　日本中小学特别注重学生的安全教育。一是教育行政部门向学校委派安全指导员、巡视员以实践课等形式给学生传授自我保护知识。学校定期的安全教育培训也有效地减少了学生安全突发事件的发生。有些学校的安全技能教授得细致且有成效。如：大阪市山口县田代小学设立的"防范教室"就有特别之处，这个教室配置了警察，教授学生基础简单的防范危险的口号："不跟着走""不坐可疑的车""放大嗓门""迅速跑开"和"告诉大人"等，这五句话有助于学生在面对可疑人物时有效作出判断并予以防范。[②] 二是东京都教委在都内学校推行以下三大领域的安全教育：生活安全教育、交通安全教育、灾害安全教育。强化教师对学生"日程安全指导""定期安全指导"和"特殊情形下安全指导"。三是东京都教委还在都内学校推广安全教育试验学校，主要在学生预测危险与规避危险能力培养方面进行大胆试验。希望这些试验学校能在安全教育课程设置、安全教育实践和避难训练方面作出尝试，以期将这些学校的经验推广至东京都其他学校。四是东京都教委还在今年推出了最新版在小学和初中使用的防灾教育辅助教材。此举意在提升学生对自己安全负责的能力。[③]

三　法国学校安全治理的理念与举措

（一）政府高度重视学校安全治理工作

　　法国政府高度重视学校安全治理工作集中表现在法国教育部对学校安全问题的积极努力思考与建设性的行动。曾在 2010 年 4 月，法国教育部在巴黎索邦大学就学校安全问题召开大会，围绕平安校园建设重点讨论了法国校园暴力相关问题。大会提出认识、预防和行动三项原则。具体内容是：一要认识和掌握校园暴力的基本情况，如成因、表现和影响等方面的信息；二要借助外力保障师生等人员和财产的安全；三要在行动上有规划，针对问题设置短期、中期和长期的行动以完成目标。法国教育部部长夏岱尔在大会发言中提出法国政府遏制校园暴力的五个努力方向，概括起

---

① 罗朝猛：《国外如何开展安全教育》，《中国教育报》2014 年 11 月 11 日，第 5 页。
② 李协京：《日本：维护儿童安全人人有责》，《中国教育报》2010 年 6 月 1 日，第 6 页。
③ 罗朝猛：《国外如何开展安全教育》，《中国教育报》2014 年 11 月 11 日，第 5 页。

来可以归纳为：加强学校安全预警—安全知识纳入课程—安全机动小组进校园—家校合作—在问题学校展开行动。第一，加强学校安全预警，主要是通过做好校园安全技防建设，安装检测软件统计校园暴力事件信息，做到精准分析定期公布和研判（每学期公布一次结果）。法国在 2001 年就启用了校园暴力监测软件，于 2007 年推出新的标准更为简化的校园安全监测系统。据统计，法国有近 95% 的学校向该数据库汇总校园安全信息。第二，在课程建设方面，将防范暴力纳入教学课程。尤其是在师范教育和教师在职教育中增加防范暴力的课程。主要教授应对校园暴力的相应知识和现场应对策略。第三，配置"安全机动小组"。法国各学校于 2009 年开始在各学区区长下设安全顾问，并组建"安全机动小组"。小组是由一定的教育界代表和相关部门的安全专家构成，并具有 10—50 的人员规模。成员构成类别包括教育界代表和内务部雇用的安全专家（防爆人员、调解员、退休警察或宪兵等）。第四，做好家校合作，以便严格校纪。依法治校也是法国政府在减少学校内部学生之间、学生与教师之间可能存在的冲突，加强校园安全治理的重要手段。特别对不履行家长责任的家长，规定了取消社会补助的惩罚。法国政府准备出台"健康计划"以保障学生的安全。第五，有针对性的行动，准备在问题学校展开行动。在继 20 世纪 80 年代初推出"教育优先区"之后，法国教育部针对校园暴力问题突出的学校进行新的归类，提出"光亮计划"（CLAIR）。意思是建设上进、创新、成功的初中和高中。同时，在"问题学校"保证教师队伍稳定的基础上推进教学创新。

2010 年 5 月 7 日，法国总统萨科奇在爱丽舍宫发表演说，再次强调了政府整治校园暴力的决心。[1] 2012 年 3 月 19 日，法国西南部图卢兹市一所犹太学校遭一名枪手袭击，造成 4 人死亡，3 人是学童，1 人是教师。枪击案发生后，萨科齐总统立刻取消其他公务，前往该所学校，强烈谴责该犯罪行为，并指出绝不能容忍谋害无辜儿童的行径。

（二）学校安全由专人负责、职责明确

法国国民教育部和高等教育与研究部有国防与安全教育高级官员（Le haut fonctionnaire de défense et de sécurité）。该名高级官员负责防卫、

---

[1]　刘敏：《法国：政府向校园暴力宣战》，《中国教育报》2010 年 6 月 1 日，第 6 页。

警戒、预防危机和紧急事件发生方面的工作,一般主管协调防卫、警戒、预防危机和紧急事件发生方面的政策,并且负责监督实施措施的落实情况。该名高级官员还负责防卫、危机预防与管理的应急预案,确定在威胁到来的时候,采取必要措施,以确保国民教育部能够继续提供公共教育服务。除了实际面对威胁,该名高级官员还负责教育体系内的信息安全,信息安全的威胁可以来自周边环境或者内部问题、人员问题。这些威胁的影响可以导致学校系统无法正常工作,完成主要任务。该名官员负责制定和监督实施必要的举措,来确保电子信息的传递和存储安全,保证正常教育活动的进行。[①]

学区与学校卫生与安全委员会 (CHSA & CCHS) 的任务是促进所有人员的健康与安全保障,改善劳动条件。委员会派出人员巡查学校落实情况。给校长提出改进意见。每个学区的督学和每个学校的校长身边都配备学校卫生与安全委员会成员,专门负责保证所有卫生安全条款的落实。这名成员的责任是解释相关法律条文和规定并提出建议,保证学校的所有员工都有相关知识,并且能够正确落实这些规定。[②]

(三) 学校安全治理责任外化、明晰化

法国学校安全治理责任外化的特点比较明显。法国强调学校主要承担人才培养职责,其安全由保安公司、消防部门、警察部门等联合负责,并对各相关责任部门的职责作了明细分工。法国教育行政部门为学校管理提供到位的法律援助,从学校卫生安全督查,到法国的学校管理人员的指导手册,再到公职领域的各种行业标准,还有法国学校管理人员定期接受的安全培训,所有这些都体现出教育体系背后有着一支强大的法律—实践团队,为法国全国的教育体系提供从法律角度出发的实践指导、培训和监督,使得法国的学校管理团队只需要遵照和服从学区行政管理的指令,按照具体操作的指导手册,做好各项工作,从宏观上,大大减轻了管理团队在具体事务中的纠缠和困扰。[③]

---

① 王鲲:《法国学校安全政策法规简介》,http://blog.sina.com.cn/s/blog_ 61e270180102 vkfl.html.

② 同上。

③ 同上。

　　法国学校卫生与安全是综合了多个部委的规定和要求，以学校为主要实施场所，应该说学校卫生安全事务本身就需要一本卫生、安全、教育法律汇编。而法国教育部恰恰就在官网上提供了学校安全指导手册免费下载。日常卫生安全手册涵盖了学生个人卫生标准、洗手的场合、在校接触动植物的规定、校舍、游戏场地、游泳池卫生消防标准、食堂卫生、营养标准、加餐操作方法和标准、节庆食物管理办法、学校食物加工规定、学生自带家庭食物管理规定、学校医疗急救服务的组织、急救重病、常备急救包、急救药品、日常药品、慢性病和残疾学生接待标准、学校内部传染病管理办法、疫苗接种办法、儿童健康状况家长联络卡等。以上是综合了卫生部、内政部、教育部有关部门的法律和政令所编写的实用性很强的指导手册。所涉及的庞杂的法律条文在其附录有详细的分类列表。该手册非常具体地规定了学校日常管理当中的卫生、安全（消防、防灾、传染病）的实施细则，具体到拖地板的水有 2 桶、1 桶清水、1 桶稀释消毒水，沾消毒水拖地的拖布必须在清水里清洗后甩干，才能再次放回消毒水的桶里。可以看出法国的教育行政主管部门在卫生安全方面所做的制度设计是比较完善的，它通过监察机构的常规划设置，保证条文的顺利实施，同时，又为学校服务提供者和教师、管理人员提供了详尽的操作性极强的指导手册。可以看出，在法国，熟知并专业地运用法律规定来管理学校的卫生安全问题，是教育行政主管部门必不可少的职能。[①]

四　韩国学校安全治理的理念与举措

（一）划定"儿童保护区域"和"学校环境卫生净化区域"

　　在韩国，对学校主要是幼儿园、小学和特殊学校等规定了主要出入口处设置"儿童保护区域"，该区域是在出入口半径 300 米以内的道路区域，是由政府划定的。同时，准备在各学校周围加强安全保卫力量，如集中安排警力，大力整治违章行驶、违章停车以及超速行驶等行为，以确保学生的交通安全。在韩国，关于学校安全问题方面也将联合国家行政安全部、教育科学技术部、警署和市民团体等制定《强化儿童保护区域交通

---

　　① 王鲲：《法国学校安全政策法规简介》，http://blog.sina.com.cn/s/blog_ 61e270180102 vkfl.html。

安全的对策》。

韩国《学校保健法》规定,教育部门必须设置"学校环境卫生净化区域"保障学校的健康、卫生及良好的学习环境。韩国蔚山市自2010年3月11日开始要求在学校周边200米以内设立"儿童食品安全保护区域。"即禁止向儿童不符合标准的食品与产品,以此保障儿童的饮食健康。[①]

(二)　将学校安全事故确定为"国家责任"

学校安全事故在韩国得到高度重视表现在国家立法层面保障学校安全事故的预防与补偿,在2007年韩国颁布了《关于学校安全事故预防及补偿的法律》。该法律对以下几方面作了明确规定:一是将学校安全事故责任规定为"国家责任",同时也明确这是国家和地方自治团体财政经费预算的依据,保障了安全事故发生之后的经费支出有稳定的给付来源;二是法律明确规定将学校安全事故的预防和补偿纳入公共保险范围,补偿范围包括校内、上学和放学途中所发生的事故,还包括学生的饮食安全事故等;三是法律规定有关学校安全赔偿事务由"学校安全控制会"负责。"学校安全控制会"属于社会团体,由韩国教育科学技术部部长指定设立,下设理事会来管理专业委员会、补偿再审查委员会和事务局,专门从事接受、处理学校宿舍安全、青少年活动安全、学校安全赔偿等相关事务。据统计,2007年韩国"学校安全控制会"接受、处理的安全事件为41114件,共赔偿170亿韩元。[②]

(三)　注重学校对学生的安全教育

学校对学生的安全教育也写入了韩国的相关法律。例如,《学校保健法》第十二条规定,"校长为了预防学生发生安全事故,要定期检查和改善校内的装备、设施,并采取对学生进行安全教育等其他必要措施"。《儿童福祉法》第九条第三项规定,"儿童福利机构、婴幼儿保育机构、幼儿园、小学、中学、大学的校长,要依据《总统令》,进行有关交通安

---

① 金东贤:《韩国:校园周边设儿童保护区》,《中国教育报》2010年6月1日,第6页。

② 金东贤、李协京、王小飞:《看国外如何构筑校园安全防线》(下),《下一代》2010年第Z2期,第3页。

全、药物误（滥）用、灾难预防等安全教育"。①

五　我国台湾地区学校安全治理的理念与举措

我国台湾地区教育部门一直都十分注重校园安全维护及自然灾害预防。但因受学校内部行政管理缺失、危机意识认识能力不足以及外部政治、经济、文化等因素影响，近年来各级学校屡有危机事件发生，给校园安全带来了不小的威胁。② 事实上，我国台湾地区非常注重学校安全治理的理论研究和实践探索，其学校安全状况在全球看仍然是比较好的。根据 2012 年 6 月的数据，我国台湾有 70 所学校获得世界卫生组织（WHO）"国际安全学校"认证，是全球认证安全学校密度最高的地区（世界卫生组织认证的 96 所"国际安全学校"中，以色列 1 所、美国 1 所、捷克 7 所、泰国 2 所、韩国 2 所，日本 2 所、塞尔维亚 1 所、中国香港地区 3 所……）。③

（一）构建了完善的学校安全危机预防机制体系

我国台湾地区学者认为，预防危机发生应该成为校园安全危机处理的首要重点。台湾东华大学的李明宪教授说："不能说地震了，我们才看到房子的问题，有毒牛奶了，才看到食品安全的问题。"④ 就我国台湾地区而言，有效地整合学校、社区、医院、警察局、消防局、卫生局等部门和组织，组建一个融学校、社会组织和个体的区域安全网络，做到事先的预防便可以大大减少校园危机的发生率，可以缓解校内人员可使用资源局限性的现状，通过发挥家长会和地方组织等支援功能，在发生危机时，可以实施有效的支援协助，迅速发挥救援功能。⑤ 据此，我国台湾地区教育行政部门强调"预防胜于补救"的学校安全事故的治理理念。在安全事故

---

① 金东贤、李协京、王小飞：《看国外如何构筑校园安全防线》（下），《下一代》2010 年第 Z2 期，第 3 页。

② 唐均心、刘猛：《台湾地区校园安全维护：现状、机制与启示》，《青少年犯罪问题》2015 年第 2 期，第 47—54 页。

③ 唐丽雪、方益权、沙非：《国际安全学校视野下的我国大陆地区中小学校园安全建设》，《法治与社会》2013 年第 3 期，第 243 页。

④ 李明宪：《台湾国际安全学校发展中心》，http：//www. safeschool. org. tw/index/htm。

⑤ 杨士隆：《校园犯罪与安全维护》，台湾五南图书出版股份有限公司 2012 年版，第 450—451 页。

防范机制上确定了三级预防的策略。三级预防策略分别是:一级预防为网络构建,完善合作与支持网络,增加保护因子,减少危险因子;二级预防为风险认知与预防行为能力的培养。即强化辨识及预防作为,为需要特殊关注学生解决适应问题;三级预防为个案跟进。对安全事故发生的个案予以追踪与辅导,健全学生身心发展,保障校园安全。① 台湾地区的三级安全预防机制,有助于强化各级教育行政部门和学校的危机意识,提高校园危机管理能力,从而有效维护校园内外人、事、时、地、物的长久安全。②

我国台湾地区还将构建完善的学校安全事件通报统计制度,作为总结经验教训、更好预防新危机发生的重要制度。根据"校园安全及灾害事件通报作业要点",我国台湾地区"教育部"校安中心每年都指派专人或委请专家学者对前一年整个地区的校安即时通报资料进行统计分析,并将数据及成果及时向社会公布。从往年我国台湾地区"教育部"的分析报告内容来看,校安中心不仅每年公布各级学校校园安全事件的整体概况,还会按照学制、发生月份和事件类别等对相关通报数据进行详细的整理、归纳和分析。③ 通过分析研究,可以从四个方面达到精进未来校园安全维护的目的:一是运用系统通报数据优化通报机制运行;二是运用系统通报数据预测各类安全事件发生的趋势;三是针对安全事故发生较高的事件类型报相关负责部门作为工作优化的依据;四是为教育部和各县市灾害管理机构开展教育训练安排提供数据参考。④

(二) 重点关注学校安全突出问题的治理

在建立健全校园安全整体防控机制的同时,针对往年在各级各类学校发生频率较高、影响较大的安全案件重点予以治理,制定了针对性较强的防控措施。这些校园安全案件涉及校园性侵害及性骚扰事件和校园霸凌事件等。关于校园性侵害及性骚扰事件,教育部门先后颁布《校园

---

① 中国台湾地区"教育部":《维护校园安全实施要点》,2011 年 2 月 23 日。
② 康均心、刘猛:《台湾地区校园安全维护:现状、机制与启示》,《青少年犯罪问题》2015 年第 2 期,第 47—54 页。
③ 同上。
④ 台湾地区"教育部校园安全暨灾害防救通报中心":《100 年校园事件统计分析报告》(摘要), https://csrc.edu.tw/Main.mvc/IndexNotLogin。

性侵害或性骚扰防治准则》《校园性侵害或性骚扰调查及处理流程Q&A》等法令规章，在规定校园性侵害、性骚扰及性霸凌的防治教育、校园安全规划和校内外教学及人际互动注意事项等预防措施的同时，着重明确了校园性侵害、性骚扰或性霸凌的处理机制、程序以及救济方法。[①] 其性骚扰及性霸凌的防治教育极为细致实用。如针对进入秋冬季节，街道巷尾往来人渐稀少，因工作或学业而夜行的单身女性，更容易成为歹徒下手的目标，位于台湾高雄市的树德科技大学精心规划校园安全教育，以"性侵害防治宣传及简易防身术教授""防范帮派份子介入校园暴力犯罪"等主题，邀请当地警察局警员莅临学校宣传性侵害防治及示范教授简易防身术。宣传教学分为案例介绍与动作示范，参加的师生在警员的调教下，分组进行演练，在玩乐中学习保护自己，这样在不自觉中提升了学生危机处理能力。[②] 关于校园霸凌安全事件，台湾地区"教育部"在2012年7月便制定了有针对性的规定，并对其定义和预防机制以及事后的处理程序等都作了详细的规定。具体在《校园霸凌防制准则》可以看到详细的规定，对于运用实践有较强的操作性。另外，还对黑帮等不良组织介入校园问题、学生药物滥用和新兴毒品侵入校园问题都分别给予了高度关注，并制定了相应的预防机制和防范策略。比如与警察局签订了《维护校园安全支援约定书》，通过构建跨部校安联系平台协助处理黑帮入校园问题；于2007年制定了"防制学生药物滥用三级预防实施计划暨辅导作业流程"控制和防范学生滥用药物的问题；2008年制定了"防制毒品进入校园实施策略"防范毒品进校园问题等。在上述措施的基础上，台湾地区教育行政部门又分别发起"防制校园霸凌"和"紫锥花运动"专项活动，通过加强宣传引导，不断强化学生反霸凌、反毒意识及理念，以提高各级学校校园霸凌和学生药物滥用的防控成效。[③]

---

① 廖怀高：《台湾地区校园性侵害处理模式研究》，《重庆行政》（公共论坛）2014年第4期，第83页。

② 罗朝猛：《国外如何开展安全教育》，《中国教育报》2014年11月11日，第5页。

③ 康均心、刘猛：《台湾地区校园安全维护：现状、机制与启示》，《青少年犯罪问题》2015年第2期，第47—54页。

（三）学校安全预案流程制定完备

台湾地区教育部门在校园安全治理问题方面出台了多部相关法律规范对学校安全预案问题予以保障，有助于各级人员有效处理校园安全突发事件，特别是详细地制定了各种危机处理方案、作业要点及流程参考。如在2008年，我国台湾地区"教育部"校安中心就针对校园人为灾害状况，专门制定了一系列紧急应变处理参考，其中包括地震、山难事件等自然灾害事件，学生自杀自伤、校外人员入校园绑架学生、性骚扰等伤害师生的事件，师长与学生发生管教等各类师生和学生间冲突事件，学校食品安全事件等16个案例分类的应对处理。应变处理中均对以下几个方面予以列明：一是阐述校园安全事件特征与注意事项；二是列出典型案例；三是明确三阶段处理流程包括第一阶段的接获报告时的立即反应、第二阶段的现场处理和第三阶段的后续处理；四是相关法规参考资料。从台湾多年校园安全维护经验来看，各类危机事件的详细处理方案和流程，不仅能够帮助相关人员对校园危机状况作出准确判断，而且能够为各类事件的迅速妥善处理提供有效参考。①

第二节　协同治理是境外学校安全治理的有益经验

近年来，学校频繁发生校园暴力事件，这给对外界的不法暴力侵害预防能力弱的学生造成了巨大伤害。从学校安全治理的视角来看，应当更深入地理解学校安全及其治理问题，为学校撑起安全的保护伞。如前所述，部分境外国家和地区非常注重学校安全协同治理，调动各方治理主体，发挥他们的独特功能和资源优势，相互合作，相互协调，群策群力，共同管理，全方位保障学校安全，取得了较好的治理效果，对我们加强安全学校建设具有重要的借鉴价值。因此，主动应对新的挑战，吸取社会治理方面新的方式方法，建立一套保障校园安全的预警机制对于提升校园安全保障

---

① 康均心、刘猛：《台湾地区校园安全维护：现状、机制与启示》，《青少年犯罪问题》2015年第2期，第47—54页。

工作的针对性、准确性和可操作性有极其重要的意义。①

一　协同治理理论与学校安全治理的契合

理念是行动的先导，指引着行动的方向。有什么样的理念就有什么样的行动。对实际问题的看法片面不正确会引起理念出问题，从而导致行动出偏差，影响实际问题的解决。产生理念问题的原因很多，一是不能正确认识、对待存在的实际问题，二是对实际问题的产生原因缺乏科学准确的认识，三是缺乏在实践分析和理论学习的基础上对新的科学理念的掌握，等等。一些地区的安全学校建设实践已经证明，安全学校建设成效不佳往往是由于安全学校建设理念存在缺失，并在缺失理念的指引下不当地进行学校安全治理的行动。因此，理念领先才能提升安全学校建设成效。学校安全治理能力体系建设，必须理念先行，用正确的理念引领安全学校建设。长期以来，我国学校安全治理的多元责任主体在防范校园安全事故等方面并未呈现体系化，主体责任细分度不够，防范职责不明，遇事容易各自为政、相互推诿，尚未充分体现"协同治理原则"，不能形成及时有效的防范和追责体系，发挥体系功能。因此，在协同治理理论中汲取学校安全治理的科学理念，对于推进我国学校安全治理，具有重要意义。

我们知道，埃尔克·克拉曼在《安全治理的概念》（2003）一文中首先阐述的"安全治理"概念，主要是指欧洲和跨大西洋的安全关系，区别于以往的安全概念。这也意味着安全内涵的拓展，由最初的统治转到治理，安全治理理论开始运用到安全领域。而协调治理"是通过协商一致、建立伙伴关系、形成统一目标等方式管理公共事务，是政府、社会组织包括公众个人上下互动的管理过程，它的管理机制主要来源于合作网络的权威，因此它的向度是多元的而不是单一的或者自上而下的"。②

---

① 杨亮：《关于建立高校稳定警报机制的几点思考》，《山西警官高等专科学校学报》2009年第4期，第55页。

② 周晓丽：《灾害性公共危机治理——基于体制、机制和法制的视界》，社会科学文献出版社2008年版，第111页。

显然，协同治理本身承认公共组织与管理的多中心，内含政府与社会、组织与个人多种力量的协同行动。由此可见，社会安全协同治理是一种新的管理模式，它由多主体自主参与，权威和信息实现分享，对社会安全的各项管理事务进行协商处理的管理模式。简而言之，社会安全协同治理模式强调安全维护的多元行为主体参与、鼓励有效整合和运用各种资源，着眼于安全治理过程中的协商处理机制，完善了安全的量化评估机制，是社会安全建设所必要的分析框架。社会安全协同治理通过多元参与行为体，基于认同的安全治理理念，凭借各项制度和体制的支撑，有效地整合不同行为体的参与和资源调配，实现有效治理，追求和合、共建安全的方式获得良好的生存及发展环境。社会安全协同治理的最终目标就是将安全危机控制在非常态危机的临界点之前。

当前，传统的以政府为中心的学校安全管理模式已不能满足社会需求。我们应当认识到，学校安全治理归属于公共事务，将公共危机管理的协同治理理念引入学校安全治理中，运用于学校安全领域，拓宽了学校安全治理的视野，能有效应对社会不安全因素给学校带来的潜在威胁。新形势下，学校安全治理过程中需要通过政府、社区、学校、家庭等多方合作开展工作。

二 协同治理有效调动了学校安全治理的社会资源

境外学校安全治理的重要经验，就是各自依据其国情、社情和校情，构建了切实可行的学校安全协同治理的运行机制。我们知道，学校安全协同治理需要多主体齐抓共管，涉及多因素、多环节。从境外的经验看，通过学校安全协同治理，可以在学校安全治理上有效调动各种相关社会资源，主要体现为以下三点。

第一，学校安全协同治理是一个系统工程，它强调子系统之间的配合、衔接与协同合作。学校安全协同治理的目的也在于实现子系统间的配合度和协同合作，达到系统内部结构的有序性。实现学校安全协同治理系统的结构无序性向有序性转变，必须重视与环境的动态关系。

第二，学校安全协同治理运用的是复杂性思维模式，系统中各微观元素相互作用的特征是非线性。学校安全协同治理模式体现的治理主体的非线性、整体和关系等交叉杂糅在一起的复杂性思维模式，这样的思维模式有助于应对各类突发的风险事件。

第三，学校安全协同治理过程中的组织间通过自愿、自发开展。学校安全协同治理通过自我约定、协商自愿的方式形成治理秩序。即系统各成员之间通过共享信息与资源，根据各系统在学校安全治理过程中所应承担的责任、发挥的作用、资源的多寡来平衡其应在治理行动中的地位、责任与权力等。

综上所述，学校安全协同治理是指在开展学校安全建设过程中，由政府、社区、学校、家庭等多元行为体通过协商处理机制协调各方保持统一行动，共享信息和资源，以自身在学校安全治理中的作用以及资源的多寡取得行动地位、权力和相应责任维护学校安全。学校安全协同治理模式的运用，使得安全监督与反馈形成了闭环系统。

第三节 学校安全协同治理理念的核心价值

以政府为中心的学校安全管理模式已不能满足社会需求。而"治理是个人和公共或私人机构管理其公共事务的诸多方式的总和，它是使相互冲突的或不同的利益得以调和并且采取联合行动的持续的过程，它既包括有权迫使人们服从的正式制度和规则，也包括人民和机构同意的或以为符合其利益的各种非正式的制度安排"[①]。显然，协同治理本身承认公共组织与管理的多中心，内含政府与社会、组织与个人多种力量的协同行动。校园安全治理归属于公共事务，将公共危机管理的协同治理理念引入校园安全治理中，拓宽了校园安全治理的视野，能有效应对社区犯罪给校园带来的潜在威胁。

一 "国家—社会—市场—学校"联动

社会公共事务的协同治理模式采用的是"国家—社会—市场"联动的方式，实现上下左右互动的治理过程。学校安全协同治理作为一项系统工程，涉及社会公共利益的方方面面，关乎每个家庭，政府、社区、

---

① 联合国全球治理委员会：《我们的全球伙伴关系》，牛津大学出版社 1995 年版，第 2—3 页。

学校和家庭等都应参与,应当采用的是"国家—社会—市场—学校"联动的方式。然而,政府的自利性成分以及市场理性的缺乏导致学校安全协同治理存在真空。政府、社区、学校与家庭对学校安全协同治理中存在的问题解决的困境,使多元协作的全员参与模式成为迫切需求,即要求政府、学校与具体的共同体社区、家庭联系起来形成合力,需要诸多社会性组织参加政治、经济、社会事务的管理与协调。因此,学校安全协同治理除了需要学校和政府的管理行为,更需要社会多方主体的支持。

如前所述,《中华人民共和国未成年人保护法》第六条规定,"保护未成年人,是国家机关、武装力量、政党、社会团体、企业事业组织、城乡基层群众性自治组织、未成年人的监护人和其他成年公民的责任"。《中小学幼儿园安全管理办法》(教育部令第 23 号)第五条规定:"各级教育、公安、司法行政、建设、交通、文化、卫生、工商、质检、新闻出版等部门在本级人民政府的领导下,依法履行学校周边治理和学校安全的监督与管理职责。学校应当按照本办法履行安全管理和安全教育职责。社会团体、企业事业单位、其他社会组织和个人应当积极参与和支持学校安全工作,依法维护学校安全。"第六条规定:"地方各级人民政府及其教育、公安、司法行政、建设、交通、文化、卫生、工商、质检、新闻出版等部门应当按照职责分工,依法负责学校安全工作,履行学校安全管理职责。"第四十七条规定:"教育、公安、司法行政、建设、交通、文化、卫生、工商、质检、新闻出版等部门应当建立联席会议制度,定期研究部署学校安全管理工作,依法维护学校周边秩序;通过多种途径和方式,听取学校和社会各界关于学校安全管理工作的意见和建议。"在这些关于学校安全协同治理的相关法律法规中,都明确了"国家—社会—市场—学校"联动的模式以实现学校的安全治理。

综上所述,学校安全协同治理理念可用图 2—3 简单表示:

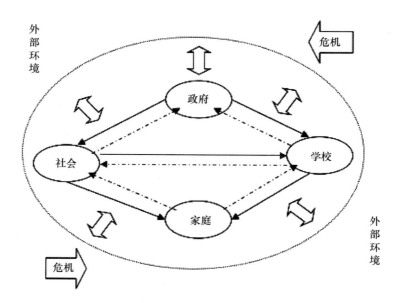

图2—3　学校安全协同治理多元主体谱系系统

二　社会成为学校安全治理的重要责任主体

社会（主要指社区但不限于社区，下同）是治理主体之一，在当今社会安全治理中起着日益重要的作用。在社会安全语境下，学校安全协同治理模式最关键的是将原来由政府（主要是公安机关）主导安全服务或安全责任转变为由社会力量主导。

在当前中国，学校安全协同治理模式的提出，有助于培养社会的公共精神。而学校安全协同治理理念的引入，必须要解决社会因素带来的学校安全问题责任分担等问题。其实，学校安全协同治理理论隐含着一种责任的转移，即将原本由国家和政府承担的责任，一部分转向社会——学校安全协同治理理论认为社会不仅享有权利，而且应当承担相应的责任。《中华人民共和国未成年人保护法》第六条规定强调了社会团体、企业事业组织、城乡基层群众性自治组织在保护未成年人方面的责任。《中小学幼儿园安全管理办法》（教育部令第23号）第五条规定中，强调了社会团体、企业事业单位、其他社会组织和个人在积极参与和支持学校安全工作，依法维护学校安全方面的责任。

学校安全治理社会化作为学校安全协同治理模式的一种理念，就是指多元主体（主要是社会主体）共同承担学校安全问题产生的责任，共同承担学校安全治理的职责。学校安全治理社会化的多元主体，就包括社会非盈利性组织、第三方机构、独立机构、私人及私营企业等社会组织及个人等，积极参与和发挥作用，从而提高学校安全协同治理的效度。

第 三 章

多元维度:社会安全视野下学校
安全治理的法制基石

　　社会安全视野下的学校安全治理必须重视法制建设。学校安全治理现代化是一个由传统学校安全管理体系向现代学校安全治理体系转型的过程。学校安全治理现代化首要的基本要素就是制度化,即学校安全治理能力建设及其运行的制度化和规范化。没有基本的法律规范和制度机制,学校安全治理的每一个要素都有可能发生性质的改变,危害学校安全治理,甚至导致劣治,最终损害学校安全。一言以蔽之,没有法制,便无法治;没有法治,便无善治,也没有学校安全治理的现代化。[①] 每一项制度和规范背后都承载着一定的法律价值,法律制度和法律价值之间的关系好比"肉体"与"灵魂"的关系。[②] 二者都通过法律运行机制来实现,而法律的运行归根到底则表现为学校安全治理法律制度的构建。学校安全治理法律制度的构建主要涉及制度与价值维度的思考,这两个维度实际上也是社会安全视野下学校安全治理法制建设的两大基石。

第一节　学校安全治理的法律制度维度

　　学校安全治理需要从制度上予以保障。所有制度设计本质上都是解决

---

　　① 俞可平:《没有法治就没有善治——浅谈法治与国家治理现代化》,《马克思主义与现实》2014 年第 6 期,第 1 页。

　　② 王立峰:《高校公共安全的法律维度——来自于法哲学视域的观照》,《山西财经大学学报》(高等教育版) 2008 年第 2 期,第 10 页。

权利与权力的关系以实现社会治理之目的。因此，学校安全治理的法律制度研究，应当从权利与权力这两个维度展开，分析各相关主体在学校安全治理法律关系中的基本定位。

一　学校安全治理法律制度的权利维度

众所周知，行为和社会关系是以法律中的权利和义务为机制来调整的。权利和义务的关系可以概述为：结构上的相关关系，数量上的等值关系，功能上的互补关系。[①] 张文显教授指出，当代法学逐渐确立了以权利为本位的思考，权利构成了法哲学的基石性范畴。权利属性一旦明确，对应性的义务也必然会被指涉。从法律功能和社会价值的角度，可以把权利解释为"规定或隐含在法律规范中、实现于法律关系中、主体以相对自由的作为或不作为的方式获得利益的一种手段"。[②] 权利是形成学校安全治理法律行为、法律关系、法律责任及相应法律救济的逻辑联系的最基本环节。

对安全的需求是每个人的天性，学校安全关乎师生的权益，关乎家庭、社会和国家的安全稳定。安全作为学校各项权利的派生权利，在学校安全治理的法律制度的构建中首先要予以明确的是学校安全治理过程中各权利主题的权利的含义及其相关内容。

"自由"和"安全"一直被人们认为是人权的首要价值，比正义本身更具有存在感，人们在诉求或要求国家政权给予保障时，通常会让其保证人们的安全。在马斯洛的需要层次理论中，把需求分成生理需求、安全需求、爱和归属感、尊重和自我实现五类，依次由较低层次到较高层次排列，其中安全需要是仅次于生理需要的基础性需要。在法律语境下，从"安全"自身的含义来看，安全更多的是法律追求的目的，安全权利也是其他主体权利实现和维护的手段。博登海默指出："人们之所以在正义理论中只给予安全以一张幕后交椅的原因，必须从这样一个事实中去探寻，这个事实就是安全在法律秩序中的作用之一是具有从属性和派生性：安全

---

① 张文显：《法哲学范畴研究（修订版）》，转引自王立峰《高校公共安全的法律维度——来自于法哲学视域的观照》，《山西财经大学学报（高等教育版）》2008年第2期，第11页。

② 张文显：《法理学》（第2版），转引自同上书，第11页。

有助于使人们享有诸如生命、财产、自由和平等其他价值的状况稳定化并尽可能地持续下去。法律力图保护人的生命和肢体，预防家庭关系遭到来自外部的摧毁性破坏并对侵犯财产权规定了救济手段。上述种种法律上的安全目的，集中体现在霍布斯的格言之中，'人民的安全乃是至高无上的法律'。"①

在安全的内涵和价值上看，对学校安全权利的含义可以这样理解，它是指法律保障和维护的学校各群体的基本权利免受侵害的权利。而在学校领域里，学校安全涉及的群体主要是教师和学生，由此可知，权利的客体是学校安全所保障或维护的教师和学生的人身、财产等合法权益。学校安全治理法制建设，必须要有权利观念，从权利的基本维度出发去做好学校安全治理的相关制度设计。这种基于权利维度的制度和规范，才既符合学校安全治理法制建设的价值需要，又符合学校安全治理法制建设的效度需要。

社会安全视角下的学校安全治理中的安全权利实际是一个派生的权利，它是以所涉及的权利主体（教师与学生）在学校领域内所享有的人身与财产免受侵害的权利为基础。师生作为权利的主体，他们权利的实现和保障有助于提升学校安全治理的效度。结合学校和教育的特性，学校安全治理法律制度中的权利具有以下几点特征。第一，权利适用的主体是学校师生，这是由教育主体特定的身份特征决定的；权利的客体内容主要由学校师生基于教育权利而享受的基本权利构成。比如：学校安全治理法律制度中权利的主要构成为现行的《教育法》《义务教育法》《高等教育法》《教师法》等法律中对于教师与学生基本权利的规定。第二，权利的适用地理范围为学校范围内。所谓的学校范围通常是指学校校园之内，也是学校安全的适用范围。因此，学校安全治理法律制度中的权利主张也限于校园之内，类似学生节假日在家的安全等就不属于学校安全治理的范围。第三，学校安全的权利具有公共特性。由于学校是一个公共场所，不管是公立学校还是私立学校，它都是公共机构和组织。因为其公共场所的特殊性质致使师生权利的侵害能够造成公共性影响。学校安全侧重于公共

---

① E. 博登海默：《法理学：法律哲学与法律方法》，邓正来译，中国政法大学出版社1999年版，第293页。

性，权利形态也具有公共特性，这种公共特性强调学校安全权利侵害的公共影响。第四，学校安全治理法律制度中的权利实际是安全权的派生权利，学校安全的权利群体的基本权利是原权利。[1] 安全权强调一种基本权利免受侵害的特性，因此基本的人身权、财产权是学校安全要保障的客体权利，安全权利是基本权利的引申。[2]

学校安全中权利可以依照不同的分类标准，划分为不同的权利类型。学校安全权利的分类有助于我们具体问题具体分析，进而提供有针对性的权利保障机制，以实现学校安全治理中权利实现的价值目标。具体分类如下。第一，根据学校安全权利适用主体的不同，分为教师安全权与学生安全权。教师安全权主要适用于教师在教育教学过程中享有的各项安全权益。学校通过制定各类保护措施保障教师的各项权益免受侵害。当然也包括教师人身、财产的权利不受非法的侵害。学生的安全权是学校安全权利强调的重点，主要适用于学生在教育教学活动中享有的各项安全权益。学校通过各种措施保障学生免受非法的侵害。针对学校中教师和青年学生的特点，学校安全治理应做到有的放矢。第二，根据权利的客体内容的不同，可以将学校安全权利具体分为教师和学生群体的人身安全权、财产安全权。在学校领域里，教师和学生常见的人身安全权包括生命安全权、健康安全权、名誉权安全权、隐私安全权，等等；教师和学生的财产安全权包括私有财产安全权、学校的公共财产安全权，等等。可见，学校安全权实质上强调的是一种基本权利不受侵害的权利，是以基本权利为原权利前提而衍生出的对应的安全权。

二　学校安全治理法律制度的权力维度

权利是属于法律上的概念，而权力作为政治上的概念与其有着质的区别。但两者也具有密切的联系。如上所提及的，权力往往以法律上的权利为基础而产生，它产生的目的更多的是实现法律权利，同时权力的形式、

---

[1]　王立峰:《高校公共安全的法律维度——来自于法哲学视域的观照》,《山西财经大学学报（高等教育版）》2008 年第 2 期，第 11 页。

[2]　王立峰:《高校公共安全的法律维度》,《山西财经大学学报（高等教育版）》2008 年第 2 期，第 11 页。

程序和内容等受到法律中的权利的制约。两者都有一定的利益目的性，受到法律上的规定和限制。从权力的内涵看，"权力指个人、集团或国家，按照其所希望的方式，贯彻自己的意志和政策，控制、操纵或影响他人行为（而不管他们同意与否）的能力"。① 权力具有以下特征：一是权力运作在一定的社会关系上发生作用；二是权力主体必须要有一定的资源支配其权力的行使；三是权力更多的是表现为控制性。法律与权力的关系往往更多地表现在法律对权力的影响，如：法律规范权力、分配权力、界分权力以及制约权力。二者的辩证关系为权力只有受法律调整，才能实现对于主体权利的保障，权利诉求是目标，权力运作是手段。基于权力的法哲学原理的相关概括，学校安全治理实质上也是一种权力性活动，即学校安全治理权，这种权力也要遵循于法学视域下的权力运作的规律。结合学校安全与法学维度下的权力理论，学校安全治理中的各权力主体的权力可以从以下几个方面加以阐释。一是学校安全治理的权力，从本质上来说，属于行政权力范畴，权力的正当性来源于法律授权。根据教育法律规范中的规定，学校安全治理的各相关主体享有学校安全治理权力用以维持学校正常的教育教学和管理秩序。学校安全治理权力属于法律授权给学校安全治理各相关主体享有的权力。其中，学校对学校安全治理的权力也来源于法律授权，并属于依法享有的自治性权力，学校因而在学校安全治理中具有授权组织的行政属性。因此，学校安全治理中各权力主体的权力依据、内容、范围必须法定化、制度化，受法律规范的调控。二是结合学校自身的特点、学校安全治理的特殊性、学校安全治理各主体协同治理的特殊要求，学校治理权力的行使必须遵循体现公共服务的原则，保障作为学校主体的师生能够在安全秩序环境下获得教育这一特殊的公共产品。三是明确学校安全治理权力的法律从属性地位，它是作为一种行政权力，从属于法律、法规，因此该权力的实施必须法定化、制度化。四是学校安全治理权力实施必须遵循合理性原则，学校安全治理各相关主体在保证学校安全治理权力法定的前提下，应注重学校安全治理权力行使的客观、适度、合乎理性。尤其是涉及师生基本权益时，学校安全治理各相关主体一定要慎重考量安全措施的应用与师生权益之间的妥适性、必要性与合理性，不应为

---

① 张文显：《法哲学范畴研究》（修订版），中国政法大学出版社 2001 年版，第 396 页。

了僵化地适用法律而过于牺牲师生主体的合理性需求。实践中就存在一些学校安全治理各相关主体（包括学校主体）的治理方式不当而侵害师生基本权利的事例。①

综上所述，任何组织都与其相应的制度密不可分，组织的生存和运作，就必须有制度作为支撑。基于以共同目标而集合起来的共同体，制度是组织赖以存在、运作和发展的基础。组织制度的"控制性"与"稳定性"维持着组织的生存与延续，组织制度的"利益性"与"主体性"则维护着某一组织在与其他社会组织交往中的自身价值体系。学校安全治理各相关主体作为社会组织，自然也应当遵循着组织的这些基本原则。学校安全治理过程中的法律制度是学校安全治理各相关主体作为组织的制度文化体系中的一部分。它通过其特有的运行机制，规范着学校安全治理各相关主体作为组织的活动，保障着学校安全。基于以上分析，更加明确了协同治理有助于促进学校安全治理的法律制度发挥规范功能。为了促进法律制度规范功能的发挥，必须建立一套行之有效的法律制度规范机制。良好的制度体系（模式）是学校安全治理的规范前提，是学校安全治理活动的法律依据。根据参与治理的主体的不同，可以将学校安全治理法律制度模式分为学校外部调控模式与学校内部自治模式两种。这两种模式基本涵盖了学校安全治理的不同领域，实现对学校安全的全方位保护。具体而言，学校外部调控模式的参与主体为国家对于学校安全的治理。学校作为事业单位法人、公安部门、教育行政管理部门等应当对其承担安全治理职责。学校安全治理应当纳入社会安全治理体系之中，适用于国家的各项安全治理法律法规。学校内部自治模式是学校依据《教育法》授权所获得的"依照章程自主管理"权的体现。学校对于校园内部秩序可以依据法律、法规的授权，在不违反上位法的前提下，制定相应的内部规章制度，实施微观治理。②

---

① 王莉君：《权力与权利的思辨》，转引自王立峰《高校公共安全的法律维度——来自于法哲学视域的观照》，《山西财经大学学报（高等教育版）》2008年第2期，第12页。

② 王立峰：《高校公共安全的法律维度——来自于法哲学视域的观照》，《山西财经大学学报（高等教育版）》2008年第2期，第13页。

第二节 学校安全治理的价值维度

任何制度设计及其实践举措选择，都蕴含一定的价值考量。在学校安全治理法律制度设计及其实践运行中，秩序价值是其最基本的价值，即首要价值——学校安全治理法律制度，首先追求的是学校安全秩序的实现。

一 学校安全与秩序价值的契合

从法哲学意义上讲，价值实际上就是对主客体相互关系的一种主体性描述，它代表客体主体化过程的性质和程序。由此，法律价值是指法律的存在、作用及其发展变化对一定主体需要及其发展的适合、接近或一致。它具有具体的主体性、客观社会性、伦理性和主观性的属性。制度与价值构成法治体系的一体两面，而价值是法治体系的灵魂，价值缺失，制度将退化成僵化的躯壳。① 秩序、效率和公平是法律的三个重要价值，而学校安全治理过程中权利（权力）行使的背后更多反映出主体对于秩序价值的诉求，而秩序本身其实也正是法律价值的属性之一。作为基本法律价值的秩序以其内在的规定性描述了安全状态的基本特征。

"任何值得被称为法律制度的制度，必须关注某些超越特定社会结构和经济结构相对性的基本价值。"② 学校安全治理的价值选择是一个理性判断的过程。理性让刚性的法律具有了生命力，与现实生活相契合，实现了法律的合理性。任何制度的选择、形成与评价都离不开人的理性。

鉴于上述阐述，在学校安全语境中，科学界定"秩序"的基本前提是符合社会关于秩序基本属性的同一性描述，即学校安全理论和实践所讨论的"秩序"是社会形式、社会关系形式、社会关系的规则形式的体现。学校安全关系是学校秩序的实质，学校秩序是学校安全关系外在的规则形

---

① 王立峰：《高校公共安全的法律维度——来自于法哲学视域的观照》，《山西财经大学学报（高等教育版）》2008 年第 2 期，第 13 页。

② E. 博登海默：《法理学——法律哲学与法律方法》，邓正来译，中国政法大学出版社 1999 年版，（作者致中文版前言）第 1 页。

式，在一个安全状况良好的学校中，学校安全总是需要通过一系列的安全制度和社会结构来保障，无论何种类别的学校，都得通过共同遵循的安全规则才能实现相对稳定有序的状态。学校秩序与学校安全关系外在的规则形式之间的吻合度高，则说明学校秩序较好地表达了学校安全关系。① 学校秩序为师生一切教育活动的有序开展提供了必需的前提条件。秩序是人类社会活动的基本目标，而法律是秩序建立过程中外在的规则表现形式。学校安全也正是因具有很强的秩序价值属性而与法律机制相契合，学校安全可以从下列秩序价值维度加以分析。②

二　学校安全法律制度与秩序价值的契合

学校安全作为社会安全的一部分，其秩序价值主要是通过法律制度体系等外在规则形式予以实现的，法律制度体系的构建与安全秩序之间是相辅相成的关系，即法律制度体系的构建形成法律机制有利于安全秩序目标的实现，安全秩序的实现有助于法律机制的巩固。具体而言，学校安全的秩序价值通过法律制度体系予以调整，实现各主体关系的稳定和确保教育教学进程的持续进行，达到教育教学管理的规范管理和各主体权益的保障，以增强各主体的校园安全感。

作为学校安全的外在规则形式的法律制度体系，有助于实现学校安全的秩序价值的目标。秩序价值可以为学校安全治理达成以下目标。第一，具有实现学校环境稳定性的功能。学校稳定是学校安全治理的秩序价值的最初目标，也具有维持教育教学管理的有序性，促使教育活动开展的规范化，通过制度体系保障学校安全。稳定是校园安全首要因素，也是防范各种学校安全危机和风险的关键所在。第二，具有平衡学校相关主体利益的功能。学校各类主体利益的平衡是秩序价值追求的高级目标。法律制度是平衡各主体利益的重要手段，对学校安全各相关利益主体予以规范，达到主体间的协调有序、利益关系平衡。利益关系的平衡有助于师生群体形成

---

① 王均平:《安全，还是秩序——治安理论与实践之上位概念分析及选择》，《中国人民公安大学学报》（社会科学版）2009 年第 6 期，第 48 页。

② 王立峰:《高校公共安全的法律维度——来自于法哲学视域的观照》，《山西财经大学学报》（高等教育版）2008 年第 2 期，第 13 页。

安全心理与安全意识，得到师生群体的认同和信任。第三，具有规范权力与权利的功能。秩序价值具有平衡学校安全治理中权力与权利的二元紧张关系的作用。学校安全秩序是教育权利实现的外部屏障，不能以权力替代权利、侵害权利，要始终坚持秩序的价值理想目标。

客观地看，我国在学校安全治理法制建设中已经在思考协同治理问题，相关法律法规的规定，也在一定程度上体现了学校安全协同治理理念。比如：《中华人民共和国义务教育法》第二十三条规定："各级人民政府及其有关部门依法维护学校周边秩序，保护学生、教师、学校的合法权益，为学校提供安全保障。"《中华人民共和国未成年人保护法》第六条规定："保护未成年人，是国家机关、武装力量、政党、社会团体、企业事业组织、城乡基层群众性自治组织、未成年人的监护人和其他成年公民的责任。"《企事业单位内部治安保卫条例》、中央综治办教育部公安部《关于进一步加强学校幼儿园安全防范工作建立健全长效工作机制的意见》（公通字〔2010〕38号）、《中小学、幼儿园安全技术防范系统要求》（国家标准 GB/T 29315—2012）等，也都明确了学校安全治理相关责任主体对学校安全的协同治理责任。

但是，由于我国在学校安全治理法制建设中，对其制度与价值维度的思考不深、体现不够，在一定程度上影响了学校安全治理法制建设的科学性和可操作性，进而影响了治理效度。

第 四 章

主体协同:社会安全视野下学校
安全治理的职责界分

　　厘清学校安全协同治理的责任主体及其职责,是学校安全治理能力建设最核心的内容。学校安全协同治理的责任主体及其职责,历来是个错综复杂的问题。当前,很多人片面地认为,学校安全协同治理最重要的责任主体是学校和师生。这种偏颇的认识,致使学校安全很难得到全面保障。实际上,学校安全协同治理涉及的责任主体极为广泛和复杂,学校、教育、综治、公安、司法、建设、交通、文化、卫生、工商行政管理、质量监督检验检疫、新闻出版等政府部门都对学校安全治理承担重要职责,学生监护人和学生本人也负有一定的学校安全协同治理主体职责。① 在不同的情况下,学校安全协同治理所涉及的主体是不同的。② 并且,相关责任主体的职责分工错综复杂,各主体所属条块和系统也很难予以理顺。因此,厘清学校安全协同治理的责任主体及其错综复杂的责任关系后,才能切实提高学校安全治理能力建设水平,才能真正构建科学有效的学校安全保障系统,并对学校安全立法起到实质的推进作用。

---

　　① 　如学生监护人依法承担保护被监护人的生命、健康不受侵犯的职责,对被监护人进行安全管理和安全教育的职责,教育被监护人遵纪守法的职责,协助学校做好被监护人安全工作和安全教育工作的职责等;学生本人承担加强自我保护意识、自我约束意识的职责,严格遵守法律法规、校内规章制度的职责等,本书不予赘述。

　　② 　如在学校安全保卫中,学校安全协同治理的责任主体包括教育行政部门、学校、综治部门、公安部门等;在校车安全管理中,学校安全协同治理的责任主体包括教育行政部门、学校、公安部门、交通部门等;在学校卫生防疫管理中,学校安全协同治理的责任主体包括教育行政部门、学校、卫生防疫部门等;在学校饮食安全管理中,学校安全协同治理的责任主体包括教育行政部门、学校、食品药品监督管理部门、工商行政管理部门、卫生部门,等等。

第一节　学校安全协同治理责任主体概述

学校安全协同治理工作，是一项多元主体、多重权力立体交叉的系统工程。我们可以将学校安全协同治理系统视作一个综合社区，居于社区中的不同主体在学校安全协同治理中都具有不同的角色作用，因而形成学校安全协同治理过程、治理阶段、治理领域的不同治理中心。按照学校安全协同治理的纵向责任而言，学校安全治理工作按照综合治理工作"属地管理"和"谁主管谁负责"的原则，实行"三级管理"防控体系，即学校所在地县市区人民政府、学校所在地教育行政主管部门等相关职能部门、学校层层落实防控管理职责。[①] 政府应当对学校安全协同治理工作承担主导责任，学校、社区、企业、媒体等多元主体参与，举全社会之力，多重措施并举，才能有所收效。从横向来说，依据职权划分，学校安全治理涉及多个政府职能部门，教育、公安、司法行政、建设、交通、文化、卫生、工商、质检、新闻出版等部门，对学校安全治理的各项事务应当各司其职、协同治理。必须通过制度化机制，创新学校安全协同治理体系，拓宽非政府参与渠道，为吸纳和整合多元社会主体参与学校安全治理提供畅通的进入机制，形成政府主持、学校主导、企业参与、社区动员、志愿服务的多元综合治理格局。[②]

一　学校安全协同治理责任主体的概念

学校安全协同治理的责任主体，是指对学校安全协同治理所需要的通过人、物、环境三者间的信息传递、加工和控制，形成一个相互关联的复杂的学校安全保障系统，并运用系统科学理论和系统工程方法，使学校作为一个系统具有安全、高效、经济等综合效能。

任何学校在其生存、发展、壮大过程中最需优先予以关注的应当是学校的安全（包括学生的安全、教职工的安全，以及学校本身的安全等）。

---

① 吴忠俐：《推进学校及周边治安防范体系建设，大力构建学校及周边安全稳定屏障》，《教师》2010 年第 8 期，第 16 页。

② 方益权：《中国学校安全立法研究》，中国社会科学出版社 2013 年版，第 196 页。

学校面临不同安全问题就存在着各种责任,而不同情况下应当追责的责任主体是不同的。[①] 根据当前学校安全治理的一般模式,学校内的安全管理责任主体主要包括校长、副校长、校务办公室、总务处、保卫处、政教处、教务处、餐饮部等;此外,全体教职工在其职责范围内皆负有安全管理责任,如教师对课堂教学过程的安全管理责任等。而学校外的安全管理责任主体主要包括教育、公安、司法行政、建设、交通、文化、卫生、工商、质检、新闻出版等部门。厘清学校安全协同治理的责任主体及其错综复杂的责任关系,最重要的就是把各学校安全建设相关责任主体的安全责任法律化、制度化、明晰化,用法律为校园的安全保驾护航,[②] 构建学校安全建设所需要的人、物、环境三者间在信息传递、加工和控制环节相对完善的保障系统。

二　学校安全协同治理主体责任法制化的趋势

全面加强校园安全协同治理,要实现学校安全建设相关责任主体的安全责任法律化、制度化、明晰化,并要实现责任的日常化。但一些学校安全建设相关责任主体在职责履行中,未能实现日常化,而是带有明显的"应急"性质。诚如熊丙奇先生分析的:"这些措施没有法律效力,督促指导之下,教育行政部门和学校可执行,可以打折扣执行,也可以不执行。"[③] 所以,在全面落实学校安全协同治理主体责任的前提下,应把学校安全治理纳入常态管理,扎实开展学校安全教育和日常的安全建设工作督查。

长期以来,学校安全治理相关主体的责任问题一直是社会各界极为关注的问题。历年来,大量的全国人民代表大会代表提案也都在关注这个问题。自从 2001 年 9 月 1 日《上海市中小学校学生伤害事故处理条例》发

---

①　张爽:《近年来有关学校安全问题研究述略》,《首都师范大学学报》(社会科学版)2011 年第 3 期,第 39—42 页。

②　程德慧:《校园安全立法与安全保障社会化》,《河南公安高等专科学校学报》2006 年第 1 期,第 22—29 页。

③　曹青:《学校安全立法的必要性与可行性之分析》,《哈尔滨工业大学学报》(社会科学版)2011 年第 3 期,第 67—69 页。

布实施以来,^① 各地都在大力推进学校安全治理地方立法工作以明晰学校安全治理相关主体的责任问题。教育部 2002 年 3 月 26 日通过了《学生伤害事故处理办法》（2002 年 9 月 1 日起施行），但被很多学者质疑其作为部门规章的法律效力问题。而地方立法对学校安全治理问题的关注以及对学校安全治理相关主体的责任的界分，却得到了社会各界的普遍认同。

2006 年 6 月 30 日，根据教育法律法规和国务院的有关规定，教育部、公安部、司法部、建设部、交通部、文化部、卫生部、工商总局、质检总局、新闻出版总署制定了《中小学幼儿园安全管理办法》（2006 年 9 月 1 日起施行），在学校安全协同治理主体责任法制化道路上迈出了非常重要的一步。该《办法》第三条明确提出了"学校安全管理遵循积极预防、依法管理、社会参与、各负其责的方针"，并明晰了学校安全治理各相关责任主体在学校安全治理体系中各自的主体责任。^② 该《办法》第四条明确提出了"构建学校安全工作保障体系，全面落实安全工作责任制和事故责任追究制，保障学校安全工作规范、有序进行"，"事故发生后启动应急预案、对伤亡人员实施救治和责任追究等"的理念，强调以责任追究强化学校安全治理各相关责任主体在学校安全治理体系中各自的主体责任意识，并确保责任落实到位，切实提升学校安全治理的实效性。

2015 年 3 月 16 日，为切实提升中小学、幼儿园安全防范水平，保障广大学生、儿童和教职员工的生命财产安全，维护良好的校园治安秩序，公安部和教育部共同研究制定了《中小学幼儿园安全防范工作规范（试行）》，进一步明确了教育行政部门和公安部门在学校安全治理工作中的职责。当然，时机成熟时，以国家立法的方式，制定实施《中华人民共和国学校安全法》，厘清各责任主体归属，强化责任意识，提升学校安全协同治理效度，仍是社会各界极为期盼的。

---

① 该条例于 2011 年 11 月 17 日修订发布。

② 该《办法》第五条规定："各级教育、公安、司法行政、建设、交通、文化、卫生、工商、质检、新闻出版等部门在本级人民政府的领导下，依法履行学校周边治理和学校安全的监督与管理职责。学校应当按照本办法履行安全管理和安全教育职责。社会团体、企业事业单位、其他社会组织和个人应当积极参与和支持学校安全工作，依法维护学校安全。"

第二节　学校和教育行政部门的安全治理职责

学校和教育行政部门显然是学校安全协同治理最直接关联的责任主体。在同侪霸凌、校内意外伤害、教师体罚等诸多方面,学校和教育部门都是安全治理最重要的责任主体。当然,学校主要承担校内的相关学校安全治理职责;而教育行政部门主要承担对学校安全治理的指导、保障、协调、监督等职责。

一　学校的安全治理职责

学校是学校安全治理的主要受益者,复杂的学校安全状况直接影响学校自身安全工作成效和基本办学秩序,也直接影响其办学目标的实现。因此,在学校安全治理中,学校理所当然是主要责任主体之一。当然,只要举办学校,实施教育教学活动,就或多或少地存在着发生学校安全事故的可能性。即便是那些由学校组织的、根据教学计划安排的、采取必要安全防范措施的、有益于学生身心健康的常规性教育教学活动,也很难说没有风险性。"正是在丰富多彩的活动中潜藏着各种形式的风险,可以说,只要学校开门办学,只要组织活动,学生就有受伤的风险。"[1] 因此,我们应当引导社会各界和学校管理者树立科学的安全观,培植理性的安全管理理念,以哲学的辩证思维正确看待学校事故,充分认识到学校办学活动中适度风险存在的必然性,摒弃超乎现实的安全目标,在科学安全观的指引下确立富于理性的、合乎现实性的学校安全治理目标。[2]

依据《中华人民共和国教育法》《中华人民共和国未成年人保护法》《学生伤害事故处理办法》《中小学幼儿园安全管理办法》《关于进一步加强学校幼儿园安全防范工作建立健全长效工作机制的意见》《中小学幼儿园安全防范工作规范（试行）》等法律法规的规定,在学校实施的教育教学活动或者学校组织的校外活动中,以及在学校负有管理责任的校舍、场

---

① 劳凯声:《中小学学生伤害事故及责任归结问题研究》,转引自尹晓敏《论学校安全管理的适度原则》,《现代教育论丛》2007 年第 4 期,第 50 页。

② 方益权:《中国学校安全立法研究》,中国社会科学出版社 2013 年版,第 198 页。

地、其他教育教学设施、生活设施内,都属于学校以及校园安全的范围[1]。在学校安全治理实践中,学校的安全治理职责和工作职权一般仅限于校内范围。[2]

(一) 学校行使安全治理职责应当遵循的基本原则

第一,学校行使安全治理职责时必须遵循"最低限度阻碍"原则。"最低限度阻碍"原则是指在安全保护过程中,对学生活动的管理要把握适度,不能一味追求安全而对学生活动规定得过死,限制过多,否则会影响学生在学校成长成才。也就是,学校在实施安全管理的过程中,应该尽量以创造宽松、充满活力的学校环境为目标,学校制定安全管理规则时必须以"最低限度阻碍"原则尽可能地减少对学生活动自由的影响程度,让学生在校园里相对自由地实现个人成长。"学校安全管理的所有安全保护制度和措施,应该自然地渗透于各种教育教学活动之中,起到的是一种潜移默化的作用,具有一定的指向意义。学校的各种保护措施,也如同交通斑马线,并不妨碍人们的通行,却是一种明确的引导,帮助人们安全地跨越可能的危险。"[3]

第二,学校行使安全治理职责时必须遵循"从属性"原则。在学校,包括对学生的安全管理都应从属且服务于人才培养的目标。事实上学生是在各种活动中接受教育、获得发展的。因此,"人们绝不可能也不应该为了学生的安全而限制或减少学校组织正当的教育教学活动"[4]。"确保学生安全无疑是正确的,但是,如果因安全而废止了常规的教育教学活动则是错误的。更不应该形而上学地将安全问题和素质教育活动对立起

---

① 《学生伤害事故处理办法》。

② 为了进一步提高中小学安全教育和管理水平,明确并落实中小学校安全工作职责,维护中小学师生安全,保障教育系统安全和稳定,教育组织专家研究制定了《中小学校岗位安全工作指南》,并于 2013 年 5 月 6 日发布,以此指导学校进一步加强安全制度建设,明确岗位安全职责和任务,落实校园安全各项制度和措施。该《指南》对学校四十个岗位及其教职员工在学校安全治理方面的职责作了非常明确、具体的规定。

③ 王鹰:《学校安全管理的原则与措施》,载劳凯声主编《中国教育法制评论》(第 3 辑),教育科学出版社 2004 年版,第 151 页。

④ 劳凯声:《中小学学生伤害事故及责任归结问题研究》,《北京师范大学学报(社会科学版)》2004 年第 2 期,第 20 页。

来。"① 由此可见，仅仅为了防止伤害事故的发生而一味地限制或禁止相应的教育教学活动，在某种程度上实际是影响了学校教育功能的发挥。如何平衡好学校安全管理与正常的教育教学活动的开展，这个度显得尤为关键。国外的一些做法值得我们借鉴。以美国为例，"美国重视学校安全，但是更重视把安全目标融会贯通于整个教育目标之中。从这样的理念出发，既提高了学校安全工作的重要地位，又在一定程度上避免了为安全而安全甚至在安全问题上因噎废食、为了安全而牺牲教育目的本身的错误"②。

第三，学校行使安全治理职责时必须遵循"禁止性规则的必要性"原则。坚持禁止性规则的前提是必须恪守"必要性"原则。"禁止性规则的必要性"原则主要是指学校在教育教学过程中为了实现安全管理目标，对学生的某些行为或是某些教育教学活动要作出禁止性规定，必须坚持作出此项规定是必需的、不可避免的。制定安全管理的禁止性规则的合理性根据应要把握该规定能实质上对实现学校安全普遍有效。也就是说，如果是出于防范而禁止，即为了预防偶然性学校安全事故的发生而在安全管理上适用禁止性规则，会导致从根本上影响学校安全管理规则的效益性。因此，管理者应基于对学生高度理性负责的精神，通过深层次的反复考量与斟酌，才能出台实属"必要"的禁止性规则。③

（二）健全学校安全管理制度

制度的完善是任何一项工作的首要环节，健全学校安全管理制度同样是学校在学校安全管理中的首要工作，增强对学校安全工作的重视程度是该项工作的起点。根据相关法律法规的规定，学校应当遵守有关安全工作的法律、法规和规章，建立健全校内各项安全管理制度和安全应急机制，及时消除隐患，预防发生事故。学校安全管理制度作为指导学校具体工作的纲领性文件，应当充分考虑安全工作的内涵和外延，在规定校内常规安全工作的同时，也应当将学校周边安全工作纳入学校安全管理制度中，扩

---

① 曲凌杰、田振山：《强化学校安全，不可因噎废食》，《中国教育报》2001 年 8 月 7 日，第 7 页。

② 王鹰：《学校安全管理的原则与措施》，载劳凯声主编《中国教育法制评论》（第 2 辑），教育科学出版社 2004 年版，第 327 页。

③ 方益权：《中国学校安全立法研究》，中国社会科学出版社 2013 年版，第 121 页。

充学校安全治理工作的内容。另外，应当通过制定校内相关文件使学校安全管理责任明晰化，学校安全实行校长总负责制，但也要通过健全制度将安全责任层层分解和往下传导，落实到学校各部门和全体教职工的身上，强化学校安全工作在各部门领导工作和教职工工作中的考核比重，定期汇总学校安全治理工作中存在的各种新老问题，讨论应对措施，并使措施落实到位。具体的，健全学校安全管理制度的主要内容包括以下几方面。

1. 健全学校的治安管理制度

学校的治安工作是学校安全治理的重要内容。学校应当建立校内安全工作领导机构，中小学校长、幼儿园园长是学校内部安全保卫工作第一责任人，分管副校长承担具体责任，保卫机构负直接责任。学校应设立安全管理机构，配备专兼职安全保卫人员，聘用专职门卫和保安员，明确其安全保卫职责，做好学校安全防范工作。学校保安员应按照不低于以下标准配备。

一是对专职保安员人数要求。学校分为寄宿制学校与非寄宿制学校，在配备专职保安员的人数要求方面存在差异，前者分为少于 100 人，100人以上 1000 人以下，1000 人以上三种不同的学生规模，专职保安人员的配备分别为至少 1 名，至少 2 名以及每增加 500 名学生增加 1 名专职保安员，后者则要求至少配 2 名专职保安员，在上述标准的基础上每增加 300名寄宿生增配 1 名专职保安员。每栋宿舍楼至少配 1 名专职或兼职宿管员，女生宿舍的管理员须为女性。

二是对保安员、门卫、安全保卫人员的业务要求。他们必须熟悉学校安全管理，治安保卫相关法律法规、安全标准和规章制度及校园周边环境安全防范的重点；要求他们执勤时穿制服并佩戴校保卫人员标识，携带相应的安全防卫器械和应急处置装备并熟悉使用。

三是加强学校安全管理机构的管理。要求门卫和保安员加强门卫管理，确保校门口 24 小时均有人值守，其他入口开启时有人值守；做好校外车辆、人员出入登记制度，禁止危险物品带入校园；重点巡查的位置每天不少于 5 次；对于上放学高峰期组织志愿者协助做好安全防护工作；及时报告所发现的可疑的违法犯罪情况；及时处置正在发生侵害师生的违法行为。

四是要求报县（区）级教育行政部门和公安机关备案管理。包括将安全管理机构设置、专兼职安全保卫人员配备、专职门卫和保安员的聘用及管理情况进行备案管理。①

2. 健全学校的设施设备安全管理制度

健全学校的校舍、教育教学设施设备、生活设施设备和消防设施设备等的安全管理制度,是学校安全治理的重要内容,也是学校安全管理职责的重要组成。健全学校的设施设备安全管理制度主要做好以下几个方面。一是建立校内安全定期检查制度和危房报告制度。按照国家相关规定对学校的建筑设施等定期进行安全检查,排查安全隐患,对存在安全隐患的建筑物、构筑物、设备、设施等应当停止使用、维修或更换,同时要特别注意在发现隐患的建筑物、构筑物、设备、设施等相应位置采取必要的防护措施或设置警示标志,必要时,及时书面报告主管部门和其他相关部门。二是在易发生危险地带设置明显的安全提示标志。包括学校校内高地、水池、楼梯等均应设置警示标志或采取防护设施。三是严格落实消防安全制度和消防工作责任制。定期查看维护校内消防设施和器材,确保可以正常使用,在相应位置设置消防安全标志,确保危险发生时安全出口的通畅。四是建立用水、用电、用气等相关设施设备的安全管理制度。定期排查相关设施设备的安全隐患,防止老化,损毁等,做到及时维修或更换。②

3. 健全学校的教育教学和生活安全管理制度

学校应当严格执行《学校食堂与学生集体用餐卫生管理规定》《餐饮业和学生集体用餐配送单位卫生规范》,严格遵守卫生操作规范,具体要求如下。一是健全教育教学管理制度。建立实验室安全管理制度。在物品和实验设施相应位置张贴安全使用说明,确保操作规程置于醒目的位置;严格管理危险化学品,放射物资等危险化学品,建立购买、保管,使用、登记和注销等制度,妥善存放危险化学品。二是健全生活安全管理制度。建立师生饮食卫生安全管理制度,要求在建立完善食堂物资定点采购和登记制度,保障饮用水的卫生安全状况;配备符合国家规定的具有从业资格的专职医务(保健)人员或者兼职卫生保健教师,购置必要的急救器材

---

① 《中小学幼儿园安全管理办法》。
② 同上。

和药品，保障对学生常见病的治疗，并负责学校传染病疫情及其他突发公
共卫生事件的报告。要求新生入学时提交体检证明，学校需要在入托、入
学时查验预防接种证并建立学生健康档案，组织学生定期体检。三是建立
学生安全信息通报制度，将学校规定的学生到校和放学时间、学生非正常
缺席或者擅自离校情况，以及学生身体和心理的异常状况等关系学生安全
的信息，及时告知其监护人。对有特异体质、特定疾病或者其他生理、心
理状况异常以及有吸毒行为的学生，学校应当做好安全信息记录，妥善保
管学生的健康与安全信息资料，依法保护学生的个人隐私。有寄宿生的学
校应当建立住宿学生安全管理制度，配备专人负责住宿学生的生活管理和
安全保卫工作。四是完善学生宿舍夜间巡查、值班制度。针对女生宿舍安
全工作的特点，加强对女生宿舍的安全管理。学校应当采取有效措施，保
证学生宿舍的消防安全。五是建立车辆管理制度。学校购买或者租用机动
车专门用于接送学生的，及时到公安机关交通管理部门备案。接送学生的
车辆必须检验合格，并定期维护和检测。接送学生专用校车应当粘贴统一
标识。标识样式由省级公安机关交通管理部门和教育行政部门制定。学校
不得租用拼装车、报废车和个人机动车接送学生。接送学生的机动车驾驶
员应当身体健康，具备相应准驾车型 3 年以上安全驾驶经历，最近 3 年内
任一记分周期没有记满 12 分记录，无致人伤亡的交通责任事故。六是建
立安全工作档案。记录日常安全工作、安全责任落实、安全检查、安全隐
患消除等情况。安全档案作为实施安全工作目标考核、责任追究和事故处
理的重要依据。①

（三）完善学校日常安全管理

学校日常教育教学活动等的安全管理，是学校安全治理职责的重要
内容，也是最能体现学校治校理教水平的重要指标。不同学校在校舍、
设施设备等硬件方面的安全保障水平或许会因为教育投入差距而有所差
异，但在学校日常安全管理方面都应当有同样的卓越追求。从学校安全
事故的统计看，学校在日常安全管理方面的疏忽所致之安全事故占了很
大比重。因此，完善学校的日常安全管理，是学校安全治理职责的重要
内容。

---

① 《中小学幼儿园安全管理办法》。

1. 学校教育教学活动的安全管理

教育教学活动是学校根据上级指示及教育教学进程需要而组织的活动,如学生常规教学、社会实践、群体体育活动、运动会、文艺会演、大型集会等。做好校内外教育教学活动的安全工作,是学校安全管理非常重要的组成部分。由于学校教育教学活动种类繁多,各类活动在规模、时间、环境、场所、形式、内容、安全工作组织、安全知识教育、安全事故预防及处置等方面又各有特点,因此,需要分别探讨各类教育教学活动的安全管理制度。[①]

学校在日常的教育教学活动中应当遵循教学规范,落实安全管理要求,合理预见、积极防范可能发生的风险。学校组织学生参加的集体劳动、教学实习或者社会实践活动,应当符合学生的心理、生理特点和身体健康状况。学校以及接收学生参加教育教学活动的单位必须采取有效措施,为学生活动提供安全保障。学生在教学楼进行教学活动和晚自习时,学校应当合理安排学生疏散时间和楼道上下顺序,同时安排人员巡查,防止发生拥挤踩踏伤害事故。晚自习学生没有离校之前,学校应当安排负责人和教师值班、巡查。[②]

2. 学校大型活动的安全管理

学校组织学生参加大型集体活动,应当采取下列安全措施:(一)成立临时的安全管理组织机构;(二)有针对性地对学生进行安全教育;(三)安排必要的管理人员,明确所负担的安全职责;(四)制定安全应急预案,配备相应设施。并且,学校不得组织学生参加抢险等应当由专业人员或者成人从事的活动,不得组织学生参与制作烟花爆竹、有毒化学品等具有危险性的活动,不得组织学生参加商业性活动。[③]

3. 学校体育活动的安全管理

学校应当按照《学校体育工作条例》和教学计划组织体育教学和体育活动,并根据教学要求采取必要的保护和帮助措施。学校组织学生开展

[①] 方益权、尹晓敏等:《中国学校安全立法研究》,中国社会科学出版社 2013 年版,第 145—150 页。

[②] 《中小学幼儿园安全管理办法》。

[③] 同上。

体育活动，应当避开主要街道和交通要道；开展大型体育活动以及其他大型学生活动，必须经过主要街道和交通要道的，应当事先与公安机关交通管理部门共同研究并落实安全措施。

4. 学校场地的安全管理

学校不得将场地出租给他人从事易燃、易爆、有毒、有害等危险品的生产、经营活动。学校不得出租校园内场地停放校外机动车辆；不得利用学校用地建设对社会开放的停车场。[①]

5. 学校教师的安全管理

根据《中华人民共和国教育法》《中华人民共和国义务教育法》《中华人民共和国教师法》《教师资格条例》等的规定，学校教职工应当符合相应任职资格和条件要求。学校不得聘用因故意犯罪而受到刑事处罚的人，或者有精神病史的人担任教职工。学校教师应当遵守职业道德规范和工作纪律，不得侮辱、殴打、体罚或者变相体罚学生；发现学生行为具有危险性的，应当及时告诫、制止，并与学生监护人沟通。

6. 学生接送的安全管理

要在有条件的地方实行校车接送学生、儿童制度，配备校车安全员，落实校车安全责任。严格校车安全检查和驾驶人资格审查，推动建立准运资格证制度，加强驾驶人交通安全教育。公安机关要加强定期检查和随机抽查，严厉查处校车超载、超速、疲劳驾驶等问题。要严格执行《校车标识》（GB24315—2009）标准，统一、规范校车外观标识涂装、校车标牌和校车停靠站标志标线的设置。小学、幼儿园应当建立低年级学生、幼儿上下学时接送的交接制度，不得将晚离学校的低年级学生、幼儿交与无关人员。

（四）提升学校安全教育实效

安全教育作为学校教育的重要组成，是学校教育的内生性需要，却经常被忽视或轻视。实践证明，学校安全教育抓实抓紧，学校安全事故就会大幅减少，反之亦然。因此，提升学校安全教育实效，是学校安全治理职责的重要内容，在很大程度上也体现了一所学校的管理者对素质教育的实际重视程度和对教育真谛的体悟程度。

---

① 《中小学幼儿园安全管理办法》。

1. 安全教育日常化

学校应当将安全教育纳入日常性的教育教学环节之中,让安全教育真正成为学校日常化教育教学活动的内在组成。学校应当按照国家课程标准和地方课程设置要求,将安全教育纳入教学内容,对学生开展安全教育,培养学生的安全意识,提高学生的自我防护能力。学校应当在开学初、放假前,有针对性地对学生集中开展安全教育。新生入校后,学校应当帮助学生及时了解相关的学校安全制度和安全规定。学校应当针对不同课程实验课的特点与要求,对学生进行实验用品的防毒、防爆、防辐射、防污染等的安全防护教育。学校应当对学生进行用水、用电的安全教育,对寄宿学生进行防火、防盗和人身防护等方面的安全教育。①

2. 安全教育全面化

学校应当将安全教育全面纳入教育教学各环节各方面之中。学校应当对学生开展安全防范教育,使学生应对不法侵害时能做到基本的自我保护。学校应当对学生开展交通安全教育,使学生掌握基本的交通规则和行为规范。学校应当对学生开展消防安全教育,有条件的可以组织学生到当地消防站参观和体验,使学生掌握基本的消防安全知识,提高防火意识和逃生自救的能力。学校应当根据当地实际情况,有针对性地对学生开展到江河湖海、水库等地方戏水、游泳的安全卫生教育。学校可根据当地实际情况,组织师生开展多种形式的事故预防演练。学校应当每学期至少开展一次针对洪水、地震、火灾等灾害事故的紧急疏散演练,使师生掌握避险、逃生、自救的方法。②

3. 安全教育社会化

很多学校安全教育内容具有相当的专业性要求,学校教师未必能胜任并取得很好的教育实效。因此,学校应当通过教育行政部门按照有关规定,与人民法院、人民检察院和公安、司法行政等部门以及高等学校协商,选聘优秀的法律工作者担任学校的兼职法制副校长或者法制辅导员。兼职法制副校长或者法制辅导员应当协助学校检查落实安全制度和安全事故处理、定期对师生进行法制教育等,其工作成果纳入派出单位的工作考

---

① 《中小学幼儿园安全管理办法》。

② 同上。

核内容。①

4. 教师专家化

学校安全教育的专业性，除了要求学校要积极拓展安全教育方面的社会合作，寻求公安、卫生、体育等部门和相关专家对学校安全教育的支持外，也要努力打造一支专家型的校内安全教育教师队伍。一方面，教育行政部门应当组织负责安全管理的主管人员、学校校长、幼儿园园长和学校负责安全保卫工作的人员，定期接受有关安全管理培训。另一方面，学校应当制定教职工安全教育培训计划，通过多种途径和方法，使教职工熟悉安全规章制度、掌握安全救护常识，学会指导学生预防事故、自救、逃生、紧急避险的方法和手段。②

二 教育行政部门的安全治理职责

各级教育行政部门作为教育主管部门，也是学校安全治理的主管部门和主要职责部门。教育行政部门在学校安全协同治理中的安全职责主要还是围绕着学校安全工作以及校园安全的范围展开的。确定学校安全工作以及校园安全的范围，这样才能明确教育行政部门的安全职责到底是什么，应该怎么做，为什么要这样做。③ 根据前述学校安全工作以及校园安全的范围，教育行政部门必须认真贯彻国家关于加强安全工作的法律法规、方针政策；落实当地政府和上级教育行政部门对学校安全工作的部署安排，结合实际，采取措施，保证"安全第一，预防为主"的要求在学校得以实现，应当关注细节，从小处着手，制定食堂管理制度、宿舍管理制度、校车管理制度等等，预防学校发生各类安全事故，有效减少学校安全事故所造成的损失。④ 各级教育行政部门学校安全工作的主要任务是准确掌握职责范围的情况，针对性地制定相应措施，加强对基层工作的指导监督，及时消除各种安全隐患，建立学校安全工作的长效机制。各级教育行政部门对学校的安全工作应当按照"管业务必须管安全"，"谁主管谁负责"

---

① 《中小学幼儿园安全管理办法》。
② 同上。
③ 黄俭：《教育行政部门要充分履行职责》，《湖北教育》2006 年第 9 期，第 36 页。
④ 刘志刚：《如何完善学校安全工作制度》，《河北教育（综合版）》2010 年第 1 期，第 45 页。

的领导(部门)责任制,完善"统一领导、分工负责、齐抓共管"的责任保障体系。各级教育行政部门主要负责人作为本级学校安全工作第一责任人,对其职责范围的学校安全工作负全面责任。① 具体的,教育行政部门在学校安全治理中的主要职责包括以下几方面。

(一)健全学校安全管理制度

教育部门应当全面掌握学校安全工作状况,制定学校安全工作考核目标,加强对学校安全工作的检查指导,督促学校建立健全并落实安全管理制度,教育督导机构应当组织学校安全工作的专项督导。具体来说,各级教育部门要完善学校安全工作状况资讯收集整理机制,及时全面地掌握辖区内学校安全工作状况,并依据该状况梳理、总结学校安全工作规律,制定学校、幼儿园安全工作考核目标,将其纳入教育督导评估体系;要积极协调地方财政,加大对校园安全防范工作的投入力度,确保学校安全防范工作的人防、物防、技防举措真正有保障,能落到实处;要认真履行学校及周边治安综合治理工作领导小组办公室的职责,推动各有关部门共同维护好学校、幼儿园及周边的治安秩序;要明确专门机构和专职人员加强对学校、幼儿园安全防范工作的检查、监督、指导。②

(二)健全学校安全工作责任制

教育部门应当建立安全工作责任制和事故责任追究制,及时消除安全隐患,指导学校妥善处理学生伤害事故。具体的,教育部门要在本地区强化学校安全工作重要意义的宣传工作,要从保护学生安全、促进教育发展、构建和谐社会的高度,充分认识维护校园安全的极端重要性和现实紧迫性;使各地、各部门都能把维护校园安全的责任落实到乡镇、街道和社区、村委会、治保会等基层组织,落实到每一所学校、幼儿园和工作的每一环节。教育部门还要大力宣传校园安全防范工作的方针政策,动员社会各界积极参与校园安全防范工作;要宣传、推广地方、部门及学校、幼儿园的先进经验、创新做法。

教育部门要构建学校安全工作责任制,认真建立和完善门卫制度、值班制度、巡查制度、卫生制度、消防制度、责任制度、奖惩追究制度

---

① 《四川省教育行政部门学校安全工作职责的暂行规定》。
② 《关于进一步加强学校幼儿园安全防范工作建立健全长效工作机制的意见》。

等安全管理制度，将安全工作落到实处，责任分配到人；并完善学校安全事故责任追究制，以依法、严格的责任追究制度督促相关责任主体的学校安全责任意识的提升和学校安全岗位职责的履行。通过制度化地排查、汇总、分析、研判学校安全状况和安全隐患及时有效地消除学校安全隐患。

教育部门要加强与宣传部门、媒体的沟通协调，促使宣传部门加强对涉校涉园案件事件的新闻报道监督，正确引导舆论，努力形成全社会关心、保护学生、儿童生命安全的良好氛围。①

（三）提升学校安全教育实效

教育部门应当及时了解学校安全教育情况，组织学校有针对性地开展学生安全教育，不断提高教育实效。具体而言，教育部门要部署、落实、监督、检查学校、幼儿园按照国家课程标准和地方课程设置要求，将安全教育纳入教学内容，督促学校、幼儿园每学期开展一次以上以学生自身防护等为主题的安全防范教育，每周利用课间操组织一次学生疏散演练活动，不断提升学校安全教育实效。② 教育部门尤其是要指导学校，针对老师和不同年龄段的学生，在平时的教育、教学活动中有计划地安排学习一些逃生技能和知识。如方向辨识、灭火器的使用、游泳安全和紧急救护等，同时也要安排一些应对火灾、地震等突发事件的安全演练课程，只有广大师生掌握了这些必要的技能，在危险发生的时候才会临危不乱，也才能有效地帮助自己并救护别人。如果能达到这样的效果，也是教育成功的表现之一。教育部门也要指导学校安排心理辅导老师或开展一些心理卫生课程。青少年在青春期性格容易冲动，如果能指导学校安排心理辅导课程，教会学生如何控制自己的情绪、抒发内心的郁闷，或如何更好地与他人沟通或交流，这样也可以有效避免学生之间发生冲突，增强校园安全。

（四）完善学校安全应急预案

教育部门应当制定校园安全的应急预案，指导、监督下级教育行政部门和学校开展安全工作。具体地，为建立和健全防范、指挥、处置事故灾

---

① 《关于进一步加强学校幼儿园安全防范工作建立健全长效工作机制的意见》。
② 同上。

难类突发公共事件的工作机制，教育行政部门应当做到分工明确、责任到人、常备不懈；应当进一步提高教育系统应对事故灾难类突发公共事件的能力，保障学校师生员工生命和财产安全，维护学校正常的教育教学秩序，维护社会稳定，教育行政部门应当依据《中华人民共和国突发事件应对法》《国家突发公共事件总体应急预案》《国务院生产安全事故报告与调查处理条例》《教育系统突发公共事件应急预案》《中小学公共安全教育指导纲要》《中小学幼儿园安全管理办法》《学生伤害事故处理办法》等法律法规，制定校园安全的应急预案。预案所指的事故灾难类突发公共事件包括校园火灾、交通事故、水面冰面溺水、拥挤踩踏、建筑物倒塌、煤气中毒、爆炸、危险物品泄漏污染、水电煤气等能源供应故障，组织师生外出实习、参观、考察等集体活动，以及校园周边、学校所属企事业单位发生的突发安全事故等。

　　校园安全应急预案的指导性工作原则主要包括以下六个方面。一是统一领导、快速反应的原则。教育部、省级及以下教育行政部门和各级各类学校要成立事故灾难类突发公共事件应急处置工作领导小组，全面负责应对事故灾难类突发公共事件的处置工作，形成预防和处置事故灾难类突发公共事件的快速反应机制。一旦发生重大事件，确保事件的发现、报告、指挥、处置等环节紧密衔接，做到快速反应，正确应对，果断处置，力争把问题解决在萌芽状态。二是预防为本、及时控制的原则。立足于防范，强化信息的广泛收集和深层次分析，争取早发现，早报告，早控制，早解决。要把事故灾难类突发公共事件影响控制在一定范围内，避免造成社会秩序失控和混乱。三是分级负责、系统联动的原则。突发事件应急处置应遵循属地化管理原则，高等院校以省级教育行政部门管理为主（部属高校隶属于有关部门），中小学、幼儿园以县级教育行政部门管理为主。省级及以下教育行政部门要在当地党委和政府的统一领导下，形成各级各部门系统联动，群防群控的工作格局。教育行政部门和学校党政"一把手"是应急处置的"第一责任人"。事故发生后，各相关部门负责人要立即赶赴现场，掌握情况，开展工作，控制局面。四是临危不乱、安全有序的原则。在现场处理中要按照以下程序进行：首先要依照应急预案，在最短时间内疏散事故现场人员；及时拨打110、120、119等报警求救电话；在规定时间内向上级教育行政部门报告事故情况；查找伤亡人员，同时依据一般性医学救助原则实施紧急救护。五是以人为本、生命至上的原则。无论发生何种事故灾难类突发公共事件，在处置过程中，教育行政部门和各级各类学校第一要务是确保师生生命安全。在事件处置过程中要特别注意以下几个方面：有人员伤亡的情况下，要立刻开展对伤亡人员的抢救工作，当抢救生命和抢救财产问题发生冲突时，要把抢救生命放在第一位；在布置和指挥救援工作时，要确保救援人员的安全，避免发生二次事故；不得组织未成年学生参与救火、抢险等活动。六是加强保障、重在建设的原则。教育行政部门和各级各类学校要依据国家的法律法规和有关部门的规章制度与工作部署，建立健全安全工作制度，科学设置组织机构和岗位职责，及时提供必要的物质保障和经费支持，提高学校管理者和教职工安全工作能力和工作效率。[①]

（五）统筹学校安全协同治理

教育部门应当协调政府其他相关职能部门共同做好学校安全管理工作，协助当地人民政府组织对学校安全事故的救援和调查处理。具体而言，各级教育部门要密切联系综治部门，促使综治部门组织法院、检察院和公安、司法等部门进一步落实选派政法干警、法律工作者担任中小学法制辅导员制度；要健全法制辅导员选聘、管理和作用发挥制度，促使法制辅导员定期参加家长会，听取意见建议，督促家长做好学生、儿童的安全防范和安全教育工作。各级教育部门要积极协调地方财政，加大对校园安全防范工作的投入力度；要认真履行学校及周边治安综合治理工作领导小组办公室的职责，推动各有关部门共同维护好学校、幼儿园及周边的治安秩序。[②]

上述五个方面相互作用，相互影响，只有让这些方面协调运作，才能使教育行政部门的学校安全协同治理职责落到实处。

第三节　其他政府部门的安全治理职责

营造安全的社会环境，是政府部门义不容辞的责任。综治、公安、司

---

① 《教育系统事故灾难类突发公共事件应急预案》。
② 《关于进一步加强学校幼儿园安全防范工作建立健全长效工作机制的意见》。

法、建设、交通、文化、卫生、工商行政管理、质量监督检验检疫、新闻出版等政府部门都对学校安全治理承担重要职责。厘清、明晰各相关政府部门的学校安全治理职责,对于提高学校安全治理的科学性和有效性,都是非常重要的。本课题组主要阐述综治、公安、工商、卫生部门在学校安全治理中的相关职责。

一　综治部门的安全治理职责

综合治理是党和国家解决社会治安问题的战略方针,是在各级党委和政府的统一领导下,以政法机关为骨干,依靠人民群众和社会各方面的力量,分工合作,综合运用法律、政治、经济、行政、教育、文化等各种手段,惩罚犯罪,改造罪犯,教育挽救失足者,预防犯罪,达到维护社会治安,保障人民幸福生活,保障社会主义现代化建设顺利进行的目的。综合治理委员会办公室,是隶属于政法委系统的一个协调部门,是综治委成员单位的办公室,是个综合协调部门、参谋部门、上传下达部门,对综治委负责。

综合治理委员会与学校安全治理相关的主要职责包括:贯彻执行党的路线方针政策和党委有关政法、社会管理综合治理、维护社会稳定等工作的决策部署,研究制定落实的具体措施;加强对政法工作、社会管理、维护社会稳定等有关重大问题的调查研究,分析形势,提出有针对性的政策建议;及时向党委报告政法工作的重大情况;组织、指导社会稳定工作,掌握和分析社会稳定情况,协调处理群体性事件;支持、监督政法各部门依法行使职权,指导和协调政法部门在依法相互制约的同时密切配合;牵头协调社会管理相关工作,指导社会管理制度建设,协调、推动社会管理重要问题的解决,推进社会管理创新;组织开展社会治安综合治理,对突出的治安问题或治安问题突出的地域开展重点整治,营造安定有序的社会环境;组织构建大协调工作体系,排查化解矛盾隐患,指导、协调、推动政法部门做好涉法涉诉信访工作;组织落实平安建设措施,牵头开展社会管理和平安建设考核,推进基层平安建设工作;研究分析涉及政法工作的舆论情况和影响社会稳定的舆情信息,指导、协调政法综治维稳平安宣传和舆论引导工作等。具体地,综治部门在学校安全治理中的职责主要包括如下方面。

一是组建法制辅导员队伍。一方面，在中小学可以配置地方司法等机构的政法干警和法律工作者担任法制辅导员；另一方面，在高校则可以大力推进辅导员。法治思维的培养，有效地开展思想政治教育工作。

二是治理重点区域。各级综治部门要把学校、幼儿园周边作为社会治安重点地区排查整治工作的重中之重，加强组织部署和检查考核，每学期至少开展一次学校、幼儿园清查检查；对农村、城乡接合部的各级各类学校、教育基地定期组织开展拉网式排查，切实把各种安全隐患排查清楚，逐一登记建档，分解任务，落实责任，限期解决问题。要坚决整治学校、幼儿园周边地区的黑网吧、"黄赌毒"等治安乱点和治安隐患，着力解决突出治安问题。要重点排查校园周边个体性矛盾纠纷以及精神病人和有严重人格缺陷的人，切实落实涉校涉园高危人员管控措施。

三是开展学校安全群防群治工作。各级综治部门要坚持专群结合，积极动员社会各方面力量做好校园周边地区安全防范工作。乡镇、街道综治部门要整合基层社会管理力量，组织广大党员干部、共青团员、民兵、青年志愿者、治安积极分子、离退休干部职工开展校园周边治安巡逻。

四是构建学校安全协同治理体系。各级综治部门要加强组织协调，推动各有关部门落实工作责任；要深化"平安校园"创建工作，把校园安全工作纳入社会治安综合治理领导责任制，细化实化硬性考核指标；县、乡两级综治委要把辖区内各级各类学校、幼儿园吸收为成员单位；要最大限度地整合社会资源，推动形成社会各界广泛参与、共同维护校园安全的工作局面。

五是建立健全学校安全状况通报会商制度。各级综治部门每季度要牵头组织教育、公安等部门召开一次联席会议，分析研判校园及周边治安形势，针对校园及周边安全防范工作中存在的问题，逐一研究整改措施。对工作中遇到的重大问题，要研究提出工作意见和建议，及时报告当地党委、政府，着力推动问题解决。

六是建立健全学校安全治理督导考核和责任追究制度。市、县综治、教育、公安部门每学期至少开展两次校园及周边地区安全检查和督导，通过采取明察暗访、抽查与全覆盖、定期与不定期相结合的方式，开展滚动检查，并及时在市、县范围通报检查情况，督促落实整改措施。对因地方工作不重视、组织不得力、保障不到位，导致发生涉校涉园重大恶性案件事故的，综治部门要坚决实施社会治安综合治理"一票否决"，同时依法依纪追究地方相关领导的责任；对因学校、幼儿园内部安全管理责任不落实、措施不到位，导致发生涉校涉园重大恶性案件事故的，要严肃追究校长、园长和当地教育部门领导的责任；对因学校、幼儿园周边地区治安秩序长期混乱、刑事治安案件频发，导致发生涉校涉园重大恶性案件事故的，要严肃追究辖区责任民警、派出所所长和所在县（市、区）公安局（分局）领导的责任。①

二　公安部门的安全治理职责

公安部门是国家政权的重要组成部分，是我国人民民主专政政权中具有武装性质的治安行政和刑事司法的专门机关。其任务是维护国家安全，维护社会治安秩序，保护公民的人身安全、人身自由和合法财产，保护公共财产，预防、制止和惩治违法犯罪活动，保障改革开放和社会主义现代化建设的顺利进行。因此，公安部门的主要任务中就必然包含对学校安全治理的重要职责。

《中小学幼儿园安全管理办法》规定，公安机关对学校安全工作履行下列职责：（一）了解掌握学校及周边治安状况，指导学校做好校园保卫工作，及时依法查处扰乱校园秩序、侵害师生人身、财产安全的案件；（二）指导和监督学校做好消防安全工作；（三）协助学校处理校园突发事件。具体地，公安部门对学校安全治理的主要职责包括如下方面。

（一）公安治安部门的安全治理职责

加快学校、幼儿园技防设施建设。公安机关要加强对校园技防系统的指导及检查验收，督促技防从业单位定期对校园技防设施进行维护保养。条件尚不具备的，当地教育部门要会同综治、公安等部门研究提出意见，报告党委、政府，列入政府工作规划，推动尽快解决。

健全完善警校对接联动制度。公安部门要把校园视频监控系统和报警设施接入公安监控平台，把学校、幼儿园作为重点目标，进行实时监控。属地公安派出所要充分发挥图像监控系统的"视频巡逻"功能，密切与

---

① 《关于进一步加强学校幼儿园安全防范工作建立健全长效工作机制的意见》。

巡警和校园安保人员的实时联动联勤，确保一旦发生涉校涉园案件事故，警校双方能够快速反应，整体联动，高效开展案事件处置、伤员救治、秩序维护和现场控制等工作。

积极推进学校、幼儿园周边警务室或治安岗亭建设。要落实公安派出所的属地责任，在治安情况复杂、问题较多的学校、幼儿园周边设置警务室或治安岗亭，密切与学校、幼儿园的沟通协作，整合各类安保力量，开展校园周边治安秩序维护工作。公安机关内部相关职能部门要加强协作配合，定期派民警到校园周边警务室或治安岗亭开展工作。

严密学校、幼儿园周边地区巡逻防控。公安机关要把学校、幼儿园周边地区的巡逻防控工作作为社会治安防控体系建设的重要一环，统筹安排警力，加强巡逻防控和治安盘查，震慑犯罪，增强师生安全感。要加大巡逻力度，最大限度地做到在上学放学时段校园门口"见警察"，学生、儿童途经主要路段"见警车"，校园周边地区"见警灯"。要坚持公安民警执勤与群防群治力量协助维护治安相结合、着装执勤与便衣执勤相结合、车巡与步巡相结合，建立完善动态科学的校园周边地区巡逻勤务制度。

依法严厉打击涉校涉园违法犯罪活动。要坚持严打方针，严厉打击侵害师生、儿童生命财产安全的违法犯罪活动。对涉校涉园案件，公安机关要实行专案专人制度，快侦快破。对正在实施犯罪的，要依法采取一切必要的手段，果断加以制止；对已破案件，要及时固定证据，提请检察、审判机关提前介入，依法快捕、快诉、快审、快判。要把集中打击与经常性打击紧密结合起来，建立学校、幼儿园周边治安形势研判预警机制，对发现的苗头性、倾向性违法犯罪问题，及时组织开展打击整治行动；对校园周边流氓恶势力团伙，要坚持露头就打，防止发展蔓延；对敲诈勒索、抢劫等涉校侵财案件，要在严厉打击的同时，选取典型案例进行宣传，以震慑犯罪、增强群众防范意识。①

（二）公安交警部门的安全治理职责

根据《中华人民共和国道路交通安全法》《中小学幼儿园安全管理办法》《教育部、公安部、国家安全监管总局关于加强农村中小学生幼儿上

---

① 《关于进一步加强学校幼儿园安全防范工作建立健全长效工作机制的意见》。

下学乘车安全工作的通知》《教育部、公安部关于对中小学校车开展集中排查整治的紧急通知》等法律法规的规定,公安交警部门有维护包括校车在内的车辆和包括学生在内的行人的交通安全和交通秩序的职责,以有效预防和减少涉及中小学生的交通事故。

建立齐抓共管的交通安全管理格局。要深入各辖区学校摸清在校学生人数,了解掌握入学数量,有针对性地做好护学工作。要组织专人对学校交通安保形势和特点进行了研判,围绕深化护学机制、隐患环节整改、突发事件处置等具体工作,细化任务,明确责任,抓好落实。要积极与教育、安监等部门联合,并建立点面结合、齐抓共管的管理格局。积极探索学校、社区、家庭三合一的交通安全防范措施。公安交警部门可由辖区内、社区里的负责人指定监护人轮值看护学生上下学,避免在马路上发生危险。

加大交通安全隐患排查力度。要加大校车驾驶人的隐患排查力度,对所有校车驾驶人资格、交通违法情况、安全驾驶经历等逐人进行资格审核认证,坚决消除安全隐患。要加大校园周边交通设施的排查工作,定期或不定期地组织警力对辖区所有中小学校、幼儿园周边信号灯、交通标志、隔离护栏、斑马线、护学标志等交通安全设施进行排查,最大限度地消除交通安全隐患。要与学校负责人、校车负责人、驾驶人座谈,逐车明确校车驾驶人、乘坐学生名单、行驶线路和监护人员,签订交通安全责任书,确保各项管理责任落实到位。要加强定期检查和随机抽查,严厉查处校车超载、超速、疲劳驾驶等问题。要严格执行《校车标识》(GB24315—2009)标准,统一、规范校车外观标识涂装、校车标牌和校车停靠站标志标线的设置;[1] 要杜绝违法接送学生的情况,上下学时间出动交警治理违章运载学生、超额载运学生的车辆,查处违章驾驶车辆,确保师生往返安全。若发现超载情况,公安交警部门有责任分散学生流,派出额外车辆送学生回家。要完善交通提示标识设施设备,在相关路段设置相应的警示标志,如"起伏路""沟渠""附近学校,慢行"等;在交通事故多发地段设置频闪红灯/黄灯、"事故多发,慢行"提醒牌等;在学校周边的交通要道以警车站岗,来警示来往车辆注意避让校车和学生等。

---

① 《关于进一步加强学校幼儿园安全防范工作建立健全长效工作机制的意见》。

确保路面管控到位。要严厉整治交通违法行为，组织警力开展在校园周边道路超速行驶、不按规定车道行驶、乱停乱放等为重点的交通违法行为专项整治行动，从而实现校园周边道路交通秩序规范、学生出行安全的工作目标。要认真落实护校岗勤务制度，组织民警在对原有"护校岗"重新摸排基础上，还在辖区车流量较大的中小学校门前增加了警力，抽调责任心强、业务精、综合素质高的民警承担"护校岗"勤务，要求民警认真落实常态化的勤务管理制度，重点疏导学生上学、放学期间校门前通行的车辆，确保学生上下学期间交通顺畅，师生出行安全。

确保交通安全知识宣传到位。一是强化师生群体的宣传教育。与辖区学校达成共识，定期组织民警深入学校开展交通安全课，通过举办交通知识讲座、张贴宣传挂图、赠送交通标志图案画册、交通安全宣传教育手册等方式，为师生上好每一堂交通安全课，提升学生的交通安全知识，增强他们的安全出行意识；二是强化家长及社会的宣传教育。借助新闻媒体和网络，面向学生家长宣传乘坐不符合规定车辆接送学生的严重危害，劝告家长不乘坐非法营运车辆以及不符合标准、安全无保障的车辆，并将举报电话告知所有家长，动员群众对学生接送车辆违法行为进行监督；三是强化校车驾驶人的宣传教育。还利用审核校车驾驶人资质的有利时机，对辖区校车驾驶人进行宣传教育和职业道德教育，签订交通安全责任状，进一步强化他们的安全意识、责任意识和守法意识，使他们自觉做到开规范守纪车，做文明驾驶人。①

（三）公安消防部门的安全治理职责

消防部队是中国人民武装警察部队的一个警种，是公安机关的一个重要职能部门。它担负着公安消防保卫和社会抢险救援的双重职能，是一支同火灾做斗争的军事化、专业化队伍，它贯彻"预防为主，防消结合"的方针，严格消防监督管理，防止火灾的发生，减少火灾的损失，积极参加社会抢险救援，保卫国家经济建设，保护公共财产和人民生命财产的安全。

根据《中华人民共和国消防法》等法律法规的规定，公安消防部门

---

① 《市公安局交警大队"四个确保"全面加强校园周边交通安全管理工作》，http：//www.hys. gov. cn/info/1799/36806. htm。

在学校安全治理中，应当积极开展学校消防安全检查，督促整改学校的火险隐患;应当督促学校制定消防安全办法和技术标准，并督促检查学校安全管理办法的切实实施;应当督促检查执行学校的建筑设计防火规范的情况，参加竣工验收;应当督促城建、公用等部门建设、改善和维护学校周边的相关公共消防设施;应当组织调查学校火灾的原因，处理学校火灾事故;应当迅速接警出动，及时有效地扑灭学校火灾，努力减少学校火灾损失，全力参加灭火以外的各种学校相关抢险救灾。

　　同时，公安消防部门还应当督促检查学校贯彻执行《中华人民共和国消防法》、公安部《机关、企业、事业单位消防安全管理规定》等有关法律、法规以及学校消防安全管理规定的情况;应当帮助学校开展防火安全宣传教育工作，提高师生员工消防安全意识，提高火灾灾害忧患意识;应当督促、检查学校防火重点部位的防火安全工作，定期和不定期指导、督促、协助学校消防安全管理人员在校内进行全面的消防安全检查和抽查，督促学校落实安全责任和措施，督促整改火灾隐患;应当组织训练教职工义务消防员，培训学校消防骨干;应当协助学校消防安全管理人员定期进行师生消防演练，要求学生务必熟知逃生路线和逃生步骤，增强逃生自救意识，培养自救互救技能;[1] 应当指导、督促、协助学校加强实验室、厨房等易燃、易爆、有毒等危险品的管理，建立严格的管理、使用制度;应当协助制定校园发生火灾处理应急预案，设计疏散、指引路线，一旦发现校园内发生火灾，立即由监督、应急领导小组成员分工行动，保证师生尽速安全撤离火灾现场并协调社区及周边地区救火。

　　需要特别指出的是，公安部《消防安全常识二十条》的第一条明确规定，在火灾中应首先保护少年儿童，保障他们顺利脱离险境。学校不应组织孩子救火。

三　工商部门的安全治理职责

　　食品安全正日益成为我国民众最关心的民生问题，学校及其周边也不

---

　　① 辛耀华:《高校学生公寓消防安全现状及其火灾预防扑救对策分析》，《现代科技:现代物业》2009 年第 11 期，第 33 页。

能例外，过期牛奶事件、毒大米事件等引发的学生集体中毒，已不在少数。① 校园及校园周边消费安全，是关系到广大师生的身体健康和生命安全，是关系到社会和谐稳定的一个方面。一旦学校的食品安全得不到保障，就容易出现大规模的中毒群体，社会危害极大。如 2006 年 9 月 2 日，四川崇州市实验小学共 606 名学生出现食物中毒；2008 年 5 月，新疆某学校中发生了 4 起食物中毒事件，祸及 100 多名师生……各地中小学的中毒事故的多发带给工商行政部门深刻教训。

《中小学幼儿园安全管理办法》规定，工商等部门应当对校园周边的有关经营服务场所加强管理和监督，依法查处违法经营者，维护有利于青少年成长的良好环境。浙江省工商行政部门（尤其是嘉兴市工商行政部门）主动将学校安全治理的相关管理、监督、执法空间从校园周边扩展到校园内部，开展了学校卫生健康行动，创建"校园放心店"，杜绝地沟油、变质食材进食堂，实行学校食堂量化分级管理、食品原料统一配送等，在学校安全协同治理方面发挥了重要作用，值得其他地方学习借鉴。其校园放心店工作的特点是：

注重校内安全消费的宣传教育，达成共同维护校内安全消费的共识。制定定期会议制度，在开学、期中、期末三个时段定期召开由工商所、学校校长、校园商店业主、学生代表等为成员的座谈会。以宣传、学习、交流为主要会议内容，工商部门进行食品安全知识的宣传，各校园商店业主互相交流经验，学生代表对放心店业主提出诚信经营等要求和建议。这是一种很好的宣传教育活动形式，工商所、学校校长、校园商店业主、学生代表等都成了宣传教育的对象和主体，并在其中达成共同维护校内安全消费的共识。

着力构建以工商所 + 学校 + 业主的校园食品安全网和工商所 + 学校 + 消费者（学生）的校园维权网，聘请学校领导和学生代表作为义务维权监督员，与工商所共同进行校园商店定期和不定期的检查、维权以及食品安全教育活动。

着力提高校园商店业主的校内安全消费意识。一方面，要帮助校园商

---

① 虽然工商部门的职责是维护包括学校在内的全社会的消费安全，但本书只论及校内消费安全问题。

店业主清晰商店定位，认识到校园商店的消费对象相对固定，都是"回头客"，必须自主自觉地投入到放心店创建工作中来，否则容易"自砸招牌"。同时，要帮助校园商店业主树立安全意识，校园放心店中所进的食品要符合学生身体生长的正常需求，有害的、不洁的、不利于学生身心健康成长的食品坚决不能进，所进商品要完全按照放心店食品准入的要求进行备案登记，做到有源可查；放心店货柜、货架等物品的摆放要安全、合理，确保不会发生意外事故，确保学生的身体不受伤害。并且，要帮助校园商店业主树立争创意识，完善放心店挂牌和摘牌制度，一旦发现违背放心店操作规程的及时予以摘牌，做到校内安全消费的压力传导。

着力落实各项校内安全消费保障机制。第一，建立互动的食品安全信息发布及预警机制。建立起以工商所所长、分管所长和学校负责人为成员的食品安全预警联络网，设立联络人，载明联络方式，由该网络成员实行月度不定期联查制度；日常食品安全信息由工商部门负责提供，校方负责校内发布，经营者负责反馈；突发性食品安全事件，如校园商店在工商部门检查（或其他方式）中发现存在问题食品（过期、变质、有毒、有害等），立即通报所有网络成员，对其他校园商店同类同批次食品进行检查，有效管控问题食品的流通范围。第二，建立严格的商品准入机制。进货渠道证照备案：对易影响人身健康的食品等，要求经营者提供生产厂家或批发商的营业执照、卫生许可证等有效证件的复印件；进货凭证备案：对上述商品的主要进货凭证复印件必须按月汇总提交，对经营者直接向生产厂家进货的，还需提供质量合格证、产品质量检验报告等；主要仓库地址备案：对上述商品除"校园商店"外的详细存放地址必须由工商所予以登记备查；建立进货登记台账：对商品的生产厂家、销售单位、生产日期、进货日期等建立完善的台账制度，进行验收登记。第三，建立快速的维权反应处置机制。在各校园商店内公布工商所的投诉举报电话、学校负责人联络电话等。遇有校园商店的相关举报投诉，第一时间赶到现场进行处置。对校园商店统一设立每户5000元的食品安全预赔基金，一旦发生突发性食品安全问题（如食物中毒、食品消费投诉等），按照公布的预赔基金先行赔付制度，立即启动预赔基金做出处置。第四，制定完善的校园放心店进退机制。工商部门与学校达成一致意见，将工商部门的放心店准入进退机制与校园商店的进退机制有机结合，与业主签订责任书，以放心店的标准作为校园商店是否开设的前置，也就是说，只要是校园商店就一定要是放心店，做不到放心店相关要求就要退出校园商店业主的行列，相关条款作为校园商店承包合同的重要内容。①

四　卫生部门的安全治理职责

《中小学幼儿园安全管理办法》规定，卫生部门对学校安全工作履行下列职责：（一）检查、指导学校卫生防疫和卫生保健工作，落实疾病预防控制措施；（二）监督、检查学校食堂、学校饮用水和游泳池的卫生状况。一般而言，卫生部门应制度化、系统化地规划、设计、推动学校内各项卫生保健工作，借以维护和促进学生的身心健康，并防控食物中毒事件等的出现。具体地，卫生部门对学校安全治理的主要职责包括以下方面。

促进学生健康事业发展。一是对学生进行定期的健康检查。定期体检应纳入学校日常管理规定，由校医院（医务室）做好档案保管工作，资料应予以严格保密，除因医疗必需外，未经学生家长同意不能对外泄露。二是对学校提出特殊学生的教学和管理建议。如不适宜大运动量的学生，学校应多加注意，加以辅导与照护，必要时，可适当调整其课业内容及体育课等运动事项；对患有常见疾病（视力不良、龋齿、寄生虫病、运动伤害、肥胖、营养不良等）和重大疾病（心脏病、哮喘、癫痫、糖尿病、血友病、精神病等）的学生，学校应当分类分层加强辅导与照护，必要时必须调整课业及体育课等运动事项。三是对学校突发传染性疾病的防疫与监控。学校一旦发现学生罹患传染病，应立即向主管的卫生部门报告，卫生部门应会同辖区医院和保健院做好防疫措施，必要时，对相关学生进行隔离治疗和护理；为遏制传染病的爆发及蔓延，在适当时候，卫生部门应当依法建议学校停课。卫生部门可在学期前做好新生的预防接种工作，新生入学前后，安排专人对此项工作负责。四是指导、监督学校健康课程的开设。应当指定学校健康教育的适当教材，为学生开设精神健康课、青春期健康课等，以适应学生生长发育的需要②。五是开展学校禁烟工作，

---

① 嘉兴市工商局消保处：《嘉兴努力营造校园放心店》，http://www.zj315.org/detail/2006-08-17/117791.html。

② 逄锦桥：《浅议心理健康教育途径》，《吉林教育》2012年第1期，第51页。

杜绝烟草对学生的毒害。

监督、检查和考核学校卫生工作。学校卫生工作包罗万象,卫生部门应切实履行指导、监督职责,尤其是作为重点领域的学校食堂安全问题。国家食品药品监督管理局、教育部《关于进一步加强学校食堂食品安全工作的意见》提出,"学校要建立健全以校长为第一责任人的学校食堂食品安全责任制"。因此,卫生部门应当明确对于承包型学校食堂应由学校统一负责办理餐饮服务许可手续。卫生部门要依据《食品安全法》《餐饮服务食品安全监督管理办法》《餐饮服务食品安全操作规范》加强对学校食堂从业人员的健康管理。

第四节　学生及其监护人的安全治理职责

学者对学校安全治理进行了很多理论探讨与对策研究,但普遍立足于"政府和学校中心主义"视角,对学生与家长作为参与者的研究并不多见。毫无疑问,一方面,良好的学校安全治理,学生及其监护人是直接的最大受益者,因此其积极主动参与其中,承担相应的安全治理职责,是理所当然的;另一方面,相当一部分学校安全事故的事由是学生伤害他人、受害学生因疏忽大意或过于轻信而受害、学生安全意识薄弱和安全防护能力差而受害等,因此,学生承担提高守法意识和自律意识、安全意识和安全防护能力等安全治理职责是非常重要的;并且,学生监护人承担相应的安全治理职责,对学生加强安全教育和安全防护家庭训练,积极主动参与学校安全治理活动,共同参与构建学校安全防护体系,也可以有效提升学生的守法意识和自律意识、安全意识和安全防护能力等,并有利于构建学校安全防护体系——在立体、联动的学校安全协同治理体系中,学生监护人是多元协同治理的重要组成部分,是"学校安全建设"的重要成员。并且,学生对自身安全或监护人对孩子安全的关注是首位的。日本家长成立的"老人特工队""妈妈特工队"俨然已成为学校安保的一道亮丽风景线,其家长参与学校安全综合治理的做法值得我们借鉴。我国学校安全治理中,学生或监护人应当做到加强安全教育、自觉配合和积极参与。

一　家庭安全教育和学生自我约束

学校周边的"多乱"局面是各方追求利益的结果,大量的不法商贩、商业场所、潜在犯罪,主要针对的是弱势群体的未成年人或者具有一定消费能力的学生。作为家长首先应当控制学生的消费能力,随着家庭经济实力的增强,家长选择在经济上尽量满足学生的需求,这使得学生的消费能力不断提高。但家庭作为学生的经济后盾的同时应该充分考虑学生的实际需要,避免孩子养成乱花钱的不良消费习惯,助长利欲熏心的商家从中牟利。对学生的消费进行健康引导,小摊贩出售的无法保证卫生和质量的商品不消费,网吧、歌厅、小旅馆等具有安全隐患的场所不消费,杜绝安全事故的萌芽。其次,通过教育提高警惕性,学生之所以成为个别犯罪分子目标,原因在于未成年人或者涉世未深的学生缺乏应有的警惕性,所以多有被骗、被抢、被盗的案件发生。相对于学校教育的同时,家长必须尽早对孩子们进行警惕性教育,对可疑人员和现象要及时报告学校或者家长,在有陌生人尾随的时候要及时寻找庇护场所,不单独到僻静处等,减少隐患转化为实际伤害的机率。

二　学生与家长积极参与

学校周边安全治理的理论基础之一就是多中心治理理论,实际上除了依靠政府和学校之外,学生和家长的积极参与同样重要。首先,将学生纳入安全治理程序中,从学生中获取第一手信息,"对于警方和学校而言,如果能够取得学生的支持,他们就可以获得大量可靠的信息"。[①] 学生的安全利益是学校安全工作的立足点和出发点,学生和家长最担忧的就应当是学校安全工作最重视的,这种做法有助于提高政府、学校及相关部门对学校安全工作的认知能力。其次,提高家长的配合和参与度。家长一直以来仅仅作为学校安全治理工作的受益者,同时也是对孩子的安全最为关心和乐于投入的群体。我国个别地方已有成功案例,例如,深圳罗湖区红岭小学成立的"家长义工队",于每日放学时段构筑一条"校门交通安全防

---

① 朱国平:《解决校园安全问题的5步计划》,《安防科技》2003年第12期,第25页。

线"使孩子们能够平安回家。[①] 也可以在上下学特定时段自主成立"家长联防队"等民间组织,类似的方式能够利用家长对孩子安全的普遍关心,充分调动家长积极性使家长自觉自愿地投身于学校周边安全环境综合治理当中来。与此同时,家长从人力到物力的投入也能够在一定程度上缓解学校周边安全治理工作投入不足的问题和困难。

---

① 尹晓敏、方益权:《公共治理:我国校园安全管理的一种新范式》,《现代教育论丛》2011 年第 3 期,第 35 页。

第 五 章

法治运行:社会安全视野下学校
安全治理的法治机制

众所周知，法治当前被认为是最佳的一种治国理政的方式。十八届四中全会提出要全面推进依法治国，加快建设社会主义法治国家。[①] 然而，建设法治国家是系统工程，必须做到寻求建立"良法"的前提下，保证法律的有效实施。这样才能形成良性的法治环境。如果要通过运作模式保证制定出来的法律制度发挥功能效用，就必须建立具有动态特性的"机制"。[②] 基于对机制的两个要点的梳理，可简单概括出法治机制内涵的要点为：一是必须要有基本的法律制度；二是必须要有法律制度运行的保障机制。鉴于此，可对学校安全治理的法治机制作如下诠释：它是指制定关于学校教学、科研和管理等的法律规范，并通过执法、监督及救济等相关法治运行环节确保法律规范有效运作并使其最大范围地实现学校安全功能的动态运行模式。法治机制意味着动态的法律，即法律在制定与实施过程的各个环节必须有机联动，才能真正发挥法治机制的功效。由于本书后面设有独立章节对学校安全治理的救济制度进行详细阐述，故本章不予以赘述。

---

① http://www.cnrencai.com/zongjie/hot/107914.html.
② 理解"机制"这个概念，最主要的是要把握两点：一是事物各个部分的存在是机制存在的前提，因为事物有各个部分的存在，就有一个如何协调各个部分之间的关系问题：二是协调各个部分之间的关系一定是一种具体的运行方式。机制是以一定的运作方式把事物的各个部分联系起来，使它们协调运行而发挥作用的。

第一节　学校安全法律规范的现状

近二十年来,我国在学校安全方面相继出台了一些行政法规、地方性法规、规章及其他规范性文件,① 初步形成了学校安全法律法规体系的基本框架,在保障校园安全和促进教育事业稳步发展等方面发挥了积极作用。但是从整体来看,我国学校安全立法还存在着相关法律规范数量较多,责任体系不尽健全、内在逻辑结构不够完善等问题,尚不能为各级各类学校应对新时期学校安全所面临的复杂形势提供充分有效的法律依据,远不能满足保护师生和学校的合法权益、有力推进教育事业健康发展的需求。主要问题表现在以下方面。

一　现有学校安全法律规范数量较多且逻辑结构不完整

综观我国校园安全立法现状,相关内容散见于各个层级的规范性文件中,内容杂、数量多,其中主要包括 8 部教育法律、16 部教育行政法规、70 多部教育规章,各地制定了数以千计的地方教育法规和规章。② 既有国家层面的学校安全相关立法、规范性文件和专项标准,各地方政府也出台了一系列有关学校安全的地方性法规、规章及规范性文件,共同构成我国校园安全法律体系。此外,针对学校安全事故预防和处理、学校安全管理具体细则,省、市、县地方政府在校园消防安全、校舍安全、食品安全、校园周边治安等方面出台了大量规范性文件,构成地方性学校安全法制保障体系。

法律规范通常具有严密的逻辑结构,其构成包括行为模式和法律后果两种要素。因此,一个完整的法律规范在结构上必须同时具备行为模式和法律后果两个要素,否则,将严重影响该法律规范的逻辑结构和体系的合理性。这也必然会带来另一个适用方面的问题,即法律规范的实质作用与

---

① 其他规范性文件,是指行政机关及被授权组织为实施法律和执行政策,在法定权限内制定的除行政法规或规章以外的决定、命令等具有普遍性行为规则的总称。

② 柴葳:《人大代表忧心教育法律法规执行难——教育执法体制不顺何谈依法治教》,《中国教育报》2015 年 3 月 8 日,第 1 页。

效力不一定能够有效实现。孙笑侠教授曾指出，法律规范是能够相对独立地发挥法律调整功能的最小单位，而立法技术的质量和法律规范的逻辑结构都将最终影响到其实质功能的发挥。[①] 然而，目前现行的大量校园安全方面的法律规范都存在逻辑结构不完整的问题，有的缺少行为模式的规定，有的缺乏与之相对应的法律后果。从而，现有的这些学校安全法律规范内容呈现在大家面前更多的是纲领性的、宣示性的条款，可操作性不强。

二　现有学校安全法律规范体系不健全

（一）学校安全法律规范立法体系不完善

我国现已建立了以"教育母法"—教育基本法律—教育行政法规、规章规范性文件为层次的广义上的教育法律体系。具体来说，《教育法》为"教育母法"，以《教师法》《义务教育法》《职业教育法》《高等教育法》等为基本法律。虽然教育法律体系已初步形成，但我国法制建设时间不长，规定过于笼统，缺乏可操作性，教育法制也未深入推进，有关学校安全的专项法律规范相对缺位，现行立法整体性和系统性不够，导致大量学校安全问题仍无法可依、无章可循。我国学校安全立法体系不尽健全主要表现在学校安全立法的系统性和协调性不足。美国法学家富勒所提出的"使法律成为可能的道德"需满足的八个条件之一即"这些规则不应当自相矛盾"，[②] 也是从法律的协调性来着眼的。如果学校安全立法不能形成和谐一致的规范体系，法规体系的原则之间、原则与规则之间、规则之间、制度之间缺乏协调性，甚至相互矛盾，学校安全立法的功能就无法实现。

现有与学校安全相关的法律规范散见于多部法律、法规、规章及相关文件之中，各种零散颁布的有关学校安全的条例、决定、通知和规定等。立法者是多性质主体，如教育、公安、卫生、交通、文化、工商、建设、工会等部门，"法出多门，各行其是"，相互之间缺少必要衔接，不能形

---

①　孙笑侠：《法理学导论》，高等教育出版社 2004 年版，第 86 页。
②　E. 博登海默：《法理学——法哲学及其方法》，邓正来、姬敬武译，华夏出版社 1987 年版，第 186 页。

成配套法律体系。由于学校安全立法整体意识不强,缺乏一个立足于全局、整体和宏观、长远的立法统筹规划,法律规范的制定往往只针对现实中亟待解决的问题,存在"头痛医头、脚痛医脚"的弊端,造成立法的临时性、应急性有余,而科学性、条理性和系统性不足,立法中相关规定的变化调整速度过快,稳定性较差。现代立法论主张,宪法统领之下,立法要有整体意识、要考虑国家的整体利益;不同法律体系之间,法律内容上有分工合作、互相配合的要求;具体的法律体系内部,内容有衔接对应、环环相扣的要求,颁布执行有时间顺序的要求是现代法治的要求。①学校安全立法相互之间的和谐一致是学校安全法律法规体系协调统一的基础。总体来看,新通过的立法与原有立法之间、上下不同位阶的立法之间、学校安全立法与其他相关立法之间都存在一些或大或小的矛盾和冲突。

(二) 学校安全法律规范责任体系不健全

当前,我国学校安全专项法律规范相对缺位,现有相关立法整体性和系统性不足,尚未形成从母法到子法、从主法到从法、从原生法到实施法、从实体法到程序法、从国家法律到地方法的规范层级。在法律一级,我国尚未专门立法。《义务教育法》和《未成年人保护法》的规定多为宣示性条款,缺乏具体的权利、义务条款,不具有规范的法律效果;《侵权责任法》第三十八、三十九、四十条虽直接涉及学校安全事项,但因立法目的的不同,该法侧重于从结果意义上明确界定责任归属的原则,而不是立足于行为意义去规制学校的安全义务,同时,由于侵权责任法采用客观化的未尽"教育、管理职责"作为认定学校过错的标准,但又对学校的"教育、管理职责"未具体化、明确化,因此,未以规范的形式明确学校的"教育、管理职责"。②

通过梳理现有的学校安全法律规范,其责任体系不健全主要表现为:第一,责任主体模糊;第二,责任范围不系统;第三,责任后果不明确。

---

① 王志亮:《刑诉法修改应关注刑事法律体系的衔接》,《东方法学》2009 年第 1 期,第 55 页。

② 李昕:《论校园安全保障的制度现状与立法完善》,《首都师范大学学报(社会科学版)》2011 年第 3 期,第 45 页。

学校安全法律的实施机制，包括依据学校安全法律所实施的行政执法、司法、争议解决的仲裁活动及法律监督程序等。我国现行学校安全法实施机制较弱的主要原因是相关法律中缺失关于法律责任，包括承担责任情形、责任认定、责任主体、责任方式、担责程序等的明确规定，致使学校安全法律规范刚性不足而柔性有余、处于"软法"的尴尬地位。

随着现代学校制度的建立，学校应该作为公务法人享有权利和承担义务。目前，我国校园安全存在以下几方面问题：一是在学校责任分配和承担方面沿袭传统思路，倾向在公共行政体系内部解决；二是在权利义务的关系上缺乏专项法律规范，尚无对学校安全管理中多元主体之间的权利义务关系作出界定，各主体间存在责任性质不明确，行政、民事和刑事责任混杂，责任主体没有明确有效的界定和区分。事实上，权责明确是法治社会立法和执法必然的内在逻辑。只有权责明确，国家权力运行才能规范，才能保证国家权力不被滥用；只有权责明确，公民才能根据法律判断自己的行为是否合法，才能决定自己如何行为；只有法律明确不同主体的权责范围，公民才能自由生活在法治的国度里。若权责不清、责任不明，则势必使法律实效弱化，最终导致公民对法律的信任度降低，使所立之法一般预防之目的无法实现。①

另外，我国的学校安全法律规范还呈现出一种明显的不平衡状态，主要表现为监督性法律规范远远少于管理性规范，使学校安全立法基本上局限于具体行政部门的权力视野和管理手段，并且现有学校安全立法的监督性规范，在法律规范结构方面普遍存在法律后果缺位导致强制力缺乏的情况，这致使学校安全立法缺乏应有的刚性。"刚"意指强硬、有力量，法律的"刚性"亦即法律的强制性和不可变性。对于规范来说，"刚性"、强制性是其固有属性。否则将导致法律规范形同虚设，这也就不是所谓的"规范"。对于有关学校安全的法律责任规范而言，刚性就是法律监督产生实效的力量所在。现代意大利新康德主义法学家韦基奥（G. Vecchio）指出强制力与法律内在逻辑上存在必然联系，没有强制也就没有法律。美国法学家帕特森（E. Patterson）也指出制裁是任何法体、任何法律规定的必要特征。而反观我国当前的学校安全立法，一则监督性和责任性立法非

---

① 张文显：《法理学》（第二版），高等教育出版社 2003 年版，第 241—242 页。

常少,二则即便有一些此类立法,却又普遍存在着刚性不足的问题。除此之外,我国学校安全立法还存在着重实体而轻程序,重治标而轻治本、重事后补救而轻事前预防的立法倾向,也导致了学校安全执法的被动和低效。凡此种种,使法律实施效果与立法目标尚存较大的距离。

反观当前学校安全法律规范存在的问题,确保制定良法是校园安全法治建设的前提。因为没有良法便难言法治。正如亚里士多德所说:"法治应包含两重含义:已成立的法律获得普遍的服从,而大家所服从的法律又应该本身是制定的良好的法律。"而立法的科学性、立法的民主性、立法的系统性等都是影响良法制定的因素。

第二节 学校安全法律规范运行机制的构建

一 我国学校安全立法机制的新思路

(一) 学校安全立法的模式选择

世界许多国家,尤其是主要发达国家,学校安全法制建设历史悠久,成效卓著。长期以来,对于关系到国家根本利益的重大教育管理问题——学校安全问题,这些国家都无一例外地诉诸法律手段,以其作为维护和保障学校安全的基本措施。由于国家体制、民族传统以及由此形成的法律制度的不同,各个国家对学校安全法的创制、运用及所体现的基本特征并不一致,如以日本为代表的是校内保护型的学校安全立法,以美国为典型的是校外保护型的学校安全立法,可谓各具特色。但是,各个国家通过学校安全立法来体现国家对学校安全的干预和管理这一原则,却是始终不变的共性。因此,对国外一些发达国家进行学校安全立法基本情况的考察,有助于我们梳理国内的学校安全立法框架与模式。

鉴于一些学者根据学校突发事件发生的危险源的不同将国外的学校安全立法划分为校内保护型与校外保护型两种类型,此种分类法固然有助于从治理的角度去分析参与治理的主体的责任分担问题,但仔细推敲后,此种分类法却对于我们国家的学校安全立法模式没有直接的指导意义。从法理学的角度看,学校安全立法需要考虑该法律的调整范畴、法律体系的构成、法律关系以及法律的调整方式及其责任体系等诸多因素。而危险源到底是来自校内校外并不影响学校安全立法的调整范畴。基于此分析,校内保护型和校外保护型对于立法模式的参考价值较小。课题组认为,立法模式的选择应该是有助于实现法律自身所追求的价值和功能。通过梳理国内学校安全立法的现状和借鉴国外安全立法的有益经验,对学校安全立法模式有以下几方面的思考。

第一,学校安全立法模式要求提高立法层次。一种立法模式的选择不能应然地去考虑制定新的专项法律或者修订补充原有法律。而应该从当前教育法制建设的时代背景中去寻找当前适合的立法模式。结合时代背景也就意味着制定出的法律要考虑立法成本,立法的利益平衡,立法的时代需求等可行性因素。这样制定出的法律才具有生命力,才具有社会公信力。具体而言,当前我国的教育法制建设还不能适应法治发展的要求,教育系统的法制观念较为薄弱,教育法律的配套性法规规章还不完善,针对性与操作性都不强,现有的法律法规内容滞后现象明显,现有法律规范的层次大多是部门和地方法规、地方规章。学校安全法律规范存在的种种问题都迫切要求提高学校安全立法层次。

第二,管理学视角下学校安全立法模式的选择。管理学上,通常将突发事件[1]划分为自然灾害、事故灾难、公共卫生事件和社会安全事件四类;从过程来看,突发事件的应对包含事前、事中和事后的处置环节。学校安全管理防范和处置的对象应该包括突发事件的四种情况,也应该是涵盖事前、事中和事后各环节的预警机制及处置预案。从国外学校安全立法的经验看,美国由于学校安全事件的发生多数以社会安全事件为主,因此它选择的是以社会安全事件为主的学校安全立法模式;日本则是采取多法并行的模式,针对自然灾害、事故灾难、公共卫生事件、社会安全事件分别立法。由于我国学校安全事件的发生较为均衡,学校安全立法模式可以采取以社会安全事件应对为主,兼顾其他类型的突发事件的处理方式的模式。同时,事前、事中和事后是一个相互作用和循环转化的封闭链条,任何一个环节的有效处置都可以遏制次生和再生危机的发生。在社会提倡治理视角和治理语境下,高层次的立法应该着眼于一般的管理规律,覆盖学

---

[1]　根据中国 2007 年 11 月 1 日起施行的《中华人民共和国突发事件应对法》的规定,突发事件是指突然发生,造成或者可能造成严重社会危害,需要采取应急处置措施予以应对的自然灾害、事故灾难、公共卫生事件和社会安全事件。

校安全管理的全过程,将事前、事中和事后的处置环节统一在一部法律之中。

第三,法律关系因素对学校安全立法模式的影响。法律关系通常是主体、客体和内容三要素构成。在学校安全立法模式的选择中,必然会考虑到学校安全法律调整的主体对象。学校因为阶段的不同,而对学生的管理介入程度不同,根据学生民事行为能力划分,高校和中小学校学生有所区别,但是否就此应该对不同阶段,主要是高校和中小学校进行分别立法?课题组认为,民事行为能力的差异对于确定突发事件的责任承担有着法律意义,就此对学校安全立法予以分别立法,实无必要。因此,学校安全立法模式应采用高校和中小学校统一立法,无须按照学校阶段分别立法。

第四,法律关系的性质对学校安全立法模式的影响。学校安全立法中涉及的法律关系包括基于学校的功能属性(公立学校的行政属性和私立学校的委托行政属性),决定了学校与学生之间的公共行政法律关系,也包括学校突发事件发生后产生的相应的赔偿责任等私法性质的法律关系,甚至因为违规越轨行为而产生的行政、民事和刑事杂糅的法律关系。基于学校安全法律中法律关系的复合性,课题组认为,在制定学校安全立法时应该采用公私合体统一立法模式。即无须对学校安全管理和事故责任单独立法。

简而言之,我国的学校安全立法模式可以选择立法层次较高的立法,该立法应该是各级各类学校在事前、事中和事后发生的突发事件时都可以适用的公私合体的统一立法。在高层次的统一立法的基础上,再配套制定相应的地方法规和部门规章等,形成较为体系的学校安全法律体系。

二　学校安全立法的思路框架

近年来,随着学校安全突发事件的频频出现,校园内的各类暴力袭击等恶性事件引发的纠纷问题也不断凸显。为更好地预防、有效控制和减少校园突发暴力事件带来的危害,课题组认为,应从以下几个方面构建体系的学校安全执法机制。(1)明确责任主体,规范执法中的人防建设。首先要明确学校的安全责任人,明确其具体职责,确保执法有可操作性;其次,要明确处理各类学校安全类事件的执法责任主体,明确规定谁去落实处理该法律案件,避免互相推诿。(2)减少内源性的硬件设施安全事件,规范物防建设。规范设置学校围墙、交通道路等安全屏障，对学校保卫人员防卫器械予以规范配置，同时相关部门要配套相应的安全防控设施给学校周边区域安全提供防范能力；对学校内部的教学楼、学生宿舍、食堂、实验室等设备设置相应的物防设施。（3）加大安全信息监控，提升技防建设。主要是通过在校园里运用符合国家现行法律规范规定、符合国家、行业、地方标准的电子视频和监控等电子信息产品，提高学校安全的技术管理水平，为事前预警和事后处理提供有效依据，保障学校安全。（4）加大安全防范投入，规范安防机制。进一步规范学校安全保卫人员的上岗要求，建立校园安全警务制度，提升学校安全保卫人员的能力和水平。定期给在校师生开展安全教育宣传工作，实现家校合作，师生联动，保卫人员专业化等目标。在一定程度上减少不必要的学校伤亡事件的发生。

通过完善人防建设机制、物防建设机制、技防建设机制和安防建设机制，构建相对完善的学校安全立法。

（一）学校安全执法机制的健全

一个国家的法治建设需要有法可依、有法必依、执法必严、违法必究，法治化进程中除了有"法"的前提，更在于有"法"后的具体实施，也就是说法治机制的生命力在于有"法"后的实施机制，是检验立法成效的试金石。教育领域是实现国家法治的重要环节，综观我国当前的教育执法，仍然存在不少的问题。学校安全必须依法进行管理，要理顺执法体制和建立健全执法机构，这也是依法治校的基本要求。

2015 年，全国人大代表、广东省教育厅厅长罗伟其列举山东蓬莱市"11·19"校车事故、"华南师大美式高中"违规招生，以及民办学校办学不规范、教育经费截留挪用等教育违法事件的客观存在，提出了近3000 字的《关于加强教育执法机构建设的建议》。① 在他的建议中提到，教育领域有法不依、违法难究的现象，存在执法体制不顺、教育执法机构不健全的现实困境。教育执法问题较之于学校安全执法问题更为宏观，教育执法问题存在的弊病，在学校安全执法过程中是否同样存在相应的问题

---

① 柴葳：《人大代表忧心教育法律法规执行难——教育执法体制不顺何谈依法治教》，《中国教育报》2015 年 3 月 8 日。

呢?课题组通过查阅各种期刊和文献资料,对学校安全执法问题的思考如下。

第一,理顺执法关系,健全执法体制。前文所述,学校安全突发事件有四种,涉及的安全责任主体较多。在社会安全治理语境下,安全责任主体应该协同但有明确的责任主体。当前,我国各类学校安全事件的法律规范较为分散且法律责任体系不强。因此,理顺执法关系首先必须明确所立之"法"中法律责任,避免出现地方教育行政部门或其他责任主体执法时责任不清、职权不明以及出现的多头负责、多头管理的现象。通过对实践的反思,在社会安全治理视野下,特别需要明确的有两点:一是协同治理与责任的清晰,协同或许会是多部门联合执法,但也必须是各自责权清晰、明确。二是治理视角的责任体系化。从现有的学校安全法律规范来看,法律规范并不少,但是缺乏系统的设计和可操作的法律责任规定。法律责任体系化,既要制定不同层级的法律规范,又要在各层级的法律规范中明确学校安全事件的责任主体及承担的责任形式等问题。通过完善执法制度体系,理顺教育执法体制,以期实现执法主体之间不互相推诿,能够协同治理又能各司其职、各负其责。

关于教育执法问题,全国人大代表、广东省教育厅厅长罗伟其曾在他的《关于加强教育执法机构建设的建议》中统计的关于教育法律规范的数据显示,当前国家的教育法律规范数量较为繁多,或许在很多人看来教育领域里做到了"有法可依"。然而,法律规范数量的多并不能应然地实现有法可依,或者说执法开展的现实困境反观现有的法律规范存在的问题。可见,所立之"法",是否具有可操作性直接影响执法的效度。在日本的教育法律中,对法律责任的规定都较为具体,通常采用罚则的形式明确承担责任的主体及责任承担形式。因此,明确所立之法中的法律责任体系有助于提升执法效度也有利于增强执法意识。学校安全执法问题归属于教育执法问题。一套统一的完备的执法制度是确保立法有效实施的关键所在。纵观当前的教育执法领域存在的有法不依、违法不究的现象,主要是与执法责任主体模糊、执法队伍不健全等有很大关系。学校安全无小事,将学校安全管理纳入社会安全体系之中,学校安全管理部门应与公安部门、食品药品以及卫生防疫等部门加强合作、分工协作,建立有效的防控网络体系。完善执法程序,保证执法程序的公开化、透明化、公正化,避免滥权、误权、懈怠权力等情况的出现。

第二，建立执法机构，配套执法队伍。司法实践中，教育领域依然存在不少有法不依、执法不严、违法不究的现象。这与食品、交通、工商、财税以及环保等部门相比，缺少较为完善的执法机构和执法队伍。当前我国在教育领域里也普遍存在执法机构空缺，执法队伍力量较为薄弱。在很大程度上是由于没有专门的执法机构和执法队伍。2014 年，有数据显示：在全国，31 个省（区、市）的教育行政部门中，没有一个教育厅（教委）成立专门的执法机构。① 由此可见，教育领域中的执法问题存在严重的机构设置和人员投入不足的问题。在相应的法律规范中，关于学校安全的执法问题涉及得更少。这意味着，未来的工作将要着眼于调整教育执法中的权责职能配置，建立不同层级的（省、市、县）教育执法机构，明确具体的执法主体，明晰执法主体的具体法律责任。在此过程中，同时要加快对建立专职的教育执法队伍的资金投入，确保财力、物力、人力对学校安全执法的资源保障，要加强制度建设，为学校安全执法提供制度保障，避免执法部门在执法问题上出现"见利就争，见困难就推"的现象。扯皮与不负责导致教育纠纷和教育违法案件不能得到公平的处理，最终影响社会安全与稳定，降低办理学校安全案件的公信力。学校安全管理过程中应注重提高师生群体的积极性，强化师生的安全防范意识，建设一支政治坚强、技术精良、作风过硬的执法队伍。

霍姆斯说，法律的生命不在于逻辑，而在于经验。同理，法治机制的生命在于对法律规范的具体执行，执法是将静态的立法动态化的过程，也是检验立法成效的试金石。学校安全若要依法有效进行管理，就必须对执法的责任主体、执法责任主体的权责以及执法机构等各方面在法律规范上予以明确规定，以确保所立之法可以落地生根，为实现依法治校提供有效保障。

（二）学校安全法律规范监督机制的完善

关于法制监督，有广义与狭义之分。广义的法制监督是指监督主体对法制各运行环节（立法、执法、守法）的合法性进行的审查、督促和纠

---

① 柴葳：《人大代表忧心教育法律法规执行难——教育执法体制不顺何谈依法治教》，《中国教育报》2015 年 3 月 8 日。

正。狭义的法制监督则在监督主体上为国家专门的法制监督机关。教育法学领域内的监督是对教育法制实施情况的督查。同理,学校安全法律规范的监督也包含各类国家机关、政治、社会组织和公民个人对学校安全法律规范的运行情况进行审查、督促和纠正。教育法学领域通常使用广义上的监督含义。课题组主要探讨的是监督的主体、监督对象和监督的内容。第一,学校安全法律规范的监督主体。参照法律监督的主体,也可以将学校安全法律规范的监督主体分为国家机关、社会组织和个人。首先,国家机关的监督是指各级人民代表大会及其常务委员会、各级人民政府、各级行政主管部门、各级审判机关、检察机关等对学校安全法律规范实施情况的监督。国家机关的监督是我国法律规范监督体系中最为重要的监督形式。第二,社会组织的监督是指各级组织、人民政协、各民主党派、群众团体等对学校安全法律规范实施情况的监督。因为中国共产党是我国的执政党,因此决定了这种监督形式在各种监督形式中占有特别重要的位置。第三,个人的监督是指人民群众通过种种方式直接监督国家机关的活动,确保赋予代表管理的各项学校安全法律规范实施情况能有效运行。其次,学校安全法律规范的监督对象。也就是明确在学校安全法律规范运行中负有责任和义务的组织和个人。最后,学校安全法律规范的监督内容。是指对学校安全法律规范实施情况的监督,主要是对法律规范制定出来之后对其合法性和程序性问题的监督,属于事后性的监督。

1. 国外教育执法监督的经验借鉴

学校安全法律规范如果没有监督,法治则会变质,学校安全管理也会走样,师生的安全也得不到保障,师生安全权益也会遭到侵害。结合国外教育法领域在教育执法监督方面的一些成功的实务操作经验,梳理总结归纳有两点。

(1) 法律规范明确监督依据,确保监督工作"法制化"。鉴于国外许多国家在教育执法监督中明确规定了执法监督的依据,便于执法监督机构能够有效参照相应规定执行或督查。比如:在德国,《教育基本法》里明确规定,但凡涉及学校的相关制度都由国家进行监督;在日本,《学校教育法》里详细规定了该法的监督部门与行为以及惩罚形式等,便于事后监督工作的开展;在法国,《高等教育法》里对学校财务方面的问题规定了具体的督查机构;在英国,《1944 年教育法》里规定各级教育局来督查学校的各项工作。由此可见，国外教育法领域的相关具体监督主体、行为以及形式等的规定，为学校安全法律规范监督工作提供了明确的法律依据，有效保障了学校安全法律规范监督的有效进行。反观我国的学校安全法律规范，虽然在数量上已经实现了教育法领域的法制化，但就监督问题而言，依然还有很长的路要走，对监督主体、监督行为以及惩罚形式等规定不细致的时候往往使法律规范流于形式，造成执行不清晰、责任主体和督查工作的模糊，也就是监督工作依然没有实现"有法可依"的局面。明确法律规范的监督主体的权责，让监督工作"掷地有声"。比如：1984年的法国《高等教育法》里就明确规定了国民教育部长和学区长的监督职责，一切高等学校均要接受国民教育行政总督学在行政管理方面的监督。

（2）发挥各监督主体作用，实现监督系统的体系化。国外许多国家建立了较为完善的学校安全法律规范监督体系。包括国家监督体系和社会监督体系，综合实现了自上而下和自下而上的监督功能，做到了内部与外部监督的有机结合。国家监督通常包括行政监督、司法监督、审计监督等。通常来说，社会监督主要包括政党、社会团体、新闻舆论以及公民个人等的监督。关于国家监督中的司法监督方面，法国、德国、意大利等一些大陆法系国家通过设立宪法法院专门机构进行预防性的审查，也是行使违宪审查权的方式。而在英国、美国、加拿大、澳大利亚等部分英美法系国家则通过最高法院对教育法进行系统审查，也就是对教育法的内容及执行情况进行监督和审查。在法国，设有国民教育高级委员会和学区国民教育委员会，主要是分别针对全国性和学区内教育方面的问题提出建议。对受理的权限和案件的类别也有不同。如国民教育高级委员会主要受理行政诉讼、纪律惩处之类案件。学区国民教育委员会具有对教育工作人员作出惩戒处分的权力；具有对教育违法行为作出裁决的权力等。当事人具有上诉权，由国民教育高级委员会进行复裁。行政监督主要以加拿大、英国和美国为代表，都设有不同的机构和程序进行教育行政裁决监督。德国的审计监督做得较好，德国审计院对教育财政的相关问题具有审查权和建议权。关于社会监督方面，国外通常是以社会利益集团和新闻机构为渠道对教育法的执行予以监督。总而言之，从众多国外有涉及的教育法的监督规定与实际操作来看，督导在执法监督中发挥重要作用，特别注重督导机构的执法监督职能,并得到很多国家的认同。

2. 构建我国学校安全法律规范的监督机制

鉴于国外教育执法监督的实务操作的成功经验,反观我国当前的学校安全立法,监督性法律规范远远少于管理性规范,结合当前我国现行的学校安全法律规范监督现状,要完善我国的学校安全法律规范监督机制,加大监督力度,确保监督工作"有法可依"和有效推进,还须在多方面加以改进。对于有关学校安全的法律责任规范而言,刚性就是法律规范监督产生实效的力量所在,对于违法的行为,就要予以追究。

第一,监督机构的独立性,提高学校安全法律规范监督主体的权威。学校安全法律规范监督工作能有效开展最重要的一点就是执法监督机构具有相对的独立性。当前我国的执法监督机构大多数都是党政机关内部的,由于其隶属关系,必然被同级党委或同级行政机关领导,也就是说该监督机构受制于监督客体,很难发挥其应有的作用。如果要实现监督机构的独立性,发挥其应有的权威,其地位必须予以保证。监督机构的地位起码要高于监督客体或与监督客体平等。学校安全法律规范监督机构必须严格履行监督职责,依法独立行使监督权。[①]

第二,明确监督标准、程序和责任等操作性规定,确保监督工作的"有法可依"。国外教育执法的监督实践证明,不仅要依法进行学校安全法律规范活动,监督者的监督活动也必须有强有力的法律保障。明确具体的监督标准和程序等有助于提升监督工作的可操作性。当前我国尚未制定专门的学校安全法律规范,也没有专门的教育执法监督的法律规范,散落在各级法律规范中的监督规定大多属于泛泛而谈,缺乏操作的标准,弹性过大必然严重影响监督功能的发挥。因此,必须加强在各级各类法律规范中关于监督明确规定或出台专门学校安全立法予以明确规定,让学校安全法律规范监督活动"有法可依",减少主观因素的干扰,保证学校安全法律规范监督工作的有效实施。由于学校安全立法尚未出台,在法律规范调整不足的现状下,法律规范监督过程中合法性与合理性监督的关系较难处理好。"对合法性的监督应侧重于羁束性规定,严格依法限定的主体、职权、方式和程序等。对合理性则应侧重于裁量性规定,关注监督中的客

---

① 刘冬梅:《国外教育执法监督的经验及借鉴》,《教学与管理》2001年第8期,第77页。

观、适度、合乎理性问题。当然，监督行为本身应是制控性行为，是以检查、督促为核心，监督限于对执法的效果进行评估，而不能以监督代替执法。最后，监督必须与责任机制挂钩，防止监督机制流于空泛的形式，因此，必须形成一种稳定的、长久的责任机制，确保监督工作有效开展的稳定性与持续性。[①]"

第三，监督手段的有机联动，综合发挥各类监督主体的功能。当前我国的监督主体覆盖面较广，监督方式也较为全面。但面临的最主要问题就是现有监督主体很难各司其职，问题在于各种监督手段的综合运用较少，监督方面的推诿扯皮现象严重，甚至出现监督的盲区。从国外教育执法监督的经验看，议会监督在整个执法监督体系中处于重要位置。在我国，宪法里明确了全国人民代表大会及其常务委员会的监督职责与职权，因此，强化人大监督职能是做好学校安全法律规范监督的基本前提。其次，成立教育督导机构，完善学校安全法律规范监督职权的机构设置。教育督导机构既是监督政府与教育行政部门工作，也是指导学校依法办学的重要形式和机制。从当前我国的监督工作现状看，我国虽然建立了教育督导机构，但由于目前尚未建立一套行之有效的监督制度，影响了监督工作的有效开展。教育督导机构既督学也督政，建立有效的督政制度，加大对教育投入、改善办学条件、完善师资队伍、教育法律纠纷等问题的检查和监督，综合运用法律手段，将督学与督政工作纳入法制化轨道。鉴于此，要综合运用机关监督、行政监督、其他监督手段和方式形成一股强劲的力量，推进学校安全法律规范监督工作的有效开展。

学校安全治理的法治机制需要法律规范各环节的有效衔接和良好运行。法治机制犹如一道铁闸，全方位、多角度、多层次地设定预警机制，各环节有一环没有做好，都会阻碍法治机制功能的发挥。

---

① 孙照：《高校突发事件应急管理法律机制创新研究》，硕士学位论文，青岛科技大学，2014 年 6 月 10 日，第 42 页。

第 六 章

系统建构：社会安全视野下学校安全治理的协作机制

　　面对日益频发、多元、复杂的学校安全事件，以校园安全管理为主的学校安全管理机制显得捉襟见肘。为更好地提升学校安全治理的能力，应当根据多中心协同治理理论，构建学校安全能力建设的新范式——学校安全协同治理的多元主体协作机制。学校安全协同治理的多元主体协作机制，是指不存在上下隶属关系的多个权利中心对学校安全事故进行治理，提供公共服务和公共产品。学校安全协同治理模式鼓励各社会主体充分发挥各自优势，相互协作，建立多元化、全方位、高效率的治理系统。① 构建学校安全协同治理的多元主体协作机制，是非政府组织参与学校安全治理的制度基础和实现路径，将成为解决学校安全治理问题的良方。在学校安全协同治理的多元主体协作机制下，政府组织和非政府组织凭借各自的自身优势，成为多元协作式学校安全治理的重要主体，各协作主体保持合作伙伴关系。因此，应该结合我国社会和学校的实际情况，从内部与外部两个方面来研究政府组织和非政府组织参与多元协作式学校安全治理机制的构建、激励与监督机制的建设问题，促进政府组织和非政府组织对学校安全治理的参与。构建学校安全协同治理的多元主体协作机制，包括构建多元主体协同治理的安全教育与应急演练机制、多元主体协同治理的信息沟通与预警机制、多元主体协同治理的决策机制、多元主体协同治理的激励与监督制约机制等。

---

　　① 黄健华、王康琳、王保刚、戴晓理、张晶：《多元主体协作机制在国境口岸重大呼吸道传染病防控中的建立与应用》，《中国国境卫生检疫杂志》2012 年第 5 期，第 314 页。

第一节　构建多元主体协同治理的安全
教育与应急演练机制

现代政府的一个重要理念就是"使用少量钱预防，而不是花大量钱治疗"。[①]"预防为主、关口前移"是应急管理上的重要法则，学校安全治理事前管理的重点一在安全教育，二在应急演练。尽管学校安全教育与应急演练的意义已经被一再讨论和重申，有关部门的部门规章和一些地方性法规、规章也多所涉及，但遗憾的是并没有太多制度上强制性的保障，也缺乏全局性的统筹。

一　多元主体协同治理的安全教育机制
（一）构建多元主体协同治理的学校安全教育机制的意义

当前是强调全人教育的时代，校园安全也是全人教育理念中很重要的一环，况且，马斯洛的"人类基本需要阶层论"中强调"安全"是属于第二阶层，其在日常生活中的食、衣、住、行、育、乐、医等各层面都不可或缺。校园安全包含人、事、物等三大层面。为学生安排既健康又安全的学习、成长和生活环境是各级学校的首要任务，家庭和社区也必须密切配合。教职员工的健康和安全的维护和促进是各级学校的重要任务。学校是学生建立安全观念，充实安全知识，培养安全态度，养成安全习惯，以及训练安全技能的最佳场所。简而言之，学校是学生发展安全行为的最佳场所。在事故伤害的预防上，安全教育是第一道防线，急救是第二道防线，因之学校安全教育计划（含紧急伤病处理）至为重要。[②]

由于学校安全教育的内容非常广泛，仅仅依靠学校教职工很难进行全面的有效安全教育。在学校安全协同治理的多元主体协作机制中，要求学校首先要转变理念，充分认识自己与政府及非政府组织在学校安全治理中

---

① 戴维·奥斯本等：《改革政府——企业精神如何改革着公营部门》，上海译文出版社1996年版，第205页。

② 秦金生、黄松元：《加强校园安全，促进学生健康》，《学校卫生》2003年第41期，第70页。

的合作伙伴关系，用接纳、鼓励和引导的态度让其他组织参与学校安全治理，在治理过程中与其平等协商、优势互补。比如，在交通安全教育上应当获得公安交警部门的支持，在消防安全教育上应当获得公安消防部门的支持，在食品安全教育上应当获得卫生部门的支持……当然，在安全教育上，这并不能否定学校是最关键的主体和组织者。各校必须制订周延的学校安全教育计划，建构完善的安全组织，妥善规划工作流程。校园安全工作的推动，在观念上，必须共同参与，人人有责；在执行上，做到整体规划，分层负责，分工合作；在时间上，必须随时注意，持之以恒。[①]

（二）学校安全教育的主要内容

学校安全教育的内容很广泛，可包括食物安全、游戏安全、运动安全、实验安全、工作安全、环境安全、用水安全、火电安全、疾病防治、民防安全、事故伤害预防、交通安全等，包括性侵害和校园暴力的预防等。[②] 具体的，应当包括但不限于：（1）做好交通安全的教育，主要包括走路、骑车、乘车、乘船等交通方面的安全。学校要教育学生知法懂规则。教学生学习交通法规，熟悉交通信号和标志，掌握交通安全常识，做到自己懂交通规则同时也是保障他人的人身安全。（2）做好日常生活的安全教育，主要包括防触电、防煤气中毒、防火、家务劳动安全、饮食卫生安全等。具体要求学校教育学生掌握用电防火方面的安全知识以及操作规则；要教育学生严格遵守食品卫生的相关要求，了解食物霉变过期等的预防和识别等知识，防止食品污染、有效防止细菌性食物中毒；学校要指定专人给学生进行饮食安全知识的普及，并搜集实例分享，从中吸取教训，引以为鉴。（3）做好活动安全的教育，主要包括运动环境和器械的安全，体育活动课的安全，进出公共场所的安全等。学校要教育学生遵守各项体育活动的规则，做好热身等准备工作，让学生了解活动的一些安全隐患，掌握一定的安全防护措施，杜绝冒险行为；要教授学生外出、乘车

---

① 罗春清：《学校安全教育》，《师友月刊》1996年第343期，第21—25页。

② 席家玉：《谈学校安全教育的强化与实施》，《国教辅导》1998年第37期，第51—54页；Telljohann, S. K., Symons, C. W. & Miller, D. F. (2001). Health Education: Elementary & Middle School Applica-tions. Boston: McGraw Hill, 3rd ed.

安全、燃放烟花爆竹的安全知识。（4）做好自然灾害中的自我保护教育。通过各种渠道让学生了解水火灾、暴风雨、雷电袭击、地震等自然灾害的知识，并告知学生应对的基本措施。（5）做好社会治安的教育，主要包括对盗贼、骗子、抢劫、挟持、绑架等的介绍，让学生加强自我保护意识，避免被坏人拐骗和伤害；教授学生认识毒品、了解毒品的危害并自觉抵制毒品；培养学生养成良好的网络习惯，不沉迷网络等良好的行为习惯。（6）做好意外事故处理的教育。要教育学生发现安全隐患，及时报告老师，掌握安全应急常识，牢记应急电话：火警119、匪警110、急救电话120、交通事故报警电话122。①

（三）学校安全教育的方式方法

　　国家教育行政部门和学校应当将安全教育规定为各级各类学校的必修课程，并强制性地规定学时，以期有效培养学生安全行为。比如，我国台湾地区"教育部"于1987年修订颁布的《幼稚园课程标准》中即明定"健康的生活"必须涵盖下列要点：安全的知识（室内安全教育，室外安全教育，饮食安全教育，交通安全教育，水、火、电安全教育，药品与危险物品安全教育）、意外事件的预防和处理、安全习惯的培养、家庭和学校环境卫生与安全的维护等。另外，我国台湾地区"教育部"于2000年制定颁布的《国民中小学九年一贯课程暂行纲要》之中"健康与体育学习领域"包括七个主题轴，其中第五个主题轴即是"安全生活"。此一主轴要达成的分段能力指标共有十五项，且涵盖下列四项内涵：（1）具备安全概念，应用安全资源，执行社区安全行动，以适应现代生活。（2）具备紧急情况处理及急救技能，以降低伤害的严重性。（3）具备正确使用物质的概念，避免物质滥用，而危害个人、他人及社会健康。（4）具备运动伤害预防及处理的技能，以减少运动事故伤害发生并维护身体健康。②

　　学校应当根据学生年龄特点、认知能力和法律行为能力，确定各年级段安全教育目标，形成"幼儿—小学—初中—高中"层次递进的教育目

---

　　① 《学校安全教育内容》，http：//wenku. baidu. com/view/44365a86ec3a87c24028c43a. html? from = related。

　　② 台湾信息港：《台湾地区九年一贯课程健康与体育》，2008年9月5日，http：//blog. sina. com. cn/s/blog. 50bb87eb0100agud. html。

标体系：第一，确定好幼儿园安全的教育目标。在幼儿阶段，主要是认知学习初步日常生活中的危急处理办法，识别危险因素，做到最基本的保护自己的方法。第二，确定小学安全的教育目标。通过让小学生识记常用的报警和求助电话，辨别安全隐患和危险的方法，培养其树立安全防范意识。第三，确定初中的安全教育目标。通过案例教学，结合家庭、学校和社会等与生活密切相关的安全知识传授其安全法律规范知识和事故处理方法，培养判断危险和防范事故的能力，逐渐形成初步的安全法制观念。第四，确定高中的安全教育目标。培养高中生的法制观念和社会公德意识，让他们学法、懂法、用法，自觉维护公共安全，掌握特殊紧急情况下的自救自护方法，具备一定的抵御暴力侵害能力。

学校可以从以下几个方面做好安全教育工作。第一，联动校外相关部门制定应急疏散预案。结合学校实际情况与当地公安、消防等部门制定应急疏散预案并阶段性开展师生应急情境演练。第二，做好特殊时间段的安全教育工作。特殊时间段包括放假前、开学初、冬夏季来临前等时间段，具体要做好交通安全、饮食卫生，校内外活动安全教育；定期开展防中暑、溺水、防火等方面的安全专题教育并传授发生意外事故的自救、自护知识和基本技能。第三，做好"安全教育日"等重要节日的安全主题教育活动，利用重要节日依托各类讲座和考试予以普法教育。第四，联动家庭做好学生的心理疏导工作。学生的原生家庭是其心理健康成长的重要环境，也是情感寄托的地方，只有双方共同关注与反馈才能做好学生的心理健康工作。第五，学校围绕法制主题，做好校园安全法制文化的宣传教育工作。充分利用学校各种宣传阵地和设施，开展安全法制教育，安全法制教育课必须做到计划、教材、教师、课时"四落实"，建立稳定长效的安全法制教育机制。①

二　多元主体协同治理的应急演练机制
（一）构建多元主体协同治理的应急演练机制的意义

2014 年 2 月 22 日，教育部印发《中小学幼儿园应急疏散演练指南》，强调通过实战型应急疏散演练，进一步增强师生安全意识，提高逃生自救

---

① 《学校安全工作管理制度》，http：//www.doc88.com/p－1582205774554.html。

能力，在发生紧急情况时，能有序、迅速地安全疏散，确保师生的生命安全。

实际上，应急演练的内容包括但不限于应急疏散演练。学校安全应急演练一般以应对地震、山体滑坡、泥石流、火灾、食品安全、卫生防疫、治安防范、拥挤踩踏等突发事件的应急处置为演练内容。而这些应急演练内容涵盖面广，专业性强，涉及的相关责任主体繁杂，并非学校单一主体可以组织和完成并达到好的应急演练效果。只有构建多元主体协同治理的应急演练机制，才能顺利组织完成学校安全应急演练并取得良好的应急演练成效。

因此，构建多元主体协同治理的应急演练机制，除了上述《中小学幼儿园应急疏散演练指南》所强调的意义之外，还具有如下意义：一是检验预案。发现应急预案中存在的问题，提高应急预案的科学性、实用性和可操作性。二是锻炼队伍。熟悉应急预案，提高应急人员在紧急情况下妥善处置事故的能力。三是磨合机制。完善应急管理相关部门、单位和人员的工作职责，提高协调配合能力。四是宣传教育。普及应急管理知识，提高参演和观摩人员风险防范意识和自救互救能力。五是完善准备。完善应急管理和应急处置技术，补充应急装备和物资，提高其适用性和可靠性。①

（二）学校安全应急演练的内容

如前所述，学校安全应急演练的内容包括但不限于应急疏散演练。学校安全应急演练一般以应对地震、山体滑坡、泥石流、火灾、食品安全、卫生防疫、治安防范、拥挤踩踏等突发事件的应急处置为演练内容。

具体地，每项内容的学校安全应急演练一般都可以包括如下事项：一是预告与报告，向相关部门或人员发出事故预警信息；二是指挥协调，成立应急指挥部，调集应急救援队伍等相关资源进行紧急救援；三是应急通讯，在应急救助部门和人员之间进行音频、视频信号以便数据信息互通；四是事故监测，对事故现场进行勘察分析，确定事故严重程度、影响范围等；五是警戒管制，设立应急处置现场警戒区域，实行交通管制，维护现场秩序；六是疏散安置，对事故现场人员进行疏散、转移和安置，避免现

---

① 《生产安全事故应急演练指南》。

场拥堵等带来不利影响;七是医疗卫生,组织医疗专家和卫生应急队伍实施紧急救援,做好卫生监测和防疫工作;八是现场处置,按照应急预案和现场相关部门的指示开展对事故现场的处理;九是社会沟通,通过新闻发布会或事故情况通报会通报事故有关情况;最后做好善后处置,对事故损失进行评估、原因调查、现场清理及其他相关善后工作等。①

(三) 学校安全应急演练的程序

编制演练计划。演练计划应包括演练目的、类型 (形式)、时间、地点、演练主要内容、参加单位和经费预算等。

1. 成立组织机构,做好演练准备。一是成立组织机构,组织机构根据演练规模大小可以进行调整,在机构内成立演练领导小组。小组里下设策划组、执行组、保障组、评估组等专业工作组。领导小组做好演练活动的统筹安排,负责审定演练方案、把控演练工作的相关经费、做好演练的事后总结分析以及对重要事项做决策。二是做好领导小组内的工作组分工。策划组负责演练方案的编制、做好各种保障方案和应急预案、做好演练宣传工作、演练后的总结与分析工作等。执行组主要负责联络协调各单位,做好现场的情景布置和参与人员的调配工作。保障组负责演练活动的后勤保障工作,确保演练的顺利开展、方案的顺利执行、预案的顺利实施。评估组负责审定演练方案和应急预案的可操作性和执行效度并对演练现场进行点评和总结评估,撰写演练评估报告。

2. 编制演练文件,完善演练方案。主要通过编制演练工作方案、编制演练脚本、编制演练评估方案和编制演练观摩手册等做好演练方案的完善。具体要求是:一是编制演练工作方案。要求明确演练目的和要求,设计应急演练事故情景、演练规模、时间、参演单位和人员、演练流程、演练保障条件、演练评估与总结;二是编制演练脚本,主要包括:模拟事故情景,处置事故时的指令与对白、步骤及时间安排,视频背景与演练解说词等;三是编制演练评估方案,主要包括:对演练方案设计的信息,演练的效果、演练达成目标的评判标准进行评估,同时也要对评估的程序涉及的主要步骤和分工进行评估等;四是编制演练、观摩手册,包括应急演练时间、地点、情景描述、主要环节及演练内容、安全注意事项等。

---

① 《生产安全事故应急演练指南》。

3. 分步实施，做好演练的落实工作。主要包括熟悉任务和角色—组织预演—安全检查—应急演练—做好演练记录—收集演练评估素材—演练结束等 7 个环节。具体如下：第一，组织各参演单位和参演人员熟悉各自参演的任务和角色。第二，在综合应急演练前组织预演以便熟悉演练实施过程的各个环节。第三，做好各项演练中安全检查，确认演练所需的工具、设备、设施、技术资料以及参演人员到位。第四，执行演练方案，做好应急演练各个环节，直至完成全部演练工作。第五，做好演练过程记录，安排专门人员采用文字、照片和音像等手段记录演练过程。第六，收集演练后需要用于评估的素材，在演练现场实施过程中展开演练评估工作，记录演练中发现的问题或不足，收集演练评估需要的各种信息和资料。第七，演练结束，演练总指挥宣布演练结束，参演人员按预定方案集中进行现场讲评或者有序疏散等。①

4. 评估总结，对应急演练进行评估并形成总结报告。评估分为两个环节：一是现场口头评估。演练结束后，评估人员或评估组负责人在现场对演练中发现的问题、不足及取得的成效进行口头点评。二是演练结束后的书面评估。针对演练中观察、记录以及收集的各种信息资料，依据评估标准对应急演练活动全过程进行科学分析和客观评价，并撰写书面评估报告。评估报告重点对演练活动的组织和实施、演练目标的实现、参演人员的表现以及演练中暴露的问题进行评估并进行全面总结形成演练书面总结报告。报告可对应急演练准备、策划等工作进行简要总结分析。参与单位也可对本单位的演练情况进行总结。②

5. 整理归档，将演练资料归档。应急演练活动结束后，演练组织单位应将应急演练工作方案、应急演练书面评估报告、应急演练总结报告等文字资料，以及记录演练实施过程的相关图片、视频、音频等资料归档保存。对主管部门要求备案的应急演练资料，演练组织单位应及时将相关资料报主管部门备案。③

6. 优化改进，反思总结应急演练各环节。对编制的预案进行修订完

---

① 《生产安全事故应急演练指南》。

② 同上。

③ 同上。

善。根据演练评估报告中对应急预案的改进建议，由应急预案编制部门按程序对预案进行修订完善，应急管理工作改进，根据应急演练评估报告、总结报告提出的问题和建议，对应急管理工作进行持续改进；演练组织单位应督促相关部门和人员，制订整改计划，明确整改目标，制定整改措施，落实整改资金，并跟踪督查整改情况等。①

第二节　构建多元主体协同治理的信息沟通与预警机制

多元主体协同治理的信息沟通与预警机制是治理学校各类安全问题的基本保障，更是治理中各主体持续协同合作的动力之源。一个良好的突发事件信息沟通与预警系统需要具备两个条件：一是信息来源充分；二是信息传递迅速。前者取决于信息节点的数量；后者取决于组织内部的层级结构。学校作为一个自上而下垂直控制的组织，在信息获取上具有优势，在信息传递上则处于劣势。只有通过多元主体协同治理，优化应急管理层次，将自上而下的垂直结构转变为扁平型的横向结构，才可以使突发事件信息完整、迅速地传递到学校决策层，成为危机预警的依据。②

一　多元主体协同治理的信息沟通机制

（一）构建多元主体协同治理的信息沟通机制的意义

高效率的信息沟通在多元主体协作中显得至关重要。"保密是具有腐蚀性的，它与民主的价值背道而驰，并且削弱了民主的进程。"③ 因此，有效的沟通渠道和平台是多元协作主体实现信息共享的重要途径。

多元主体协同治理的信息公开在学校安全治理应急管理中的重要意义已无须赘言。在学校安全危机的发酵阶段，信息公开具有重要的预警作用；在学校安全事件的发生阶段和善后阶段，信息公开具有重要的矫正视

---

① 《生产安全事故应急演练指南》。

② 中国行政管理学会课题组：《高校应急管理机制建设研究报告》，《中国行政管理》2006年第10期，第6页。

③ 朱立言、陈宏彩：《论危机管理中的行政信息公开》，《新视野》2003年第4期，第29页。

听作用和稳定社会功能。而信息公开机制的建立只有通过在法律上对危机应对主体课予严格的公开义务方能实现。对于学校安全治理而言，这一义务主体包括学校与行政机关。为了平衡保护未成年人隐私等特殊目标，学校安全治理中的信息公开与一般情况将有所不同。其公开的重点应界定在学校安全形势的统计与评估报告、学校突发事件的事态信息、突发事件预警信息、突发事件的处置信息等。①

（二）多元主体协同治理的信息沟通机制的构建

多元主体可以通过信息资源共享获得及时而准确的信息。而权威的信息发布渠道是增强社会公众辨别力的关键所在。为实现这一目标，法律应当规定学校必须建立决策层直接控制的外部危机信息收集系统（用于收集气象预报、交通信息、流行病疫情、食品安全信息等），学校安全防范技术系统（用于监测可能产生威胁的校内及周边危险活动），舆情信息收集系统（如面向学生或家长的校园 BBS）。② 其他学校安全治理多元主体也应建立各自相关领域涉及学校安全治理的相关信息收集系统。

多元主体协同治理的信息沟通机制是建立学校安全治理的重要工作。即学校安全危机和事件发生之后，处于事发周边的各相关信息源将不同程度地掌握现场信息。具体而言，政府部门、社区、学校、家庭等主体根据自身的优势和渠道将获知不同程度的信息。各相关的信息主体有效合作和协调的前提是做好信息发布与共享。在这个过程中，政府利用它的资源优势通过相应的监测部门获取信息情报，而与事发相关的细小的信息政府则可能难以掌握，此时，需要社区、学校等其他社会团体组织利用它们自身的优势将信息反馈集中，弥补政府搜集信息的不足。结合社区、学校、家庭等主体收集的细小信息，从而掌握可能会影响社会稳定的因素。一方面要向社区、学校、家庭等社会团体组织主体传达政府意图，另一方面要及时精准地将它们掌握的信息反馈给政府。信息的有效互通有助于缓解社会大众的恐慌心理，在一定程度上消除谣言。学校安全治理中对信息沟通平台的建设有助于促进治理主体间的协同合作，通过对各方信息及时有效的分析，为准确决策做好铺垫。

---

① 林鸿潮：《论学校安全立法及其制度框架》，《教育研究》2011 年第 8 期，第 18 页。
② 同上。

二 多元主体协同治理的预警机制

（一）构建多元主体协同治理的预警机制的意义

学校安全预警机制，是指相关责任主体预先发布学校安全危机警告的制度，通过及时提供学校安全危机警示的机构、制度、网络、举措等构成的学校安全预警系统，实现学校安全信息的超前反馈，为及时布置、防范学校安全风险奠定基础。

学校安全预警机制的建立对学校安全治理具有重要的意义：第一，它有利于学校安全治理相关责任主体及时采取措施预防危机事件的发生，有利于将可能发生的危机事件消灭在萌芽状态。第二，它有利于学校安全治理相关责任主体及时发现危机并迅速采取措施对危机事件作出快速反应。第三，它可以大大降低学校安全治理的成本，确保学校安全治理取得实效。

（二）多元主体协同治理的预警机制的构建

首先，学校要成立专门的安全危机预警组织机构，作为学校安全危机预测与监控的运行指挥中心。该机构能够会同各方专家，对学校各类安全危机信息进行预测和总结研究，制定有效的预控方案。也可以成立学校安全危机监控的虚拟组织，即区域学校安全危机预警联盟，重视区域内各学校的相互合作与安全评价，构建统一的安全交流平台。

同时，学校安全治理相关多元主体要强化学校安全危机预警的信息反馈体系，才能及时发现和解决出现学校安全相关各类问题，提高学校安全危机预警与管理水平。学校安全危机预警机制要想有效运作，必须建立师生、专家、政府、社会等多个层面相互畅通的信息反馈体系：一是师生信息反馈，构建畅通便捷的学校安全信息收集机制；二是专家信息反馈，学校安全治理专家对学校安全情况进行全面检查、监督、指导、调研和评估，向学校安全相关主体的决策层提供学校安全危机预警与管理的检查评估报告；三是管理信息反馈，由学校安全危机预警组织机构通过学校安全检查与巡查、监管与调研等活动，有效地掌握安全动态，实现对学校安全相关信息的收集和控制；四是政府信息反馈，政府安全危机管理相关机构通过其相关渠道收集有关学校安全的各种信息，形成学校安全危机预警与评估报告，对处于安全危机的学校予以警示，并作出应对处理。

第三节　构建多元主体协同治理的决策机制

多元主体协同治理的决策机制，是指多元主体根据对信息的有效分析，提出学校安全治理的相应预防对策方案，结合权力主体或社会可接受程度，采用集体或首长负责的形式作出科学决定。多元主体协同治理的决策机制通常包括三个部分：决策主体、决策程序与决策责任。

一　多元主体协同治理的决策主体

决策主体即学校安全治理的应急指挥机构，在美国称为学校危机应对小组（CRT），该指挥机构应当由校长、校园警察机构负责人、心理干预人员、校内其他安全管理部门负责人、学生自治团体负责人等组成，并邀请所在社区负责人、有合作关系的应急救援组织、非政府组织代表参加；该指挥机构并不是临时性的，其职责不仅包括在危机爆发时作出紧急决策，还包括在平常状态下对学校安全管理的领导与协调；出于节约人力资源的考虑，学校应急指挥机构应当具有弹性，可以根据突发事件的级别而缩小或扩大其规模。[①]

二　多元主体协同治理的决策程序

决策程序包括判断、传播、督促三个组成部分。其中，判断是指有权主体在自己的职责范围内，按照法定的职权和程序，根据分析系统提出的警情，立即作出明确判断，选择决定社区犯罪警报信息的级别、符号和发出警报信息的对象、方式和途径；传播是指在决定安全警报级别、符号和应对措施、传播途径等之后，要及时通过相应的途径和手段将决定传播到学校等相应的对象，特别是有关对象的责任人；督促是指为了保证决策的落实，切实使应对措施取得实效。相关组织或学校在收到警报信息后，要立即行动起来，通过多元主体协同治理的决策机制，及时启动安全警报预防机制等，千方百计地通过整改，预防学校安全事故的发生或将可能发生的安全事故控制在最小范围，将损失降到最低限度。学校安全治理决策程

---

① 林鸿潮：《论学校安全立法及其制度框架》，《教育研究》2011 年第 8 期，第 18 页。

序则应遵循"属地管理、逐级介入"的原则，由学校承担第一反应职责，在超出学校处置能力范围的情况下再逐级报请上级政府介入。①

三　多元主体协同治理的决策责任

学校安全治理的决策责任包括传播、组织责任人的责任，即应对方案实施所需要的物资、经费、技术人员、时间、地点等责任人的责任等。立法上既应规定对违法或重大过失决策的责任追究，也应包括对紧急情况下权变决策的责任豁免和减轻。②

从信息沟通机制到决策机制的运行流程上看，政府相关主管部门在决定启用安全警报机制时，通过信息沟通机制广泛搜集和储备安全信息，并进行筛选、分类、统计、制图、建立警报的科学指标；紧接着，有效分析引发安全问题发生的趋势，并对发现的安全问题进行环境（包括气候、时间）的历史比较，与相关科学指标作对比分析，研判发生危害学校安全事件的可能性及其严重程度，向决策的主管部门和负责人提出发出警报级别以及基本的应对措施建议。

完善多元主体协同治理的决策机制，坚持以人民生命财产安全为最高原则，秉持快速、有效应对学校安全危机，做到人员与资源调配及时，社会力量动员有序，信息发布及时。

第四节　构建多元主体协同治理的激励与监督制约机制

学校安全多元主体协同治理的激励机制，旨在使学校安全治理的参与主体获取其参与学校安全协同治理所付出的努力与所承担的风险相对应的物质利益或非物质利益，同时也使其承担相应的风险和约束。学校安全多元主体协同治理的监督制约机制，是保障学校安全治理各方主体协同参与学校安全治理的权力合法运行，以更好地实现学校安全协同治理目标的各种监督的手段和方法，以及通过有效的途径对相关学校安全协同治理权力

---

① 林鸿潮：《论学校安全立法及其制度框架》，《教育研究》2011年第8期，第18页。
② 同上。

使用者所形成的特定的限制和约束。

一　多元主体协同治理的激励机制

学校安全治理中多元主体协同治理的激励机制的建立，为政府以外的其他社会团体组织等参与学校安全治理提供外部动力。

多元主体协同治理的激励机制的构建，关键是做好以下几个方面。

一是完善多元主体协同治理的激励机制的法律保障。在学校安全治理中，必须通过法律法规对参与协同治理的各方协作主体明确激励约束机制，以及行动主体之间如何进行相互监督等规定，把多元协作协同治理纳入法律法规。对多元主体在学校安全治理协作中的行为进行制约、监督和作出奖励，并将其纳入法制化的轨道，可以有效防止其自利行为，对于以权谋私的不法行为增加惩罚性成本，并鼓励其积极主动参与学校安全协同治理并发挥作用，以保证学校安全治理效果的达致。

二是做好多元主体协同治理的激励机制的榜样宣传作用。借力媒体，充分宣传政府以外的其他组织在学校安全治理中发挥的重要作用，及时有效地在社会上树立典型发挥榜样作用，以此获得社会公众的支持与认可，以及让非政府组织充分认识和合理定位自身在学校安全治理中所发挥的作用，提高他们参与安全治理的积极性、主动性。

三是政府应当大力扶持非政府组织参与学校安全的多元主体协同治理。政府对非政府组织的扶持可以从非政府组织参与社会公共事务管理的程度、提供公共服务的水平、资源利用的效率等方面给予在学校安全协同治理中表现好的非政府组织一定的扶持与奖励。在学校安全协同治理过程中，让非政府组织感受到平等、自由，以及政府对它们的尊重与重视，在某种程度上也是一种激励，使其有更高的积极性参与学校安全治理事务。

二　多元主体协同治理的监督制约机制

学校安全治理中多元主体协同治理的监督制约机制的构建，包括外部监督制约机制的构建和内部监督制约机制的构建，以外部监督制约机制的构建为主。学校安全治理中多元主体协同治理的监督制约机制的建立，为政府以外的其他社会团体组织等参与学校安全治理提供行为规范和制约。

学校安全治理中非政府组织的外部监督制约机制的构建，可以从明确监督主体的权、利和责的具体内容出发,重视监督制约的过程,有效运用监督制约的途径与手段,严格按照监督制约的内容执行,落实监督制约责任的追究机制,对监督制约失职责任的追究是监督制约效果的有力保障。

　　学校安全治理中非政府组织的内部监督制约机制作为整体监督制约机制的辅助,其主要作用在于规范参与学校安全协同治理的非政府组织的内部管理活动。内部监督制约机制主要从非政府组织的财务管理制度建设、人事制度建设、薪酬与激励制度建设等方面入手,共同形成对非政府组织内部管理活动的规范与制约。

第 七 章

校园警务:社会安全视野下学校
安全治理的内保模式

学校安全治理的核心问题之一是校园暴力事件的治理。校园暴力事件包括校园外来暴力事件和校园内部暴力事件。校园外来暴力,是指非学校人员侵入学校及其合理辐射地域,故意针对师生人身以及学校和师生财产所实施的暴力行为和破坏行为,特别是侵害师生生命、健康、身体的行为。校园内部暴力,是指学校内部人员故意针对师生人身以及学校和师生财产所实施的暴力行为和破坏行为。① 随着学校校园呈现更多的开放性与多元化,校园安全形势更加复杂化与多样化,校园暴力事件日益严重地威胁着师生的人身安全。在美国,十余年来,群死群伤的枪击案平均以每周一次的频率发生。② 在其他欧美国家,校园安全形势也一样非常严峻。欧美各国和我国台湾地区、香港地区等在社会安全视野下对学校安全治理的校园内部安全保障模式作了全面深入的理论研究和实践探索,其中最重要的成果就是校园警务制度。在我国大陆地区,十多年来,校园安全问题也不断凸显,校园犯罪活动日益猖獗。③ 为保障校园安全,校园警务理念逐渐获得认同,部分学校已引入"派出所警务室模式""学校社区警务模式"等。构建完善的学校校园警务制度,既可以提高校园安全治理水平,

---

① 方益权、张浩、易招娣:《我国校园外来暴力及其防治策略研究》,《高等教育研究》2012 年第 11 期,第 20 页。

② 石中玉:《美国又发校园枪击案 13 人亡,奥巴马也很无奈》,http://world.huanqiu.com/hot/2015 - 10/7687297.html。

③ 卢斌、贾鲁晶:《高校安全保卫的执法诉求》,《中国教育报》2011 年 12 月 19 日,第 4 页。

有利于遏制校园暴力事件的发生；又可以为师生营造平安和谐的学习生活环境，有利于人才培养；还能创造良好的社区环境，有利于促进"学校—社区"融合发展。

第一节　我国学校校园警务制度的建设现状

我国学校校园警务制度建设，包括高校校园警务制度建设和普通学校①校园警务制度建设两种完全不同的情况。当前，我国高校校园警务制度已经历了较长时间的探索，虽然还显得很不成熟，却还是形成了多种模式，积累了很多有益的经验；而普通学校的校园警务制度仍处于初创阶段。总体上看，我国的校园警务制度建设还远远不能满足遏制校园暴力事件、营造平安和谐校园环境、促进"学校—社区"融合发展的需要。

一　我国高校校园警务制度的建设现状

我国高校校园警务制度的探索最早可以追溯到新中国成立之初。其间几经曲折，在高校校园安全保障方面发挥了重要作用。但是，由于各方面的因素影响，我国高校校园警务制度还存在以下几个方面的问题。

（一）高校校园警务法律制度不健全

当前，我国尚未构建起较为健全的高校校园警务法律制度。但是，高校在校园警务制度方面的探索和实践，可以为我国普通中小学校校园警务制度的构建提供非常有益的借鉴。我国历程主要包括三个阶段。

第一阶段是有限警察权时期（1949—1991 年）。② 高校保卫制度是新中国高校公共安全治理的有机组成部分，各高校建有自己的内保组织即保卫处（科），维护校园秩序。1950 年 3 月 24 日政务院颁行的《关于在国家财政经济部门中建立保卫工作的决定》明确指出："……各该部门的保卫工作机关，同时亦为中央人民政府公安部经济保卫局及各级公安部门派

---

① 本书所指"普通学校"，包括非高等学校的其他所有学校，也包括幼儿园在内。
② 倪洪涛：《校园警察主导大学安全治理论》，《江苏警官学院学报》2012 年第 6 期，第 110 页。

出的代表机关，执行国家公安机关的权力。"① 1980年公安部召开全国经济文化保卫工作会议的《会议纪要》不但对此作了重申，还对高校保卫工作机关的警察权限作出了具体规定，即除重大反革命犯罪案件外，单位保卫组织享有包括处理刑事案件和治安案件在内的几乎所有执法权力。1985年公安部制定的《机关团体、企业、事业单位保卫组织工作细则（试行）》和1986年原国家教委、公安部联合下发的《关于进一步加强高等院校安全保卫工作的通知》对高校保卫处（科）的机构属性进行了重新定位，即由原来"公安部门派出的代表机关"改称为"公安机关的基层组织"。这一机构化转型为未来高校公安派出所的设立奠定了法规基础。② 1988年4月经国务院批转下发的《关于在部分高等学校设立公安派出所实施办法的通知》指出，高校可以有重点的设立公安派出所，并明确派出所负责查处治安案件和一般刑事案件，协助公安机关侦破重大刑事案件，行使《治安管理处罚条例》规定的治安管理权限。至此，在"一套班子、两块牌子，合署办公、双重领导"的体制下，我国高校保卫组织最终实现了警察化改造。③

　　第二阶段是警察权逐步剥离时期（1992—2001年）。根据1992年出台的《关于进一步做好实行警衔制准备工作的通知》和1995年颁布实施的《人民警察法》，高校公安派出机构的在编工作人员被排除在了警察序列之外。1994年4月，国务院批转了公安部《关于企业事业单位公安机构体制改革意见的通知》，规定对企业事业单位设立的公安机构原则上应予以撤销，其内部的治安保卫工作按照国家有关规定由本单位负责，可以恢复保卫处（科）或设立其他形式的内部治安保卫组织承担。但"考虑到重点大学的特殊情况，对其已设立的公安派出机构，先维护现状，暂予保留"。1996年《行政处罚法》规定，公民、法人或者其他组织违反行政管理秩序的行为应当给予行政处罚的，由行政机关依照法定程序实施。作

---

　　① 宋慧宇：《公立高等学校公安机构体制研究》，硕士学位论文，吉林大学，2005年4月13日，第4页。

　　② 倪洪涛：《校园警察主导大学安全治理论》，《江苏警官学院学报》2012年第6期，第110页。

　　③ 毛发虎：《改革开放三十年中国高校保卫组织的发展变迁》，《首都师范大学学报》2009年第2期，第22—24页。

为事业单位的高校，其保卫组织不再具有行使作为行政处罚权之一的治安处罚权的法律基础。1997 年原国家教委、公安部联合下发《高等学校内部保卫工作规定（试行）》，该规定将高校保卫组织的职权定性为校园秩序维护权，取消了其对刑事和治安案件的执法权。[①] 1998 年 5 月公安部发布修正后的《公安机关办理刑事案件程序规定》，将原规定中内保组织查破本单位发生的刑事案件的有关权力予以删除。

第三阶段是校园警务制度重构时期（2002 年— ）。2002 年 12 月，《教育部、公安部关于加强高校安全保卫工作的通知》基本上确立了在重点高校派驻公安机构的制度。但由于多方面的原因，我国高校派驻公安机构的要求实际上并没有得到实现。[②] 2004 年 9 月，我国第一部内部保安法规《企业事业单位内部治安保卫条例》虽然取消了内保组织的所有警察职权，但考虑到高校及其治理的特殊性，该条例规定"高等学校治安保卫工作的具体规定由国务院另行制定"。然而，由于国务院并未"另行制定"有关高校保卫工作及其组织形式、职权配置的规定，高校的保卫组织和公安机构原则上既失去了原有的性质和职能、失去了执法权，又没有在法律法规层面获得新的性质和职能定位，定位和处境显得尤为尴尬。[③] 高校原有的公安派出所尽管"维持和保留"下来，但其没有执法权的现状难以适应高校内部以及周边日益严峻的治安形势，高校公共安全治理也因此出现了法治真空。[④] 在这样的历史背景下，学界开始了关于校园警务制度重构的新思考。

（二）高校校园安保力量总体不足

安保队伍对保障高校校园安全稳定起到重要作用。我国高校安保队伍主要由保卫处（科）干部、保安和校卫队等三部分组成。[⑤]

第一部分是保卫处（科）干部。根据 1988 年 4 月《关于在部分高等

---

① 倪洪涛：《校园警察主导大学安全治理论》，《江苏警官学院学报》2012 年第 6 期，第 111 页。

② 宋远升、陈熙：《解构与比较：校园警察制度及安全立法探究》，《青少年犯罪问题》2007 年第 1 期，第 41 页。

③ 卢斌、贾鲁晶：《高校安全保卫的执法诉求》，《中国教育报》2011 年 12 月 19 日。

④ 倪洪涛：《校园警察主导大学安全治理论》，《江苏警官学院学报》2012 年第 6 期，第 111 页。

⑤ 余宏明：《美国高校安全管理及启示》，《中国安全科学学报》2004 年第 8 期，第 48 页。

学校设立公安派出所实施办法的通知》的规定，"高等学校公安派出所是公安机关的派驻机构，又是该学校的职能部门，与学校保卫处（科）合署办公，其人员属于事业编制，列入学校编制序列"。因此，保卫处（科）干部属于高校行政管理队伍的组成部分，其工作人员具有高校事业编制，与高校其他岗位的行政管理人员同工同酬，但其主要由转业退伍军人和高校毕业生两部分组成，其中转业退伍军人占绝大多数，大部分只有高中学历。随着对高校事业人员编制管理的制度化，一些高校将更多的编制额度留给了引进和扩充专任教师队伍，也有一些高校是将不适合其他行政管理岗位的一些工作人员"分流"到实际上被忽视甚至边缘化的保卫处（科）。因此，保卫处（科）干部队伍总体呈现大龄化倾向和萎缩状态。

第二部分是保安。保安主要由保安公司提供。根据 2009 年 9 月国务院通过的《保安服务管理条例》规定，"年满 18 周岁，身体健康，品行良好，具有初中以上学历的中国公民可以申领保安员证，从事保安服务工作"。从相关调查研究结论看，现实中的保安队伍结构让人忧虑：一是无技术专长或年龄偏大的下岗工人；二是农村进城务工青年；三是城乡待业青年。"在他们中间，大专以上文化程度的不足 1%，高中文化程度的不到 10%，其余的是初中及以下的人群，他们中大都未经过保安专业的职业培训，只在上岗前进行短期岗前培训"。①

第三部分是校卫队。校卫队主要由"临时工"担任，他们大部分只具有初中学历，高中学历极少，另外还有一些是高校后勤社会改革后其他部门无法安置的工作人员转入保卫部门从事保安以及校卫队工作。②

可见，由于高校保安和校卫队没有事业单位人员编制、薪金待遇低等原因，普遍存在学历低，没有经过严格的职业培训，没有明确的从业资格要求，人员流动性大，综合素质较差，对校园安全不能起到强有力的保障

---

① 陈箭：《浅谈怎样提高保安队伍整体素质》，http://www.doc88.com/p－4751603273758.html。

② 刘海中：《警校联动促建校园安全管理长效机制》，《政法学刊》2010 年第 3 期，第104 页。

作用等现状[①]，主要体现在：第一，以临时聘用为主的保安和校卫队人员的文化素质和业务素质较低，缺乏法律、校园管理、危机防控等方面的知识，无法主动制定校园安保的防控制度，无法宏观掌控和具体处置校园突发事件。第二，保安和校卫队人员大多并未受过专门的安保训练和针对高校公共安全治理的特殊选拔，总体上身体素质一般，缺乏强健的体魄，应变能力差，未能对违法犯罪分子构成震慑和威胁，无法有效制止校园安全事件的发生、蔓延。第三，各高校现有的保安和校卫队人员数量总体偏少，力量单薄，在突发事件中很难与歹徒抗衡，不能给校园安全以实质性保护。2003 年 10 月 5 日，广州某校竟然发生一起不明身份的六七名黑衣人冲进校园袭击和打伤正在值勤的校卫队队员的恶性暴力行为，校卫队队员完全没有抗拒能力，[②] 暴露了高校安保力量的严重不足的问题。

（三）高校校园警务模式多元但功能单一

虽然我国校园警务法律制度还未最终确立，但诸多地区为了保障本区高校安全，对校园警务制度进行了探索，胡斌、倪洪涛、谷永芹分别从高校公安机构体制改革的角度、大学安全的典型治理角度及高校警务的角度探析了公安机关与大学治安的关系，从中可知当前高校警务模式呈现多元化，但缺乏统一规划并存在功能单一的问题。

第一种是"派出所警务模式"，也称"合署模式"，以重庆、武汉、上海、云南最为典型。如 2001 年 4 月重庆市公安局文保分局设立派驻高校的派出所——松林坡派出所，管辖重庆大学四个校区。"武汉市公安局将文化保卫处改为文化保卫分局，实行属地管理的现行公安管理体制。在高校较集中的地区组建公安派出所，同时管理一所或几所高校"。[③] 该模式是一支具有实战经验的公安民警入驻治理高校，维护校园稳定，有效改善和解决了高校保卫人员缺乏执法权的尴尬状况，使学校公安机构与保卫机构的负责人合为一体，形成"一套班子，两块牌子"的治理模式。该

---

① 刘海中：《警校联动促建校园安全管理长效机制》，《政法学刊》2010 年第 3 期，第 104 页。

② 郑孟望、汤玉明、张宏：《校园警务——大学生安全问题对策研究》，《企业家天地（理论版）》2008 年第 3 期，第 112 页。

③ 胡斌：《高校保卫组织公安体制改革之我见》，《武汉船舶职业技术学院学报》2007 年第 6 期，第 38 页。

模式中，高校派出所（保卫处）受上级公安机关与学校党委双重领导，以协助当地公安机关或派出所为主，警务人员在处置高校安全事件时受双重上级牵制，很难快速高效地作出决策。"由于目前高校管理与公安机构改革没有形成统一的认识，因而这种模式很难得到推广。"①

第二种是"高校社区警务模式"，也称"进驻模式"或"高校驻派警务人员模式"，以江西、海南、广东最为典型。如 2006 年 12 月，广东省公安厅与教育厅联合开创了极为典型的高校社区警务管理模式，以"一校（校区）一室为原则，把每所学校（校区）作为一个独立的社区来管理，由高校属地派出所建立，设在与高校保卫部门相邻、便于师生群众办事的公共场所"。② 警务人员由当地派出所派驻到高校负责高校安保工作，一位民警管理一所高校或一个辖区。浙江温州地区亦设有校园警察，但驻校民警仅每周召开一次例会，介绍最近学校及社区周边的治安情况以及需要注意的问题，其余时间并不在高校值班，民警主要是负责指导高校保卫人员如何更好地保障校园安全。该模式下，校园警务与社区警务分别设立，由公安机关与高校党委分别领导，是以高校保卫人员为主、以专职民警为辅的治安管理模式，校园安全由校园内部保安独立完成，社区警务一般不参与高校安保事务，只有发生刑事案件时才可上报当地公安机关，由公安派出所出动警务人员来高校作出处置；校园警务的合作对象限于高校内部的"保卫队"，尚未与高校内部的其他部门建立紧密的合作关系，不能有效调动高校内部的其他相关安保力量，同时也缺乏与社区警务之间的紧密合作；校园安保队伍的现状决定"在高校警务战略中，校园安全保卫队伍是校园治安辅助力量的主体"③，但在此模式下，校内安保力量依然是校园治安的核心力量，这使高校安全治理存在较大漏洞。

第三种是"高教园区警务模式"，也称"辐射模式"或"双轨制"。"2007 年 11 月 2 日，浙江省教育厅、萧山区公安分局园在萧山高教园区首次采用'高教园区警务室'的模式，由园区 4 所高校以共建共管的方

---

① 谷永芹、廖星：《高校警务室与保卫工作机制研究》，《甘肃科技纵横》2008 年第 6 期，第 123 页。

② 戎明昌、肖定东、黄楚明、马菁璟：《广东首创"高校社区警务模式"高校建立起警务室》，http：//www. gd. xinhuanet. com/newscenter/2007 – 05/22/content_ 10085857. htm。

③ 李伟清：《高校保卫资源与校园警务》，《公安教育》2003 年第 6 期，第 53 页。

式设置警务室,配备治安联防工作人员和巡逻车,对园区及周边进行 24 小时巡逻,以维护园区安全,构建和谐高教园区。"① 该模式是将园区的"警务室"与"护卫队"相结合,以校园护卫队为主,同时增加民警和辅警,在公安机关的指导下共同打击校园周边违法犯罪活动。该模式下,高校警务室少,在突发事件较多的情况下会出现警务人员不足、安保压力大、效果差等问题;且警务室的设立主要以园区为主,高校内部并未建立警务室,高校内部安保由校内护卫队负责,难以实现园区安保与校园安保的"无缝对接",可能出现高校安保上的"不管地带"和推诿扯皮。

可见,当前我国高校校园警务模式虽然多样,但大多功能单一,重在被动、消极地处置校园安保事件,并未真正发挥其主动、积极的风险评估、事件预防、应急预防、应急处置和善后应对等功能,其原因主要在于校园警务与社区警务之间缺乏良好的合作联动机制。我们知道,校园警务是为了维护高校内部及周边安全,在高校内部设立驻派式警察以维护高校公共安全。社区警务是社区居民在警察的带领下研究社区问题、开采社区资源、改造社区环境、强化自卫互助,以维持社区公共安全。社区警务强调依靠社区的各个基层组织,依靠社区原有的保安力量、志愿者队伍等共筑社区治安。"社区警务理念的核心是依靠社会公众的力量共同抑制犯罪。"② 社区警务是立足于社区,以预防犯罪为主,服务于社区居民的一种警务模式,高校地属社区,校园警务是社区警务的延伸,校园警务与社区警务构建良好的合作联动机制有利于高校和社区的安全保障。然而,如前所述,当前高校警务模式并未很好地融入社区警务制度,尚未形成社区警务与高校警务的合作联动机制,未能打造"高校—社区"安全网络。

二　我国普通学校校园警务制度的建设现状

自在 2010 年 3 月以来,数月内密集发生的南平血案、合浦血案、雷州血案、泰兴血案、潍坊血案等诸多校园暴力事件,都暴露了我国普通学

---

① 钱兴成、冯瑞元:《萧山高教园区警务室正式启动》,http://edu.zjol.com.cn/05edu/system/2007/11/02/008939751.shtml。

② 郝树海:《我国社区警务现状及对策探究》,《黑龙江省政法管理干部学院学报》2014 年第 6 期,第 30 页。

校的校园安保力量的严重不足的问题，已经影响到学校正常教育教学秩序的维护、学校师生基本人身财产安全的保障，已经成为我国社会安全治理中的一个最薄弱地带，应当引起社会各界的极度重视并予以快速解决。但是，至今，我国普通学校的校园安保力量并未得到明显加强，普通学校的校园安保形势并未得到明显改善。这与我国在普通学校的校园警务制度在理论研究和实践探索方面的空白是有强因果关系的。

（一）国家层面：普通学校校园警务法律制度并无构建

2005 年 6 月 16 日，为维护学校和幼儿园及周边良好的治安秩序，保障师生人身、财产安全，根据公安机关的职责，公安部向社会公布了"八条措施"：一、对发生在校园及周边，侵害师生人身、财产权利的刑事和治安案件，实行专案专人责任制。二、在校园周边治安复杂地区设立治安岗亭，有针对性地开展治安巡逻，强化治安管理。三、根据需要向学校、幼儿园派驻保安员，负责维护校园安全。四、选派民警担任中小学和幼儿园的法制副校长或法制辅导员，负责治安防范、交通和消防安全宣传教育工作，每月至少到校园工作两次。五、在地处交通复杂路段的小学、幼儿园上学、放学时，派民警或协管员维护校园门口道路的交通秩序。六、在学校、幼儿园周边道路设置完善的警告、限速、慢行、让行等交通标志及交通安全设施，在学校门前的道路上施画人行横道线，有条件的设置人行横道信号灯。七、在城市学校、幼儿园周边有条件的道路设置上学、放学时段的临时停车泊位，方便接送学生车辆停放。八、对寄宿制的学校、幼儿园，每半年至少组织一次消防监督检查，对其他学校、幼儿园，每年至少组织一次消防监督检查，并督促、指导其依法履行消防安全职责。在该"八条措施"① 中规定，根据需要向普通学校派驻的是"保安员"，选派民警担任的是"中小学和幼儿园的法制副校长或法制辅导员"，并不具有一般意义上的在普通学校建立校园警务制度的思想。

同时，教育部也公布了关于维护校园及周边治安秩序的"六条措施"：一、积极配合当地公安机关认真落实《公安机关维护校园及周边治安秩序八条措施》，建立协同工作机制，制定工作方案，切实保障师生人

---

① 《信息快递：公安部出台八条措施维护校园治安秩序》，《教育科学论坛》2005 年第 11 期。

身、财产安全。二、迅速组织力量对学校周边地质和校舍情况进行排查,凡发现地质隐患的要迅速报当地政府妥善处置,对排查出的具有安全隐患的教室要停止使用,必要时可以临时停课。三、每逢开学、放假前要有针对性地对学生集中开展安全教育,强化学生安全意识,特别是要以多种形式加强学生应对洪水、泥石流、火灾、地震等突发事件的应急训练,提高学生自救自护能力。四、学校每学期要对校车的安全保障、驾驶员资格等情况进行一次全面检查,严禁租用个人车辆接送学生,凡是用于接送学生的校车必须经交管部门审核合格。五、寄宿制学校要配备教师或管理人员专门负责管理学生宿舍,落实夜间值班、巡查制度,坚持对寄宿学生实行晚点名和定时查铺制度。六、杜绝将学校校园场地出租用于停放社会车辆,从事易燃、易爆、有毒、有害等危险品生产、经营活动,以及其他可能危及学生安全的活动。该"六条措施"中也没有关于校园警务制度的相关规定。

教育部、公安部、司法部、建设部、交通部、文化部、卫生部、国家工商行政管理总局、国家质量监督检验检疫总局、新闻出版总署 2006 年 6 月 30 日发布的《中小学幼儿园安全管理办法》(教育部令第 23 号),指明学校安全管理工作主要包括:(一)构建学校安全工作保障体系,全面落实安全工作责任制和事故责任追究制,保障学校安全工作规范、有序进行;(二)健全学校安全预警机制,制定突发事件应急预案,完善事故预防措施,及时排除安全隐患,不断提高学校安全工作管理水平;(三)建立校园周边整治协调工作机制,维护校园及周边环境安全;(四)加强安全宣传教育培训,提高师生安全意识和防护能力;(五)事故发生后启动应急预案、对伤亡人员实施救治和责任追究等。该办法在其第六章《校园周边安全管理》中,也明确了"教育、公安、司法行政、建设、交通、文化、卫生、工商、质检、新闻出版等部门应当建立联席会议制度,定期研究部署学校安全管理工作,依法维护学校周边秩序;通过多种途径和方式,听取学校和社会各界关于学校安全管理工作的意见和建议"。但是,在公安机关对于学校暴力事件的防治方面,只规定:"公安机关应当把学校周边地区作为重点治安巡逻区域,在治安情况复杂的学校周边地区增设治安岗亭和报警点,及时发现和消除各类安全隐患,处置扰乱学校秩序和侵害学生人身、财产安全的违法犯罪行为。"该办法作为中小学、幼儿园等普通学校在安全管理方面最重要的法规之一，并未对普通学校的校园警务制度建设的任何方面作出具体的规定。

2010 年 5 月 12 日，在诸多校园暴力事件频发的情况下，公安部、教育部联合召开加强学校、幼儿园安全保卫工作紧急视频会议。时任国务委员、公安部部长孟建柱出席会议并在会议上强调指出：要把中央的精神在学校和幼儿园中将安全隐患排查、整改措施、安全责任、治安防控措施等切实地落地。各级各类学校从自身现有制度和做法出发，自查薄弱环节，跟进措施的落实，预防各类校园安全的恶性案件的发生。并进一步从校园的硬件设施，装置装备、安全保卫人员配置等方面做好学校自身的安全设施的完善和安全教育培训和宣传工作。要求公安、教育相关部门等其他外部行政部门予以更加密切的配合。对各级各类学校安全秩序长期不稳定，频繁发生刑事治安案件必须予以严格追究责任。此后，公安机关、教育部门等在学校、幼儿园的安全管理方面做了大力加强，遗憾的是至今为止，在普通学校的校园警务制度建设方面仍没有迈出实质性的步伐。

（二）地方层面：普通学校校园警务制度建设有所探索

1. 很多省市通过地方立法着力强化校园安全保障，但在普通学校校园警务制度建设方面却鲜有建树

相较于在国家层面上普通学校的校园警务制度建设的几近空白，一些省市在普通学校校园安全保卫方面虽然做了大量的地方立法工作，试图全面深入地推进普通学校的校园安全保卫工作，但是，在量广面大的普通学校校园警务制度建设方面却大多未能作出积极的探索。比如：

2006 年 5 月 26 日通过的《辽宁省学校安全条例》第二十五条规定：公安机关应当与学校建立治安管理联系制度。在校园周边治安复杂地区设立治安岗亭，加强对学校及其周边的巡逻。及时制止、处理侵害学生和教职工人身财物安全的违法行为。

2010 年 11 月 16 日发布的《河北省学校安全管理规定》第十条规定：公安机关及有关部门应当在学校门前完善交通信号灯、交通标志、标线、减速带、交通隔离护栏等交通安全设施，在特殊教育学校门前有过街人行横道的，应当设置有音响提示装置的过街信号灯。对交通复杂的中小学校门前道路，公安机关交通管理部门应当在学校上下学时间适当部署警力或

者交通协管员,维护学校周边交通秩序。公安机关应当指导学校做好内部安全保卫工作,加强学校周边治安巡逻。公安机关应当与学校建立治安管理联系制度,协助学校处理有关治安事件。在治安情况复杂区域的学校,依托门卫室设置学校警务室或者治安岗亭。

2010 年 12 月 17 日通过的《黑龙江省学校安全条例》第三十三条规定:学校应当建立校内安全工作领导机构,配备安全保卫人员。普通高等学校可以配备专用车辆,用于校园安全巡逻。第三十四条规定:学校安全保卫人员和保安员应当着装整齐,配备统一标识,并按照公安机关规定配备必要的防护器械。学校安全保卫人员和保安员有权拒绝与教育教学活动无关的人员进入学校区域;有权要求可能或者已经危害学校安全、影响学校秩序的人员离开学校区域;对难以制止的违法行为和发生的治安案件、涉嫌刑事犯罪案件应当立即报警,并采取措施保护现场,配合公安机关的案件办理工作;对严重危害学校安全的行为,在公安人员未到达现场前,可以采取相应措施予以制止。[①]

2012 年 5 月 31 日颁布的《福建省学校安全管理条例》第二十二条规定:县级以上地方人民政府应当将学校确定为治安保卫重点单位,按规定在学校配置安全防范设施,并同所在地公安机关联网。公安机关应当指导、监督学校做好校园保卫工作,加强对学校周边的治安巡逻,在治安情况复杂的学校周边设置警务室或者治安岗亭,及时制止和查处危害学生安全的违法犯罪活动。学校应当按照有关规定,设立安全保卫机构,配备专(兼)职安全保卫人员,并聘请相应的专业保安员具体实施校门出入守卫、校园巡查等校园治安保卫工作。规模较小的学校未设置安全保卫机构的,应当明确专人负责。

这些地方性法规、规章都聚焦校园安全主题,体现了各地对校园安全的高度重视,是非常值得赞许的。但是,或许是由于缺乏上位法的强制性规定或支持,以及普通学校量大面广,校园警务制度构建在经费、人员等方面都难度极大;也或许是由于对校园警务制度在维护校园安全方面的价值缺乏深刻认识等原因的影响,在其地方性法规、规章上对构建校园警务制度都未做出制度性探索。

---

① 谢秉宸:《浅谈高校安全保卫工作立法》,《中国市场》2011 年第 35 期,第 166 页。

2. 部分省市在普通学校校园警务制度建设方面做了积极探索并取得了较好的防治效果

从 2010 年 4 月开始，重庆探索建立以"校园民警"为主体的校园安全保卫体系。2010 年 5 月 2 日，重庆市提出构建以"校园民警"为主体的校园安全保卫体系的思路。5 月 3 日，作为先行试点，校园安全保卫支队在重庆市沙坪坝区公安分局挂牌成立。5 月 4 日，重庆市教委下发《〈关于加强中小学幼儿园及周边安全工作九条措施〉的通知》，要求全市各中小学校、幼儿园应配备视频监控系统和侵入报警系统，并与公安部门联网运行，形成警校联动体系。《通知》强调，全市各中小学校、幼儿园要配合当地公安等部门配备校警，聘请专业保安人员维护学校安全，并组建校长、园长牵头负责的巡查和护校队伍，与校警和保安人员配合，加强对校园的巡逻和巡查，加强校园及周边安全管理；严格门卫安全检查，对进入校园的人员严格查验和登记，防止可能肇事肇祸的人员进入校园；对校园及周边的隐患和矛盾纠纷加强排查，及时整改和化解，消除隐患和不安定因素。同日，一支由 120 名校警和 200 名保安组成的校园安全保卫队伍，进驻辖区 100 所中小学开展工作。5 月 5 日，重庆市政府召开常务会议，研究并原则上通过了关于建立校园新型警务体制的报告。5 月 8 日，重庆市委召开第 101 次常委会议，作出"建立中小学幼儿园新型警务体制和勤务机制的决定"。至此，重庆校警正式登场，开创了我国普通学校校园警务制度的制度化探索和实践运作。到 2012 年 1 月，重庆市共投入校园安保力量 8.82 万人，其中 5566 名校园民警奋战在维护校园安全第一线，从而构建起"五位一体"校园安全保卫体系。

广西都安瑶族自治县从 2014 年 9 月开始，经过 3 个多月的建设改造，都安将全县的 30 多所中心中小学校的门卫室全部升级为警务室，在全县中小学校全面实施"一校一警"新型警务模式。"校园警务室"室外贴着学校法制副校长（驻校民警）、安保人员的照片、联系方式，室内贴着《校园警务室工作职责》《公安机关维护校园及周边治安秩序八条措施》等制度。警务室配有胶棒、钢盔、强光手电筒、抓捕钢叉等装备。为警务室投入 300 万元统一安装视频监控系统，将学校监控纳入"天网"工程，与 110 报警系统联网，实现了城乡学校监控设施全覆盖。此外，为每所学校配足配强保卫力量，配备率 100%。一系列创新做法为全县师生撑起了一片宁静、祥和的天空。

第二节 境外学校校园警务制度建设的有益经验

在校园警务制度建设方面，美国、英国、瑞典、法国等国家走在前列。这些国家的校园警务制度虽然有所差异，但都在校园安全治理尤其是校园暴力防范方面发挥了重要作用，成为其他国家和地区学校安全治理的重要借鉴。

一 美国学校校园警务制度及其特点

美国是较早实践探索校园警务制度的国家。"美国校园警察的雏形源于耶鲁大学 1894 年从康涅狄格州纽黑文警署聘请的用来巡逻的两名警察。"[①] 在漫长的以高校为主的自我探索期，校园警察逐渐正规化，不仅是学校的看护者，也是法律执行者，拥有武器、徽章、手铐，承载着权威的标志，为保护高校安全提供了巨大的帮助，也逐渐受到联邦政府的重视，并在 1990 年以法律的形式确立下来。"1990 年，美国议会颁布《校园安全法》，以联邦法的形式确立校园警察机构的法律地位。"[②] "1994 年的《校园禁枪法》及 1994 年的《校园、社会禁毒及安全法》使校园警务制度进一步实现法制化。"[③] "1994 年，马萨诸塞州等一些州的州议会也对校园安全进行了专门补充立法，对校园警察的任职、条件、权力及对校园保卫的要求都有详细的规定，使校园警察制度逐步完善。"[④]

在"9·11"事件后，美国校园警务由法制化逐渐转变为法治化，在保障措施、任职资格、法治化管理、人性化服务、管理体制及工作职能等方面都有细致的规范。在保障措施方面，美国设立犯罪报警体系、监控体

---

① 倪洪涛、韩玉亭：《后 9·11 时期的美国大学校园警察制度探析》，《山东警察学院学报》2013 年第 2 期，第 117 页。

② 黎慈：《美国校园警务管理机制及其启示》，《上海公安高等专科学校学报》2010 年第 6 期，第 85 页。

③ 倪洪涛、韩玉亭：《后 9·11 时期的美国大学校园警察制度探析》，《山东警察学院学报》2013 年第 2 期，第 123 页。

④ 黎慈：《美国在校园安全管理中的警务运用及其启示》，《辽宁警专学报》2010 年第 4 期，第 51 页。

系等高科技防范手段、完善的技术设施以保障校园警察执行的便捷，设立专职经费保障警务支出，赋予校园警务人员高薪待遇。校园警察任职资格严格，要求具有较高的学历水平（至少大学本科以上）；任命程序非常严格，需经过考试、培训、校方申请、市警局批准、业务考核等。在法治化管理方面，"美国校园警察的职权是由法律赋予的，他们与州、市警察具有同等的法律地位，只是执法的范围不同。有关校园警察的法律一般写进教育法典和刑法典"；"校园警察与地方警察互不隶属，双方信息共享，是协作关系，'大家都向法律负责'"，① 双方在业务上是依法相互协作的关系；校园警察的执法权因校不同，"只要是在校园内发生的案件，公立学校警察都可以独立侦查，直接向当地法院起诉"。② 但"私立学校校园警察的执法权要经过地方警察机关考核后进行宣誓授权"。③ 校园警察的执法权也因人不同，"一类是高级警察，它享有同地方警察机构相同的权力，有权进行拘留和逮捕；二类是校园保卫组织；三类是学校同地方保安公司雇佣的私人警察"，④ 这三类校园警察中只有高级警察拥有执法权，其他两类并不具有警察执法权。在人性化服务方面，美国校园警察一直提倡"以人为本"的治理理念，强调为师生服务，如"校园警察义务为师生提供'护送'服务，夜晚只要有人提出护送要求，警察部门就立即派人出车，将其送到指定地点，直到其安全进入室内才离开；学生忘记带钥匙，只需要向校园警察打个电话，警察就来帮助开门；学生在酒后不能违法开车时也可以向校园警察求助，由校园警察将车开到安全地点停放；校园警察的巡逻车内都备有急救包和药品，警察均有一般的救护知识，随时准备救治伤者"，⑤ 人性化的服务拉近了师生与校警之间的距离，有利于合作安保。在管理体制方面，"美国校园警察机构都是学校的一个职能部门，由校长或副校长直接领导，学校的校务委员会有权讨论校园警察的工

---

① 黎慈：《美国在校园安全管理中的警务运用及其启示》，《辽宁警专学报》2010 年第 4 期，第 51 页。

② 同上。

③ 吴心正：《美国高校的安全管理比较研究》，《武汉水利电力大学学报》2000 年第 3 期，第 77 页。

④ 宋远升、陈熙：《解构与比较：校园警察制度及安全立法探究》，《青少年犯罪问题》2007 年第 1 期，第 42 页。

⑤ 余宏明：《美国高校安全管理及启示》，《中国安全科学学报》2004 年第 8 期，第 49 页。

作，并制定本校校园警察的规章制度（除州法律规定的以外）。校园警察机构建立，由校长和校董事会依法决定，人员聘任、升迁、淘汰由校长决定，经费开支也由学校负担"。[①] 在工作职责方面，一是服务职能（安全管理职能），主要负责维护校园治安秩序、保护校内师生的人身财产安全、专业操作技术规范及培训部署、校内后勤保障服务及技术服务等；二是执法职能，主要包含校园防盗、预防犯罪，同时对高校内发生的校园犯罪进行侦查、打击，制止和控制校园犯罪的发生，防止与避免恐怖活动的发生。

二　英国学校校园警务制度及其特点

英国学校校园警务模式多样化，主要有三种：一是驻校警务模式，以英格兰大伦敦地区为主。1829 年，校园警察已开始作为当地警局的一个分支机构管理高校安全事务，学校对其并未有解聘和续聘的权力，高校自治权受到一定干预；[②] 驻校警务人员具有执行法律、巡逻学校、提供咨询建议及对师生进行安全教育等职权。二是令状授权校警模式（或称校园警务大队），以牛津大学和剑桥大学为特例。两校校长有权设立和任命校园警察，高校具有高度自治权。但随着高校周边安全环境日益恶化，学校加大警务管理力度影响了大学周边居民的合法权益，因而受到群众抵制。其中，牛津大学警务大队于 2003 年由校理事会解散，但原有的警务人员被重新任命为学监办公室工作人员。"先前的校警不再以学校警务大队名义行使职权，但他们仍旧受校长和学监的领导，这些人员仍然执行之前大约 95% 的职权"。[③] 三是以驻校警察为主、以安保外包为辅的混合模式，应用最为广泛。安保外包是指高校的安全外包给保安公司，由保安公司来管理校内的安全事宜。"安保公司会根据受雇学校的服务需求和具体情况，制定详细的安保方案，承担包括人身和财产安全在内的各项安保任

[①]　周博文：《美国校园警察制度及其对我国校园安全管理工作的启示》，《公安研究》2010年第 10 期，第 79 页。

[②]　倪洪涛：《校园警察主导大学安全治理论》，《江苏警官学院学报》2012 年第 6 期，第115 页。

[③]　倪洪涛、韩玉亭：《论英国大学安全治理模式及其对我的启示》，《山东警察学院学报》2012 年第 5 期，第 117 页。

务。在英国，一旦校内发生财物被盗等案件，均由承担该校安保任务的安保公司负责赔偿"。① 安保外包是对警务力量不足的必要补充。作为一种更加综合的高校安全管理模式，驻校警察和安保公司可以相互补充、发挥优势，有利于大学安全治理。

三　瑞典学校校园警务制度及其特点

瑞典学校校园安保并未设置校园警察。其校园警务制度一方面强调行政化，主要依靠行政管理模式来解决校园安保问题；另一方面强调社会化，主要通过"商业化安保公司和地方的警察部门来负责相关的安全事务"；"学校和保安公司二者之间互不隶属，学校出钱雇用保安公司提供相关服务，保安公司通过合同的形式来提供涉及的服务以满足学校的需要"。② "由于瑞典高校是开放式的大学，高校区域和城市区域二者融为一体。因此地方的警察在维护市治安稳定的同时也维护学校的秩序"。③ 可见，瑞典高校主要是由地方警察负责安保，地方警察也负责高校的犯罪查控、逮捕、审讯等事项；保安公司则配合地方警察管理校园内部安全。

四　法国学校校园警务制度及其特点

针对校园暴力频发的现象，法国原总统萨科齐于 2010 年就提出了让警察和宪兵进驻一些中学校园。而这些中学学校名单是根据法国政府内政部和教育部汇总的校园事故申报记录来确定的，总共确定了 53 所中学名单并向这些学校派驻了安全保卫人员。进驻校园的保安人员（警察和宪兵）必须穿戴制服和携带武器。除此之外，要求这些存在治安问题的学校设立专门接待学生的警务办公室；要求学校无特殊情况均要接受校园警察的进驻否则应以书面形式向政府说明，以便明晰暴力发生后政府和校方责任；要求根据学校情况自行商定驻校时间，通常驻校时间为每周 4 小时

---

① 倪洪涛、韩玉亭：《论英国大学安全治理模式及其对我国的启示》，《山东警察学院学报》2012 年第 5 期，第 117 页。

② 倪洪涛、韩玉亭：《国外高校安保制度的比较及借鉴——以英国、美国、加拿大、瑞典、日本、新加坡为样本》，《西南政法大学学报》2013 年第 1 期，第 21 页。

③ 同上。

至两个半工作日。[1]

第三节　社会安全视野下我国学校校园警务制度的模式选择

实际上，高校校园警务制度与普通学校校园警务制度并无性质、功能等方面的本质差异，只是因学校规模、学生年龄段、学校治理体系等的有所差异，而在人员规模、内部组织结构和具体工作要求等方面存在一些差异。因此，研究我国社会安全视野下学校校园警务制度模式建构时，应当将高校校园警务制度与普通学校校园警务制度统一考虑、统一谋划、统一实施。我国学校校园警务制度模式建构，应当包括校园警务的领导与监督管理体系、校园警务人员的配置及其职能、校园警务与社区警务的合作联动机制等方面。

一　校园警务的领导与监督管理体系

校园警务是以维护校园安全为职责的警务制度，其主要任务就是打造平安校园，因而加强教育部门与公安机关的紧密协作是极为重要的。但两者共同成为校园警务的双重领导者，必将使校园警务人员在处置学校安全事件时受双重上级牵制，很难快速高效地作出决策并科学应对和处置。多数学者认为："校园警察应当由学校所属地的基层公安机关派驻，在行政和业务上由当地公安机关领导，实现校园安全管理社会化。"[2] 但是，这种由公安机关领导的校园警务制度，必将使当前备受关注并已受到一定挤压的学校依据《教育法》《义务教育法》《高等教育法》等所享有的"依照章程自主办学"的学校办学自主权和学校自治权受到进一步的干预和挤压；同时，从国内外相关实践评估看，它还会使校园警察成为学校中一个"生硬的存在"，只听命于公安机关却不能融入性地服务于校园安保体

---

① 《防范校园暴力，法国警察进驻中学校园》，http：//learning. sohu. com/20100905/n2747 17536. shtml。

② 黎慈：《论我国校园警务管理机制的有效构建》，《江西公安专科学校学报》2010 年第 4 期，第 30 页。

系化建设，只关注校园安全事故的防范和处置却不能发挥其"安全管理服务职能"。但是，在业务能力方面，校园警察的确离不开公安机关专业化的培训、指导，也离不开公安机关的警情通报和协同防范。因此，课题组认为，借鉴国内外的相关经验，我国的校园警务应当坚持服务学校、融于学校、学校主导的理念，校园警察机构应当是学校的一个职能部门，并应构建由学校独立进行领导和监督管理、由公安机关进行业务指导的管理体制。

二 校园警务人员的配置及其职能

要实现校园警务人员与学校现有人事管理制度和国家警察制度的融合性对接，实现校园警务制度的可操作性问题，并考量校园警务制度的功能设计，应当将校园警务人员按照警官、警员、辅警、保安等四种类别进行配置，并分别设定其不同的职责范围。

警官属于人民警察，具有履行警察刑事职能和行政管理职能中所运用的所有权力；具有对学校校园安保相关事项领导、统筹、规划的权力和义务。"扩大校园警察执法范围，使他们能够在校内外介入和调查案件，最终被认为是提高执法效率的最好方法。"[①] 警官应由各地公安机关统一遴选、调派经验丰富、受过正式训练、具有较强的领导协调能力、具有警督或警司警衔的警察担任。

警员也属于人民警察，依法具有履行警察刑事职能和行政管理职能中所运用的所有权力。其应当在警官的指挥下，对校园安全进行风险评估、制定详尽的应急预案；应当对校园内部及周边环境进行排查、对校外居住的学生进行定期访查，逐渐完善校园安全管理控制机制体制；应当对师生提供法律咨询和安全教育，开展自然灾害的逃生演练等，并应承担违法犯罪学生的矫治转化工作；应当负责对校园辅警、保卫人员及师生护卫队进行系统化、专业化的安保教育培训工作，同时协调校园内部的各种纠纷，疏导校内矛盾，防止矛盾激化，维护校内治安秩序。警员应由各地公安机关统一遴选、调派适任的警察担任。将各地公安机关中现有负责学校安保工作的警察调派到学校承担校园警务工作，相关人员只是在人员身份和管

---

① 倪洪涛、韩玉亭：《美国校园警察的状况》，《比较教育研究》2013 年第 5 期，第 18 页。

理体制上发生"位移"，并不会额外增加相关人事编制和经费支出。

辅警不属于人民警察，因而不具有行使警察刑事职能和行政管理职能中所运用的权力。其主要职责是协助警员开展校园安保工作。辅警可以由各学校现有保卫处（科）干部转任。

保安也不属于人民警察。其主要负责是对出入校门的人员、车辆认真检查；认真巡逻，维护校内治安秩序，盘查可疑人员和纠查违章人员，协助警员抓获和看管违法犯罪嫌疑人；按规定检查、保养、维修消防器材和设施，协助警员定期开展消防知识宣传、培训和演练，协助警员检查、督促、整改火险隐患，防止消防类事故的发生；维护校园道路交通安全；服从指挥，协助做好重大节假日、重大活动的安全保卫工作，等等。保安可以由各学校现有保安和校卫队成员中选聘。

三　校园警务与社区警务的合作联动机制

由于对学校产生治安威胁的社会治安问题是由复杂因素共同作用的结果，这些问题必须依靠社会力量共同来解决。因此，只有构建完善的校园警务与社区警务的合作联动机制，有效利用校内外的安保资源，才能更好地促进校园内部的安全，达到积极预防犯罪的效果。

第一，加强社区警务建设对构建校园警务与社区警务的合作联动机制具有基础性意义。应加大校园警务、社区治安综合治理及社会治安防控体系之间的合作力度，通过三者的合作保障社区警务稳定实施；同时，应加强社区警务人员对社区建立治安事件风险评估，通过对社区的风险评估及时将信息通知校园警务，并作出应急预案与反应机制，确保校园警务人员与社区警务人员对事故和伤害预防信息进行有效及时的沟通；并且，应加强警民互动，建立警民关系网，在社区中经常开展社区的宣传教育与培训活动，为社区营造良好的安全文化氛围，提高社区居民的安全意识，加大社区警察的执行力度，让社区警察更深入群众，了解群众需求，建立和谐稳定的警民关系，为"学校—社区"营造良好的治安氛围。

第二，构建校园警务与社区警务的合作联动机制，关键在于厘清各自在学校安保方面的具体职责，避免出现学校安保上的"公地悲剧"和"反公地悲剧"。学校安保上的"公地悲剧"，是指校园警务和社区警务因为在学校安保上的具体职责重合，而在运作过程中迅速耗竭了各自的安保资源，致使学校安保上的极端低效。学校安保上的"反公地悲剧"，是指校园警务和社区警务因为在学校安保上的具体职责不清，而在运作过程中互相推诿，冻结了各自的安保资源，致使学校安保上的极端低效。因此，以法律法规的方式，明确界分校园警务与社区警务在学校安保方面的具体职责，是极为关键的。

第三，完善的信息共享机制是构建校园警务与社区警务合作联动机制的重要内容。校园警务人员应不断完善校园安保档案、校内安全事件记录、校内安保监测与监督机制、校内安保宣传与演练方案、校内安保预警机制、校内安保风险辨识评估机制等。社区警务人员应不断完善社区安保档案、社区安全事件记录、社区安保监测与监督机制、社区安保宣传与演练方案、社区安保预警机制、社区安保风险辨识评估机制等。在此基础上，校园警务与社区警务应当构建充分、迅捷的信息共享机制，促进双方合作的力度、深度及广度。校园警务与社区警务应保持密切的联系，在人员配置上加强社警与校警的互动，如在校园周边的巡逻上可以安排校园警察和社区警察合作巡逻，使双方都能全面深入地了解校园周边的治安情况。校园警务与社区警务应在信息共享的基础上构建合作预警机制，在校园内部或外部出现紧急安全事件或安全威胁时实现警情互相通报，并建立调动各自警力协助对方处理相关复杂事务的机制。校园警务与社区警务应当以参与社区或校园安保活动的方式，积极带动社区居民和师生参与"学校—社区"安保相关活动，共同营造良好的生活、工作及学习环境，共同维护"学校—社区"的安全。

第 八 章

风险评估:社会安全视野下学校 安全治理的社区防控

学校必然处在一定的社区之中,学校是社区的一个子系统。"把安全观念融入学校文化建设,营造学校安全气氛,形成安全预防观念。同时积极吸取社会力量,整合社会资源,通过环境和社区合作框架,与社会人士共同当家作主,共同讨论学校安全问题,共同参与安全环境建设,积极规划安全预防计划及推动对象,从而实现学校安全预防",[①] 日益成为学校安全治理的重要路径。《中小学幼儿园安全管理办法》第四条明确提出了"健全学校安全预警机制,制定突发事件应急预案,完善事故预防措施,及时排除安全隐患,不断提高学校安全工作管理水平"和"建立校园周边整治协调工作机制,维护校园及周边环境安全"的学校安全治理工作内容。建设安全社区,充分挖掘社区资源,强化社区协同治理,开展社区安全风险评估建设,及时了解和掌握社区内校园外的安全动态,并在对社区安全风险发展趋势进行分析和研判的基础上,及时采取有针对性的干预措施以排除学校安全风险隐患,预防和减少来自于社区(学校外部因素)的学校安全事故隐患,可以建构有效的预防、控制和规避学校外来安全风险的隔离机制。

[①] 贾飞:《我国校园危机控制研究——以国际安全学校认证标准为视角》,《江苏警官学院学报》2011 年第 2 期,第 131 页。

第一节　社区安全风险评估制度概述

当前，我国的社区安全风险评估制度正处在逐步探索过程中，该制度不论在理论上还是在实践中都还不太成熟，具有我国特色的被实践证明行之有效的社区安全风险评估模式也尚未形成，很多地方对开展社区安全风险评估工作的重要性认识不足，社区各相关主体参与社区安全风险评估工作的积极性远未调动，社区安全风险评估工作的工作机制未形成体系，社区安全风险评估经验缺乏。

一　社区安全风险评估相关概念的界定

（一）安全社区的概念

什么是社区？"社区"的内涵和外延经历了一个变化发展的过程。"社区"的概念最早出自 1887 年滕尼斯的社会学名著 "Gemeinschaft Und Gesellschaft"，英文被翻译成 "Community and Society"，中国学者将其译为"共同体和社会"。滕尼斯用 "Gemeinschaft"（共同体）表示人与人之间在共同习俗、共同利益以及相同价值观念的基础上构成的一种密切协作、相互信任的关系。而在滕尼斯表达的 "Gesellschaft"（社会）一词上，则强调的是一种由不同价值观的异质人口在分工、契约的形式上形成的一种缺乏人情和关怀的社会关系团体。之后，中国学者们也都对构成社区的几个基本要素，如人口、地域、结构、心理认同和基本物质设施等方面对社区的内涵进行了不同角度的概括。费孝通认为："社区是若干社会群体或社会组织聚集在某一地域里形成的一个在生活上相互关联的大集体。"[1] 王康认为："社区是指一定地域内按一定社会制度和一定社会关系组织起来的、具有共同人口特征的地域生活共同体。"[2] 也有学者对社区是这样定义的："社区是若干社会群体或社会组织聚集在某一个领域里所形成的一个生活上相互关联的大集体，是社会有机体最基本的内容，是宏

---

① 费孝通：《费孝通文集》，天津出版社 1985 年版，第 4 页。
② 王康：《中国社会学的兴旺》，山东人民出版社 1988 年版，第 120 页。

观社会的缩影。"① 社会学家给社区下出的定义有 140 多种。尽管社会学家对社区下的定义各不相同，但在构成社区的基本要素上认识还是基本一致的，普遍认为一个社区应该包括一定数量的人口、一定范围的地域、一定规模的设施、一定特征的文化、一定类型的组织。2000 年，中共中央办公厅和国务院办公厅共同转发了《民政部关于在全国推进城市社区建设的意见》，该《意见》中称："社区是指聚居在一定地域范围内的人们所组成的社会生共同体。"在我国，社区参与既是政府及非政府组织介入社区建设与发展的过程、方式和手段，更是社区居民参加社区各类公共事务与公益活动的行为及过程，体现了居民对社区发展之责任的分担和对社区发展之成果的分享。②

对于安全，一般认为是指不受威胁、没有危险、危害、损失。国家标准（GB/T 28001）对"安全"的定义是："免除了不可接受的损害风险的状态。"国际民航组织对安全的定义是：安全是一种状态，即通过持续的危险识别和风险管理过程，将人员伤害或财产损失的风险降低至并保持在可接受的水平或其以下。"没有危险"包括没有外在威胁和没有内在疾患两个方面。"没有威胁"虽然不是安全的特有属性，却是"没有危险"这一安全的特有属性必然包括的内容。事实上，从内外两个方面来看，"没有危险"包括了没有外在的危险和没有内在的危险两个方面，其中没有外在的危险就是没有外在的威胁，没有内在的危险则是没有内在的疾患。赵仲堂则认为："安全是指在一个区域内所有导致身体、精神或物质伤害的危险和条件得到控制，从而维护个体和社区安康的一种状态。"③当前，安全的观念已经由人本身扩展到了一个更高阶的认识，认为安全是人类的整体与生存环境资源的和谐相处，互相不伤害，不存在危险、危害的隐患，是免除了不可接受的损害风险的状态；或者，认为安全是在人类生产过程中，将系统的运行状态对人类的生命、财产、环境可能产生的损害控制在人类能接受水平以下的状态。由于各种主观、客观条件的限制，

---

① 《社区》，http://baike.so.com/doc/5299531.html。

② 杜玉玉：《平安校园视域下社区安全风险评估制度研究》，硕士学位论文，温州大学，2015 年 3 月 1 日，第 7 页。

③ 赵仲堂、Leif Svanstrom：《中国安全社区发展需求与展望》，《中国公共卫生》2003 年第 1 期，第 111 页。

绝对的安全只是一种理想的状态。而理论界认为，相对安全是指"安全是在具有一定危险性条件下的状态，安全并非绝对无事故"[1]，或者"没有超过允许限度的危险"[2]。

安全社区，就是建立了跨部门合作的组织机构和程序，联络区域内相关单位和个人共同参与事故与伤害预防和安全促进工作，持续地、改进地实现安全目标的社会生活共同体。[3] 安全社区并不仅仅是以社区的安全状况为评判标准，而是指："一个社区是否建立了一套完善的机制和程序，使之有能力持续改进社区安全绩效。安全社区建设要求事故和伤害预防范围涵盖社区内所有人士，不分年龄、性别和职业，凝聚社区内的各方力量，整合资源，让居民不论是在工作场所、日常生活中，还是在娱乐、运动场所，都能保障安全和健康，最大限度地预防和降低事故与伤害。"[4]

虽然引入"安全社区"的概念比较晚，但我国安全社区的相关研究及其建设却发展得非常迅速。2003 年我国香港特别行政区的屯门和葵青两个社区率先获得世界卫生组织认可的"安全社区"称号。2008 年 12 月 9 日，中国职业安全健康协会被正式命名为全球第 12 个国际安全社区支持中心。在中国职业安全健康协会的推荐下，2009 年，北京市朝阳区小关街道、北京市朝阳区安贞桥街道、上海张江镇等 8 个社区在第五届亚洲安全社区会议开幕式被正式命名为国际安全社区。2009 年 3 月，中国职业安全健康协会按照指导意见的要求，制定了《安全社区评定管理办法（试行）》（中安健协文字〔2009〕5 号），作为全国安全社区建设的实施依据。至 2012 年 2 月，台湾共有 19 个社区被公开认证为国际安全社区。至此，中国大陆地区共有 23 个社区成为国际安全社区网络成员，是世界和亚洲安全社区建设最多的国家。[5]

安全社区创建的根本目的，就是在总体上持续地提升社区的安全健康

---

① 叶龙、李森：《安全行为学》，清华大学出版社、北京交通大学出版社 2005 年版，第 6 页。

② 陈宝智：《系统安全评价与评测》，冶金工业出版社 2005 年版，第 208 页。

③ 国职业安全健康协会组织：http://www.cosha.org.cn。

④ 《安全社区建设基本要求》编制组：《安全社区建设基本要求》，《编制说明》2006 年第 1 期。

⑤ 王清：《国际安全社区建设效果评估体系研究——以上海市国际安全社区建设评价为例》，硕士学位论文，复旦大学，2010 年，第 4—7 页。

水平，最大限度地减少事故和伤害。上海市民政局根据《国家综合防灾减灾规划（2011—2015）》和《上海市突发事件应急体系建设"十二五"规划》的要求，加强社区风险评估工作。2009 年，上海市民政局与复旦大学城市公共安全研究中心共同成立专项课题组，以社区为单位，以综合风险为对象，以承灾体脆弱性评估和致灾因子致险程度评估为内容，探索建立上海市社区综合风险评估模型，至 2011 年年底，最终形成以"街镇"为单位的社区风险评估模型，并在徐汇、杨浦和松江 3 个区 40 个街镇社区开展评估试点，取得较好成效。2012 年，上海市民政局探索社会力量参与社区风险评估工作，逐步形成"政府部门统筹协调、高校人员专业指导、社会组织具体实施、社区居民广泛参与"的合作模式。[①]

（二）风险评估的概念

目前，学术界对风险的内涵还没有统一的定义，由于对风险的理解和认识程度不同，或对风险的研究的角度不同，不同的学者对风险概念有着不同的解释。《现代汉语词典》解释为："可能发生的危险。"[②] 而《辞海》对风险的界定为："人们在生产建设和日常生活中遭遇能导致人身伤害、财产受损及其他经济损失的自然灾害、意外事故和其他不测事件的可能性。"[③] 有人认为，风险是事件未来可能结果发生的不确定性。[④] 也有人认为，风险表现为损失的不确定性。[⑤] 德国社会学家乌尔里希·贝克（Ulrich Beck）则指出："风险是个指明自然终结和传统终结的概念，或者换句话说，在自然和传统失去它们的无限效力并依赖于人的决定的地方，才谈得上风险。……风险概念表明人们创造了一种文明，以便使自己的决定将会造成的不可预见的后果具备可预见性，从而控制不可控制的事情，通过有意采取的预防性行动以及相应的制度化的措施战胜种种副

---

① 上海市民政局:《加强社区风险评估工作》,《中国减灾》2013 年第 3 期,第 13 页。

② 《现代汉语词典》,商务印书馆 1983 年版,第 330 页。

③ 《辞海》(第 3 册),上海辞书出版社 1999 年版,第 4128 页。

④ A. H. Mowbray（1995）称风险为不确定性;C. A. Williams（1985）将风险定义为在给定的条件和某一特定的时期,未来结果的变动。《风险》,http://baike.so.com/doc/1002008 - 1059378.html。

⑤ J. S. Rosenb（1972）将风险定义为损失的不确定性,F. G. Crane（1984）认为风险愈味着未来损失的不确定性。《风险》,http://baike.so.com/doc/1002008 - 1059378.html。

作用。"①

对于如何定义风险评估，董韦在研究重大事项社会风险评估机制上提出："风险评估（Risk Assessment）是指在风险事件发生之前或之后，对该事件给人们的生活、财产等方面造成影响和损失的可能性进行量化评估的工作。"② 徐辉从高校风险评估管理体系的角度分析，认为："风险评估是通过对影响组织的各种不确定因素即潜在的风险和危机的来源、性质、数量、影响等进行识别、分析和评价，并得出综合评估结论，并在此基础上采取应对策略，对风险进行管理和控制的系统理论和方法。"③ 张成福、唐钧等学者从研究政府危机管理能力评估的角度提出了："风险评估主要包括评估计划、评估的组织领导体系或评估的领导团队、风险信息的收集、风险信息的分析与评估、保证风险评估控制措施的完整性、风险评估对预警工作的指导、风险评估的专家咨询委员会制度等方面。"④ 李金桥从档案安全风险评估的角度认为："风险评估是以实现安全管理为目的，应用安全管理的原理和方法，对管理存在的危险、有害因素进行识别与分析，判断安全管理发生事故和隐性职业危害的可能性及其严重程度，提出安全对策建议，从而为制定防范措施和管理决策提供科学依据。"⑤ 胡伟民从企业风险管理的角度指出：风险评估是在风险识别的基础上，实体对其风险发生的可能性和对目标实现的可能影响程度的进一步分析，分为风险识别、风险分析和风险评价三个步骤。在执行风险评估过程中，各实体根据自身的具体情况出发，运用适当的风险评估技术，定量或定性地评估相关事项。⑥

---

① 乌尔里希·贝克：《自由与资本主义》，路国林译，浙江人民出版社 2001 年版，第 119—121 页。

② 董韦：《重大事项社会风险评估机制实证分析——以贵州省铜仁地区社会稳定风险评估为例》，《中共贵州省委党校学报》2012 年第 5 期，第 64 页。

③ 徐辉：《高校风险评估管理体系研究》，《浙江工贸职业技术学院学报》2008 年第 3 期，第 60 页。

④ 张成福、唐钧：《政府危机管理能力评估》，中国人民大学出版社 2009 年版，第 5 页。

⑤ 李金桥：《档案安全风险评估刍议》，《兰台世界》2013 年第 11 期，第 81 页。

⑥ 胡伟民：《内部控制与企业风险管理——实务操作指南》，电子工业出版社 2007 年版，第 17 页。

（三）社区安全风险评估的概念

课题组认为，社会安全视野下学校安全治理中的社区安全风险评估，是指"以学校周围的社区环境的安全情况为研究对象，依据一定风险评估的标准和方法，对学校外部可能面临的风险因素及存在的薄弱环节进行综合分析、评价，并通过科学的研判和评估手段，认识风险的性质、特征和影响，判断风险的发展趋势，制定风险应对策略和预案，从而有效地预防、规避、应对和控制风险，从根本上扭转学校外部安全事件频发的严峻态势，并最终为平安校园的建设提供安全的社区环境的系统理论和方法"[①]。

二　社区安全风险评估对于学校安全治理的意义

（一）构建和谐的学校外部环境的内在要求

构建社会主义和谐社会是中国特色社会主义的本质属性，是国家富强、民族振兴、人民幸福的重要保证。一个和谐的社会，应该是一个安定有序的社会，一个以人为本的社会，一个可持续发展的社会。学校安全治理与和谐社会的建设息息相关。保障学生的身心健康和生命安全是学校安全治理的重要前提和根本目标，也是保障学校正常教学秩序、维护社会和谐安宁的具体体现。建设安全学校作为构建和谐社会的重要组成部分，不仅是广大人民群众的共同心愿，也是培养社会主义接班人和建设者的重要保障。但是，各种学校安全事故频发，一方面凸显了学校安全治理存在严重弊端与疏漏，另一方面也对构建和谐社会提出了更为严峻的挑战。事实上，学校安全治理不是一蹴而就的，必须做到警钟长鸣、常抓不懈。目前，我国学校安全治理仍存在着"重救轻防"的倾向，这也导致了社区安全风险评估制度尚未受到充分的重视、开发和利用。随着社会的发展和进步，社区的和谐稳定将在学校安全治理中发挥着更大作用。在构建和谐社会的今天，只有最大限度地增加社区和谐因素，才能最大限度地降低学校安全事故的发生。"凡事预则立，不预则废"，坚持防患于未然，积极建设社区安全风险评估制度，可以有效预防学校安全事故的发生，提高保

---

① 方益权、杜玉玉:《平安校园视域下社区安全风险评估制度研究》,《高等教育研究》2014 年第 7 期,第 72 页。

障社区和学校安全的能力。

（二）提升学校安全治理实效的客观需要

随着伤害学生的校园外来安全事故的增长，人们对学校外部环境安全的需求变得更加迫切。目前，我国正处于经济快速发展的关键转型期，随着改革开放步伐的深入推进，各种社会利益矛盾的纠纷变得更加突出，这在一定程度上加剧了社会的不稳定因素，加大了校园外来安全事故的发生机率。学生群体是一个特殊的群体，伤害学生的校园外来安全事故不仅对家庭造成难以治愈的创伤，而且对学校、社会也产生严重的负面影响。如何更好地预防校园外来安全事故的发生，如何才能为安全学校建设罩上一层更大的防护网，已成为当今社会亟须解决的问题。课题组通过对社区安全风险评估制度的研究，积极整合社区资源，充分发掘和利用社区力量，深入贯彻以人为本的思想，坚持把改革的力度、发展的速度和人民群众的可承受程度有机结合起来，有效地促进人们心理危机的缓解和利益关系的协调，从而使社区更加稳定有序，学校外部环境更加安全和谐。

（三）丰富社区安全风险评估理论的迫切需要

风险评估在预防风险、控制风险、降低风险、应对风险等方面发挥着重要作用。构建社区安全风险评估制度就是利用其评估结果对社区的安全稳定进行客观描述，对监管区域的风险进行动态的预测预警，及时识别和处理校园周围的突发事件的有关信息，为促进安全学校建设提供实用、有针对性的措施，进而最大限度地防控伤害学生的校园外来安全事故之发生。但是，目前我国社区安全风险评估制度建设还处于起步阶段，没有建立科学的、系统的社区安全风险评估制度体系，中国学者在社区安全风险评估制度的研究领域虽有一些研究成果，但其理论创新性及适用实效性均有不足，且尚无针对安全学校建设视角基础上去探讨社区安全风险评估制度的创新成果。课题组主要从社区角度探讨建设平安校园建设的途径，从而为学校外部提供一个安全的社区环境。

三　社区安全风险评估的核心问题

（一）社区安全风险评估的决策性问题

目前，由于我国社区安全风险评估制度还不够健全，评估决策机制还不够科学，因此在一定程度上，社区安全风险评估结果还缺乏科学性和可行性。为此，在推进社区安全风险评估的决策工作中，社区安全治理的相关责任主体需要提高科学民主决策水平，依照法律、法规和相关方针政策的规定，做到公开、公平、公正，切实维护和保障社区居民的合法权益，统筹协调各方面的利益，避免社区安全治理相关主体的矛盾和冲突。另外，评估决策事项要与当地社区的具体经济社会发展水平相适应，建立决策公示和民意反映制度，充分考虑社区居民的接受程度，使决策方案得到大多数社区居民的支持，鼓励社区民众积极参与风险评估，实现风险评估决策的民主化，以风险评估决策民主化提高风险评估决策的合理性、可行性和科学性，对可能影响学校外部安全的社区风险因素进行科学系统的预测和分析，坚持定性评估与定量评估的分析方法相结合，深入调查，充分论证，从而确保评估工作科学、全面、客观和准确。

（二）社区安全风险评估结论的科学性问题

社区安全风险评估是一项专业性很强的工作。社区安全风险评估结论是否客观、科学，与评估人员的专业性、评估组织的严密性、评估程序的科学性、参照依据的全面性和评估时机的掌握性等因素息息相关。因此，为保证评估结论的科学性、时效性和可操作性，还须评估机构围绕评估事项的合理性、合法性、科学性、可行性等方面进行全面分析评估。对此，需要专门聘请具有风险管理知识的专家学者、具有风险管理经验的社区管理者，或委托有资质的社区安全风险评估第三方机构，开展全面细致深入的社区安全风险评估工作，因地制宜地制定具体、翔实的安全风险应对方案。另外，社区面临的安全形势不是固定的，不是一成不变的。随着实践的推进，社区的人员构成、阶段特点、主要问题等方面都会发生多种多样的变化。对此，为保证安全风险评估结论的科学性，在落实社区安全风险评估的相关工作时，应根据所在社区的经济社会发展状况、社区治安管理状况、校外环境的发展变化趋势等方面的内容，对安全风险预防计划和改进措施作出相应的调整，及时排查和排除新的风险隐患。

（三）社区安全风险评估工作的广泛性问题

由于社区安全风险评估是一个崭新的领域，尚处于探索阶段，并未建立完善的运行机制。因此，为保证社区安全风险评估工作的广泛性，需根据社区的特点和评估的内容，探讨多方主体共同参与的社区安全风险评估模式，将社区所在的政府部门、学校、消防、公安、建设、交通、卫生、工商等部门联合起来，建立多方主体共同参与、有机协作的社区安全风险评估模式，实现评估主体多元化，使各方责任主体相互配合，并积极整合社区内各方面资源，实现群策群力、齐抓共管的社区安全建设工作局面，提高社区安全风险评估工作的广泛性。

另外，为有效克服社区安全风险评估的形式主义，保证社区安全风险评估工作的广泛性，关键是要解决公众参与问题。广泛意义上的公众参与，指的是社会各类主体的参与。但是，课题组所说的公众参与，主要是社区居民和社区内各相关单位的参与，也可以说是最狭义的公众参与。孙斯坦在《风险与理性》一书中也表明，公开交流信息是一个有益的能促进工作效率、促进民主的有效手段；一个制度要运转良好，除了政府这一方面能够做到还需要得到公众的支持和信任。[①] 为此，建立公开、透明、高效的安全风险信息沟通交流方式，与公众进行互动，了解公众所需，使公众能够及时获取可靠的社区安全风险信息，保障公众对安全风险隐患的知情权、参与权、表达权、监督权，将有利于社会矛盾的预防和化解，避免社会负面舆论或虚假炒作等引发的社会恐慌。反之，如果本着传统的管理思维，报喜不报忧，极力掩盖事实，搞信息闭锁，将最终引起公众的不信任，进而使安全风险严重化，造成更大的损失。

（四）社区安全风险评估责任的查究问题

目前，中国关于社区安全风险评估的法律依据尚不充分，在社区安全风险评估工作中尚缺乏有效的评估、监督和责任追究制度，尤其是社区安全风险评估涉及职能部门较多，各种职能交叉使得在安全风险评估工作中对社区安全风险评估责任主体的职责难以作出明确的规定。这种职责范围不清、责任不明确，在一定程度上影响了评估制度的实效性，尤其是风险发生后的责任认定的不明确性和赔偿认定的模糊性。因此，明确政府、学校、公安、卫生、交通、建设、文化等部门在社区安全风险评估工作的权力、义务和责任，不仅是查究社区安全风险评估责任问题的重要依据，而且在一定程度上可以增强各主体部门在社区安全风险评估工作中的责任意识和做好安全工作的紧迫感，减少失职、渎职行为。此外，有效的监督也是明确责任追究的重要方法。积极构建社区内政府和相关部门的行政监

---

① 　凯斯·孙斯坦：《风险与理性》，师帅译，中国政法大学出版社 2005 年版，第 333 页。

督，企事业单位、群众组织和居民的公众监督以及媒体监督机制，对社区内安全管理状况、安全事故与伤害预防情况以及安全风险控制状况等进行全面的监督，明确各社区安全风险评估相关责任主体的职责范围，对相关负责人的失职行为必须予以严厉的处罚，从而提高社区安全风险评估的工作质量。

第二节　社区安全风险评估制度的构建

在社会安全视野下，基于学校安全的考量，研究和推进社区安全风险评估，对于学校安全治理具有重要意义。然而，由于我国在该领域的理论研究尚比较薄弱，实践探索也比较欠缺，深入研究社区安全风险评估制度，厘清社区安全风险评估的内容，确定社区安全风险评估的基本原则，明晰社区安全风险评估的责任主体，探寻社区安全风险评估的方法，完善社区安全风险评估的程序，对于提高社区安全风险评估的科学性，是非常必要的。

一　社区安全风险评估的内容

社区安全风险评估的内容不是固定的，也不是一成不变的，而是根据每个社区在经济、文化、环境、居住人群等方面的差异而有所不同。因此，在探讨社区安全风险评估内容之前，首先要做好社区的安全风险诊断工作，以便掌握社区的基本情况。开展社区安全风险诊断工作需在全面整合社区资源的基础上，联合社区内的公安、交通、建设、文化、工商、卫生等部门相关责任主体，鼓励动员社区居民的参与，综合运用危机管理学、统计学、社会学以及风险评估相关知识，对社区安全风险进行全面的诊断，掌握社区的安全状况，了解社区安全的现状以及存在的风险和原因，确定校外社区环境安全的目标和方向，从而有针对性地制定有效的风险应对方案。其次，根据社区的规模、经济、环境、人口等情况，尽可能全面地了解和掌握社区居民的安全风险意识、安全防控行为能力水平，针对安全风险辨识和评价的结果，制定相应的安全风险应急预案和程序，提供应对安全风险的管理和服务工作，从而减少和消除社区的风险和伤害。

学校安全事故的致害因素可能在校园内，也可能在校园外。从整体上来看，在学校伤害事故中，60%以上是校外的因素所致，除去部分自然灾害等不可控因素造成的学生安全事故外，课题组对于社区安全风险评估的研究范围主要集中在社区内的校园周边环境上，以人为因素造成的校外安全风险为主。

校园周边作为学校和社区的融合区域，主要是指以学校为中心向周围区域辐射的生活、文化设施及与之相适应而形成的社会意识形态环境。当然，这个校园"周边"环境并非仅仅局限在校园附近100—200米，而是一个更广泛的区域。诱发学校安全事件的因素多种多样，既有学校内部安全管理的因素，也与校外安全环境因素有关；既有自然灾害因素，也有人为因素影响。根据校外安全环境的特点和社区面临的不同风险因素，课题组主要将社区内的学校外来安全风险概括为以下四大类。

第一，校园周边治安安全隐患。目前，校园周边通常商业网点遍布，生活服务设施多，外来流动人员多，治安情况复杂，整治工作难度大。在校园门口或周边，不良社会闲散人员敲诈勒索、抢劫学生财物、危害学生人身安全等各类违法犯罪活动频频发生。还有一些有反社会情绪或心理疾患严重的人，在受挫或利益诉求得不到满足的情况下，在精神病态或绝望、仇恨的心理状态下，为泄私愤，采取极端暴力手段报复社会，发泄怒气，将目标锁定在安全防范能力较弱以及心智和行动力不够成熟的学生群体上，给学生安全带来了极大的威胁。另外，由于部分学生尚处于青春期的叛逆阶段，心智不够成熟，处事不够冷静，易发生团伙打架斗殴事件。根据2013年年初教育部发布的《2011年全国中小学安全形势分析报告》，斗殴在学生非正常死亡的安全事件中的比率竟达到10.71%。

第二，校园周边交通安全风险隐患。据教育部公布的《2006年中小学安全事故总体形势分析报告》，学生因交通事故和溺水造成的死亡人数占全年学生事故死亡总人数的一半以上，且因交通事故伤亡的数量呈逐年上升趋势。《2011年全国中小学安全形势分析报告》显示，交通事故在各类致使学生非正常死亡的安全事故中的比率高达19.64%。由此可见，交通事故已经成为我国中小学生意外伤亡的最主要"杀手"，究其原因主要有以下几点。其一，学校周边交通形势十分严峻，大多数学校都建在城镇主要交通干道附近，学校周边交通繁忙，过往车辆车速过快，尤其是许多校园在学校周边道路人流量较大的过道没有警告、限速、慢行等交通标牌，缺乏减速带、斑马线以及人行横道线标识。其二，由于校门外机动车、非机动车与行人混行，一些无牌无照的机动车辆拉客载人，小商小贩随意占道摆摊，特别是上下学高峰期家长接送孩子时随意停放车辆，更是造成周边道路拥挤、交通堵塞，易引发道路交通事故。其三，校车安全问题亟待解决。部分学校使用的校车不仅没有达到基本的安全标准，而且超载违规现象严重。另外，由于学校对驾驶人员的监管方面还存在诸多漏洞，驾驶人员的安全意识淡薄，能力素质参差不齐。其四，学生作为学校安全的主体，其自身交通安全意识淡薄、交通安全知识欠缺、缺乏自护自救能力也是交通安全事故频发的重要因素。

第三，校园周边食品卫生安全风险隐患。学校周边饮食摊点较多，快餐店、小吃店、小超市、零食摊等比比皆是。而这其中的一些餐饮店卫生状况较差，很多没有餐饮服务许可证、食品安全承诺书，导致食品安全难以得到保障。一些流动摊点在校园门口占道经营，向学生出售自制或来路不明的烤面筋、炸鸡肉、烤香肠等各类食品，这些食品往往添加一些对身体有害的色素、防腐剂、添加剂和香料，其原材料不仅没有安全保障，其加工过程也不符合卫生规范。还有一些小卖部向学生出售一些没有合格证明、没有生产厂家名称、没有生产日期、过期或者变质的劣质食品。学生长期、大量食用这样质低价廉的食品，将会导致慢性中毒或给身体造成其他危害。另外，为了吸引学生的消费，一些小卖部出售的食品里带有各种各样的卡片和玩具等，这些玩具往往都没有经过严格的消毒程序，玩具里会含有有毒的物质，对学生的身体健康造成危害。

第四，校园周边文化场所安全风险隐患。良好的校园周边文化环境对学生思想和心灵的健康成长发挥着至关重要的作用。但由于校园经济的带动作用，学校周边音像店、书摊、歌舞厅、网吧、电影院等文化娱乐场所如雨后春笋般应运而生。据调查发现，这些学校附近的娱乐场所存在着较大的安全隐患，如长期无照经营、安全通道不合理、消防设施和灭火器材不健全、安全设施的维护保养不当、工作人员未经消防培训等。这些安全隐患"死角"给学生安全带来严重的危害，亟须相关管理部门进行督查与整改。另外，一些网吧、电子游戏厅、台球室、音像店的不法商人和利欲熏心的经营者以对学生优惠为名，利用学生心智不成熟、自控能力差和意志力薄弱等特点，通过低级趣味、庸俗的文化产品诱导学生的不健康消费，令不少学生沉溺其中不能自拔，甚至导致一些诈骗、抢劫、强奸等违法犯罪行为的发生。

二　社区安全风险评估的基本原则

一定的原则是开展社区安全风险评估工作的风向标，没有正确的原则做指导，将会导致评估工作的疏漏和错误。因此，在探究社区安全风险评估制度的建设时，我们需要深入研究社区安全风险评估工作开展所遵循的原则。

以学生为本原则。以学生为本的原则，强调对学生的尊重、理解和关爱。开展社区安全风险评估工作要把生命安全放在第一位，牢固树立"责任重于泰山"的理念，以保护学生的生命财产安全和身体健康为出发点和落脚点。

科学性原则。在社区风险评估中始终贯彻科学发展观的思想，充分发挥专家、学者们在风险评估工作中的指导作用，借鉴国外风险评估的有益经验，正确运用风险的辨识方法，采用先进的技术设施，提高应对社区风险的科技水平，增强学校预防和应对安全事件的能力。

全面性原则。平安校园视域下社区安全风险评估工作不是一成不变的，而是一个多层次、多指标、多因素的复杂系统工程，涉及社区内的经济、交通、治安、环境等诸多领域。因此，为有效开展社区安全风险评估工作，则要坚持全面性的原则，充分整合社区资源，加强社区安全各责任部门之间的沟通协作，从而使建立的社区风险评估制度符合全面、系统、发展、动态的要求。

预防性原则。《左传》有言："居安思危，思则有备，备则无患。"预防是相对安全状态下的一种事先防备，更是减少乃至消除学校安全事故发生的有效屏障。平安校园视域下的社区安全风险评估制度要牢固树立"安全第一，预防为主"的原则，建立科学的社区预警机制，不断完善应急处置预案，从而预防、减少、控制和消除学校安全事件的发生，做到最大限度地保护社区内学生的安全。

法治性原则。开展社区安全普法教育是社区安全风险评估制度建设的重要保障。法制教育的欠缺使社区民众和青少年群体对行为的法律定性没有准确的认识，从而造成了一些侵害人身权益的违法犯罪行为。因此，以法制为中心，加强对社区居民的普法教育，做好对未成年人犯罪的帮教工作，进一步地完善社区矫正制度，可以在一定程度上起到预防违法犯罪的积极作用。此外，开展的社区安全风险评估工作也必须符合法律规范以及国家的相关政策，不可逾越法律的界限。

社区民众广泛参与原则。社区居民的广泛参与是安全社区建设的重要力量。建设社区安全风险评估工作离不开社区居民的支持配合。鼓励社区居民参与到社区风险评估工作中，有利于对风险因素进行先期处置，培养早发现、早预防、早处置的能力。

三　社区安全风险评估责任主体

任何一项评估活动的开展，都必须有明确的评估责任主体。社区安全风险评估责任主体，是指所有对社区安全负有管理与服务职责的各种部门和组织。为了使社区安全风险评估的工作切实、有效、持续地开展，必须明确负责社区安全治理的相关主体部门与人员的作用、职责和权限。由于学校周边社区环境较为复杂，多种利益交叉，涉及公安、工商、交通、文化、卫生、城管等多个政府相关职能部门以及相关的社区自治管理与服务组织，如依法成立的社区居民委员会和村民委员会等，开展社区安全风险评估工作需要联合社区内的相关部门和组织对校园周边环境存在的风险问题及其成因进行检查和综合治理。各评估责任主体则须按照"谁主管谁负责"的原则，形成多元主体参与、责任明确、齐抓共管的局面，对社区内的校外环境承担评估、管理和治理责任。社区安全风险评估责任主体主要包括学校、公安部门、建设部门、交通安全管理相关部门、市场化社区安全评估组织、社区居民委员会，等等。

学校。学校是办学的主体，虽然学校主要是负责校内学生的安全，但对于校园周边存在的危害学生安全的问题，学校要在特定的范围内积极作为，不能以其发生在校门之外、校方无责管理为借口，对其不闻不问、无所作为。在学校周边安全环境的治理中，学校理应纳入与学校安全相关的社区安全风险评估主要责任主体之中。学校应当通过实践调查、安全评估数据，以及与学生交流等形式深入了解校园周边存在的危害学生安全的问题，并及时向各社区安全风险评估主要责任主体反馈相关风险隐患，为各社区安全风险评估主要责任主体提供必要的协助与配合，促进社区安全风险评估工作顺利开展，以利于对社区安全风险做出及时的干预和防范，从而为学生的健康成长营造一个安全、健康、有序的校外周边环境。

公安部门。公安机关处于与违法犯罪作斗争的第一线，因其特殊的工作职责、专业的工作队伍、先进的侦讯设施设备等而具有强大的信息收集能力，因而是社区安全风险评估的中坚和骨干力量。公安机关在社区设立公安指挥机构，强化"人防、物防、技防"的警务管理措施，有针对性地开展社区安全巡逻，把学校周边的地区作为重点巡逻区域，及时采集学校周边各类违法犯罪活动信息并作出科学评估，采取及时有效的处置和应对，对于促进社区安全风险评估工作顺利开展具有特殊重要的意义。

交通安全管理相关部门。交通管理部门和公安交警部门作为交通安全管理相关部门，应严格贯彻《中华人民共和国道路交通安全法》等的相关规定，积极应对采取有效措施，切实保证校园周边交通安全。为预防学生交通事故的发生，交通安全管理相关部门应及时对学校周边道路环境存在的风险隐患及其他各类相关信息进行采集、分析，并作出评估。为此，交通安全管理相关部门要对学校周边的交通标线、交通提示标志及交通安全设施等，对过往车辆的违规行为信息等，对交通复杂路段的学校上学、放学期间等，对校门前交通拥堵情况等，对校车管理信息和运行信息等，对校车驾驶人员的上岗条件等，对学生交通安全意识等相关信息做到及时全面的采集，并作出科学评估，以采取及时有效的处置和应对，切实保证校园周边交通安全。

建设部门。学校周边建筑设施及设备所引发的安全事故时有发生。这一方面是学生的安全意识淡薄所致，另一方面则是由于这些建筑设施本身存在较大的安全隐患或者建设过程中存在安全管理缺失。建设部门须秉着对学生生命高度负责的理念加强对社区内学校及其周边建筑设施的监督和管理，尤其是要积极利用现代科学技术联合建立覆盖全社区的安全预警系统和图像监控系统，迅速有效地采集建设安全事故隐患或违反相关安全建设规定标准的信息并作出科学评估，并依法责令纠正或排除，从而最大限度地消除学校周边建筑设施的安全隐患。①

---

① 杜玉玉：《平安校园视域下社区安全风险评估制度研究》，硕士学位论文，温州大学，2015年。

市场化社区安全评估组织。为保证社区安全风险评估的客观性和公正性，杜绝利益相关方的干预，进行风险评估的主体往往是独立的第三方。通过吸纳独立第三方参与社区安全风险评估工作，有助于促进风险评估结果的权威性。在市场经济条件下，人们的趋利意识普遍增强，传统的社区安全管理与服务的组织难以发挥作用。为适应市场经济的需要，引入新型的社区安全服务组织，能更好地维护社区的安全，为学生的健康成长营造一个良好的社区环境。第一，社区物业管理公司。物业管理，是指选聘的物业管理企业按照与物业所有人订立的物业管理委托合同，对区域内的房屋及配套设施、交通、卫生、治安和环境等项目进行维修、养护和管理。通常，治安、消防和交通安全的管理是社区物业管理的几个重要方面。由于小区的具体情况不同，物业管理企业在与业主签订的合同中所承担的安全方面的职责规定也不尽相同。但物业管理企业依据《物业管理条例》须做好物业管理区域内的安全防范工作，一旦发现本区域内存在安全风险因素，应采取应急措施的同时及时向有关行政管理部门报告。第二，社区保安服务公司。随着物业管理专业化趋势的发展，物业管理企业通常委托专业保安公司和保安人员负责实施社区内的安全保卫。在我国，保安服务公司是在公安机关的主管和指导下，根据保安合同为客户承担保安服务和提供安全防范咨询业务的服务型企业。根据 2000 年 3 月 1 日公安部发布的《关于保安服务公司规范管理的若干规定》，保安人员对发生在执行区域内的刑事案件、治安案件和治安灾害事故，须及时报告当地公安机关和客户单位，并协助公安机关共同做好安全事件的应对。同时，公安机关也须加强对保安服务组织的管理和监督，加强对保安人员的教育和管理，定期对保安人员进行全面考核。第三，治安承包。长期以来公共治安一直是由政府提供的，但缺乏一定的竞争机制，导致公共治安供给不足和供给上的低效率。为改善公共治安提供低效率的现状，治安承包作为一种安全管理的新模式，其将特定区域的治安采取竞争、有偿的方法承包给某一组织或个人，并通过考核、奖惩的方式去调动承包人的积极性，在一定程度上提高安全管理的防范效果。[1]

---

[1] 杜玉玉：《平安校园视域下社区安全风险评估制度研究》，硕士学位论文，温州大学，2015 年。

社区居民委员会。居民委员会是根据《中华人民共和国城市居民委员会组织法》建立的居民自我管理、自我教育、自我服务的基层群众性自治组织。而社区居民委员会在社区安全风险评估的工作中具有十分重要的作用，其职责包括协助政府机关工作或派出所机构做好有关社区的安全管理工作，协调社区内的各种关系，协助维护社区的治安稳定等。在校园安全形势严峻的条件下，社区安全委员会应该从维护校园安全的迫切要求和需要出发，将居民、业主委员会、物业公司、居民委员会等方面的资源整合起来，积极协调社区内的各种关系，使各部门各司其职，各负其责，形成防控合力，共同开展风险评估的活动，严厉打击危害学校及学生周边的不法行为，切实改善校园周边的环境，保护学生的安全与健康。

四　社区安全风险评估的方法

社区安全风险评估的方式方法是否科学、合理，将直接影响社区安全风险评估的效果。在我国，社区安全风险评估工作还是一项全新的领域，因此相关的评估方式方法和运行程序还需要加以探索和构建。平安校园视域下的社区安全风险评估，是以保护社区内学校师生的生命与财产安全为目的，运用科学的方式方法和程序对社区内存在的安全隐患进行识别、分析，从源头上预防、降低以及控制和应对社区内可能产生的风险因素，提高社区安全防范能力，从而及时为平安校园的建设创建良好的外部环境，以减少和控制学校安全事故的发生。

（一）建立社区安全档案

社区安全档案是实施社区安全工作目标考核、责任追究和事故处理的重要依据。建立社区安全档案是开展社区安全风险评估工作的一种有效方式。建立社区安全档案是通过翔实的社区安全事件记录信息，及时了解和掌握社区安全动态，以总结事故经验，探索规避安全风险隐患的方法和程序，将影响社区安全的相关危险因素消灭在萌芽阶段。规范、齐全的社区安全档案，能够反映安全社区创建的全过程，反映社区安全管理、安全促进过程以及安全风险控制情况。社区安全档案应当完整、管理规范、易于查询。① 基于学校安全治理视域的社区安全档案，应注重完善对学校周围

---

① 欧阳梅：《〈安全社区建设基本要求〉解读》，《劳动保护》2007 年第 4 期，第 51 页。

环境的危险源、风险区域、危险行业以及特殊人群信息的建立,明确相关部门的职责,制定相关的学校安全促进项目,并对发生在社区内的关于学校安全的每一起安全事件,进行详细分析和研究,有效地、全面地排查社区内潜在的安全隐患或风险点,并积极通知各相关责任单位或个人按照要求进行整改,及时地规避、消减风险,有效预防和控制安全事故的发生。

(二) 增强社区的人防、物防和技防设施力量

建立"人防、物防、技防"三位一体的社区安全防范体系,是全面、动态地掌握社区的安全状况,洞察社区安全风险的重要方式。就防范手段而言,安全防范包括人力防范(人防)、实体防范(物防)和技术防范(技防)三个范畴。基础的人防手段是利用人们自身的传感器(眼、耳等)进行探测、延迟与反应;物防作为安全防范体系的物质载体,其主要作用在于延迟损害的进程,为反应提供足够的时间;技防是人力防范和实体防范功能的延伸和加强,随着现代科技化水平的不断提高,技防的作用越来越突出,它使人防和物防在探测、延迟、反应三个基本要素中不断增加高科技含量,不断提高安全防范的效率和效益。随着社会的快速发展,为适应新时期安全防范的需要,开展社区安全风险评估工作要顺应时代的潮流,针对社区风险因素出现的新形势、新情况、新问题,不断地提高社区人防、物防和技防力量,促使社区安全风险评估基础信息能够及时有效地得到采集、分析和研判,及时对社区内校外安全风险因素进行早发现、早处理。

(三) 制定社区安全检查表

根据社区安全的相关标准、规范、法律条款以及专家的经验,编制社区安全检查表有助于快速掌握社区内存在的安全风险隐患,及时采取干预措施预防安全事故的发生,做到防患于未然。罗云指出:"安全检查表法是在对危险源系统进行充分分析的基础上,分成若干个单元或层次,列出所有的危险因素,确定检查项目,然后编制成表,按此表进行检查,检查表中的回答一般都是'是/否'。这种方法的突出优点是简单明了,现场操作人员和管理人员都易于理解与使用。"[①]

社区安全检查表是实现社区安全科学管理的重要方法,是进行社区安

---

① 罗云:《风险分析与安全评价》,化学工业出版社 2010 年版,第 81—87 页。

全隐患检查，发现潜在社区安全风险的工具和清单，具有内容清晰、重点突出、方便实用、简单明了的优点，可根据社区内不同的安全风险单元，编制不同内容的检查表。编制社区安全检查表的基本步骤如下：首先，确定社区安全风险辨识单元的划分，把大的单元分割成小的部分；然后由安全检查表研制专家组或具有较高理论水平和实践经验的安全风险专家们根据法律法规、技术规范、参考标准等设计安全风险检查的内容；最后编制成表。当社区对重点部位实施安全检查时，就会采用这种表格方法。表8—1为学校周边道路安全检查表的部分内容。

表8—1　　　　　　　　　　学校周边道路安全检查表

序号	安全检查项目	缺漏	破损	完好	改进建议
1	减速带				
2	斑马线				
3	隔离栏				
4	交通信号灯				
5	人行横道线				
6	交通限速、让行警告标识				
7	停车泊位				
8	人行天桥/过街地道				

（四）社区安全风险评估经验总结

通过实践获得的知识和技能被称为经验。经验法属于定性安全风险评估的重要方法之一。而所谓经验法则，是指人们从生活经验中归纳获得的关于事物因果关系或属性状态的法则或知识。经验法则既包括一般人日常生活所归纳的常识，也包括某些专门性的知识，如科学、技术、艺术、商贸等方面的知识等。[①] 经验法是有效预测社区安全风险隐患的重要方法，具有简便、易行的特点。组织社区安全管理的工作人员或风险评估专家，借助于自身的安全知识经验以及实践调查研究活动，可以对社区内可能存在的安全风险隐患进行直观的判断、评估和预测。（见表8—2）

---

① 张卫平：《认识经验法则》，《清华法学》2008年第6期，第517页。

表8—2 风险因素识别评价表

场域	风险类别	风险因素	风险程度	事故后果	干预措施	措施有效性	改进建议

（五） 建立社区伤害监测记录

伤害监测，是指长期不间断地收集和分析不同人群伤害的发生、死亡、伤残和经济损失等资料，以阐明伤害类型—人群—时间分布的特点和趋势，旨在提供人群中伤害发生及严重程度的资料，以便早期发现问题，及时采取干预措施，并确定对伤害问题及高危人群进行优先预防活动，便于评价预防措施的效果。[1] 通过对社区内的医疗机构就诊记录及住院记录等信息资料的收集与分析，及时建立和完善社区伤害监测记录，通过伤害数据，及时掌握伤害发生的人群，了解伤害事件发生的原因，获得社区伤害事件发生的风险源及其安全防护的薄弱环节，以便及早采取有针对性的伤害预防措施，做到防治并重、防微杜渐，从而最大限度地防控伤害事故的发生，最大限度地降低和减少伤害事故造成的损失。建立社区伤害监测记录是一项复杂的系统工程，为全面、详细、及时地做好社区安全事件的监测记录，则需要社区内的医院、卫生服务站、诊所等机构的通力合作，共同参与。

五 社区安全风险评估的程序
（一） 划分安全风险辨识单元

聘请安全风险评估专家和有经验的工作人员对学校周围的社区环境进行安全风险辨识单元划分，将社区内可能存在的一些不良环境、不安全行为和高危险区域进行风险分析、诊断、归类，并鉴定风险性质。

1. 按项目划分，例如：治安、交通、消防、卫生、涉水等。

2. 按区域划分，例如：企事业单位、居民区、公共场所等。

3. 按人群划分，例如：老年人、儿童、残疾人、精神病人、管制人

---

[1] 李中杰、陈曙旸、吴宜群：《国外伤害监测系统的建立与使用情况》，《国外医学（卫生学分册）》2004 年第 4 期，第 240 页。

员、缓刑人员、假释人员、刑满释放人员等。

4. 按危险因素类别划分，例如：触电、淹溺、爆炸、中毒、暴力等。

此外，还可将单元细分，例如：交通又可划分为道路、交通设施、行人、驾乘人员、交通工具、交通管理、交通标志标识等。①

（二）开展社区安全风险评价

一旦识别出社区存在的安全风险，接着就要对安全风险发生的可能性及影响范围进行评估，即所谓的安全风险评价。安全风险评价是采用系统科学的方法，确认系统存在的安全危险性，评估事故发生的可能性以及可能导致的破坏或伤害程度，根据其安全风险大小，采取相应的安全措施，以达到系统安全的过程。② 不同类型的安全风险，要根据实际需要选择不同的评价方法。一般安全风险评价主要有定性和定量两种方法。定性评价是通过搜集的信息资料，对评价对象的性质特点、发展趋势作出评估判断的一种方法。而定量评价是依据统计数据，对分析对象的各项指标及数值进行量化核算的一种方法。虽然定量评价的结果更具有准确性和可靠性，但在社区安全风险评价中由于难以获取翔实的数据资料以及学校安全风险发生的不确定性、突发性、隐蔽性、多变性等特点，全面的定量分析不仅难度较大，而且耗费的时间较长，因此课题组建议采取定性评价的方法。由于安全风险控制的成效取决于安全风险的应对水平的高低，所以在开展社区安全风险评价工作时，须考虑安全风险预案的设置、安全风险应急计划的落实、安全应急响应能力的提升等，从而提高社区安全相关预防控制措施的有效性。

（三）发布社区安全风险预警

平安校园视域下社区安全风险预警，其根本目的就是对校外的社区安全风险因素进行警示和提醒，引起预警对象如相关师生和学校周边的临近单位的重视，并做好相关的心理准备和防范措施，以避免不必要的损失和伤害。通过全面、细致地搜集社区内学校外部环境安全信息，可根据警示的危险程度对社区安全作出不同程度的分级，按照警情发出相应的警示信

---

① 欧阳梅、陈文涛、段淼：《创建安全社区之伤害调查与风险辨识方法探讨》，《中国安全科学学报》2006 年第 11 期，第 94 页。

② 陈国华、张新梅、金强：《区域应急管理实务——预案、演练及绩效》，化学工业出版社2008 年版，第 1 页。

号，从而使人们直观地了解社区的安全状况。预警警级是人们根据所采集到的社区安全信息，将社区安全状态的危害程度或严重程度人为划分的级别。借鉴自然灾害以及突发公共事件预警分级的相关理论，社区安全风险预警警情可按照社区安全事故发生的危害大小、紧急程度、人员伤亡及损失情况等由低到高划分为很安全、安全、一般、较危险和很危险五个级别。同时，根据警情级别的划分，也可用绿色、蓝色、黄色、橙色、红色标识对应由低到高的警情信号。颜色标识不同，警情不同。

目前，我国还没有对学校安全设立统一警戒级别，其他国家的相关研究和实践可以为我们提供一些参考经验。2000 年，美国教育部制定了学校安全警戒级别及行动指南（Sample School Advisory System）[1]（见表 8—3），使学校和社区根据警戒级别可以及时、有效地采取预防措施，将可能发生的安全事故消灭在萌芽状态。

表 8—3　　　　　　　　美国学校安全警戒级别及行动指南

警戒级别	建议学校采取的行动
红色	通过电台、电视台等接受地方或联邦政府的指示；启动危机应对计划；强制学校远离危险的来源；取消校外活动或野外旅行；为有需要的师生员工提供心理健康服务
橙色	派员工全天候监控学校出入口；评估并熟悉安全防范措施；修正家长对安全防范措施的看法；修正媒体对安全防范措施的看法；告诫学生关于可能遇到的恐怖袭击；学校和地区应急反应队伍处于待命状态
黄色	检查学校建筑及周边的可疑人员；与政府安全人员共同评估危险发展程度；与学校教职员工演习危机应急计划；测试可供选择的通信方式
蓝色	完善安全防范措施；演习紧急通信方案；清点、测试、维修通信器材；清点、补充应急物资；引导针对危机的培训和训练
绿色	评估、修正危机应急计划以及操作程序；与危机管理负责人商讨学校及周边地区的危机管理计划；与危机反应队伍演习他们的职责和义务；提供教职员工心肺复苏（CPR）和紧急救助方面的训练；100％查验来访者的身份证

---

① US Dept. of Education. Practical Information on Crisis Planning：A Guide for School and Communities，2003.

　　参考上述指标，假设学校周围处于很安全状态，社区内的政府安全管理部门可以发布绿色信号或不发布信号。当达到蓝色预警时，社区内的政府安全管理部门可在当天通过会议、电话、网络、下发文件通知等形式通知到区域内的所在学校，提醒学校各部门及教职工做好学生的安全工作。当达到黄色预警时，社区内已发现有威胁学校安全的治安隐患或已经发生轻微的治安事件，社区内政府安全管理部门应在两小时之内向上级部门报告，并立即用电话、传真或书面形式向有关学校发出黄色预警，指示学校做好防范措施。当达到橙色预警时，学校周边已有安全事件的发生，学生恐慌心理已产生，已经或将要影响到学校的正常教学秩序。对此，社区内的政府安全管理部门应尽量争取时间向上级部门进行汇报，并立即用电话、传真或书面形式向有关学校发出橙色预警，引起各学校的重视，确保各学校做好有针对性的方法措施。而当学校周围可能发生或已经发生重大安全事故时，社区内的政府安全管理部门则须在第一时间内上报相关安全部门和政府部门，立即召开有关安全的紧急会议，并紧急向区域内的各学校发布红色预警信号，要求学校相关人员做好预防工作，采取有效的援助措施，力争做到预警及时，最大限度地将危害降到最低状态。这种信号警报的发布，起到一种警示和提醒做好准备的作用。从这个角度来说，及时发布社区安全风险警情对于掌握安全情况和信息，提前做好准备，避免学校安全事故的发生将起到十分重要的作用。

（四）建立社区意外伤害预警模式

　　针对学生校外意外伤害事故频发的现状，基于安全学校建设的需要，建立社区意外伤害预警模式，对于积极防范学生校外的人身意外伤害事故之发生，是非常重要并迫在眉睫、意义重大的人本工程。建立社区意外伤害预警模式，通过科学的监测系统和分析系统，及时预测、警示社区内校外环境中存在的安全风险隐患，为社区相关安全管理部门制定有效的预防措施提供科学依据，以便最大限度地防控学生校外意外伤害事故的发生（见图8—1）。

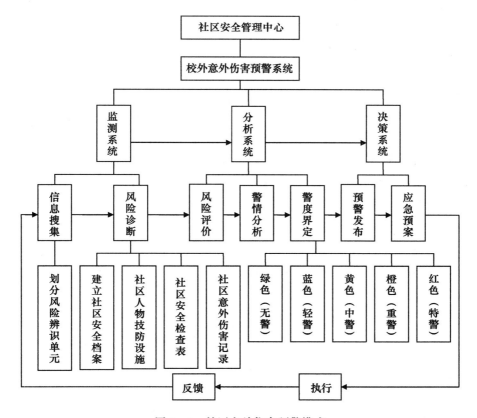

图 8—1　社区意外伤害预警模式

（五）健全社区安全应急预案和反应机制

　　"应急预案是针对具体设备、设施、场所和环境，在安全评级的基础上，为降低事故造成的人身、财产和环境损失，就事故发生后的应急救援机构和人员，应急救援的设备、设施、条件和环境，行动的步骤和纲领，控制事故发展的方法和程序等，遇袭案做出的科学而有效的计划和安排。"[①] 在一些危害学校安全的行为中，有时不是立刻就发生严重后果的，从安全危害行为到安全危害结果之间往往有一定的时间差。建立社区安全应急预案和反应机制，就是在全面了解社区安全隐患的基础上，制定有针对性的预防措施，以便更好地预防、减少和控制学校安全事故的发生。因

---

　　① 罗云:《学校安全保障与事故预防》，北京师范大学出版社 2013 年版，第 195 页。

此，根据风险预警，对可能发生的学校安全隐患制定快速、高效、有序的应急预防措施和快速反应机制，可以在针对学生的伤害行为的早期进行及时控制，避免造成更严重的后果，从而最大限度地减少和消除学校安全事故、伤害、财产损失，提高社区安全管理的能力，形成维护学校外在环境安全的保障机制。

（六）开展社区安全风险教育

古语有云："授之以鱼，不如授之以渔。"增强学生的安全防护意识，提高学生的自我保护能力，是预防、减少学生安全事件的重要手段。汤继承认为：安全教育是针对遭遇突发性事件、灾难性事故时表现出来的应急、应变能力的教育；避免学生自身的生命财产受到侵害的自我保护、安全防卫能力，增强安全意识的教育，以及法制观念、健康心理状态和抵御违法犯罪能力的教育。① 每年的 3 月 26 日是全国中小学生"安全教育日"，每年 3 月的最后一周则是中小学生"安全教育周"，但是很多中小学校并没有真正重视和落实学生的安全教育，只是开展几场形式意义多于实际效果的安全讲座，没有系统地对学生进行安全技能训练。根据一项调查显示：我国未成年人中，仅有不到 5% 的人接受过安全自卫方面的教育。未成年学生身体和心理上尚处于发育阶段，生活经验较少，缺乏自我保护的能力和处理危机的能力，当其遭遇一些意外伤害危险或侵害威胁时，因不能合理应对，致使发生伤害事故。安全教育是平安校园建设的重中之重，安全教育绝不仅仅只在某天某个场合开展一场讲座或给出一个温馨提示，而应该贯穿学校教育教学工作的全过程。因此，学校要加强对学生的安全教育，根据学生的年龄、认知水平、心理特性、法律行为能力特征等制定相应的安全教育计划，指导学生掌握基本的自我保护技能，提高学生应对和控制安全风险的能力和手段，培养学生在紧急情况下避险自救的能力，使学生在内心自觉地树立起安全防范意识。另外，学校须把安全事故的预防教育纳入学校的德育工作计划，积极探索在各学科中渗透安全教育，创新安全教育形式，以广播、校报、专家讲座、校园主题安全班会等活动形式为载体向学生宣传安全防范知识，增强学生的安全风险观念，

---

① 汤继承：《当前大学生安全教育的问题成因及对策研究》，硕士学位论文，华中师范大学，2005 年，第 23 页。

强化"居安思危,预防为主"意识,做到警钟长鸣。

通过对社区成员进行法律常识的教育,提高社区居民的法律意识,使社区居民能够规范自己的行为,克服和约束自己的越轨行为,懂得用法律武器同各种违法犯罪进行斗争。此外,要充分利用社区的教育宣传阵地,将平安校园建设的重要性进行广泛宣传,通过对社区成员的安全防范宣传教育,使社区群众能清晰辨识各种危害校园安全的违法犯罪行为,增强对违法犯罪行为的憎恶感,增强参与校外安全防范工作的积极性和责任感。另外,积极利用社区内高素质的管理人才对社区居民开展安全防范知识技能教育活动,使社区居民认识到各类违法犯罪活动的一般规律和特点,懂得更多的安全防范知识和防范措施,从而降低安全事件的发生。风险防范宣传教育做得好,就能预防和减少各类案件、事件的发生,堵塞各种隐患漏洞,为学校提供一个良好、安全的社区环境。

第三节　构建社区犯罪警报预防机制

社区安全风险评估的目的是构建社区犯罪警报预防机制,通过社区这个全方位、多功能、多层面、多角度的"变压器"提前平息和化解各类社会矛盾,通过社区这个全方位、多功能、多层面、多角度的"传感器"提早获得违法犯罪信息、发布犯罪警报并作出积极防控。因为社区对犯罪有着重要的预防功能、教育功能、塑造功能、感化功能、治疗功能、控制功能等特殊优势,在社区安全风险评估的基础上,着力构建立体化的社区犯罪警报预防制度及其运行模式,将危及学校安全的社区犯罪隐患消灭在萌发阶段,对于学校安全治理具有重要意义。

一　社区犯罪警报预防机制的概念

警报预防机制也可称为"预警机制",是指在事故发生之前预先发布警报,从而防范和控制事态发生的工作机制。社区是预防、控制犯罪的重要阵地,而社区犯罪控制正是做好预先的防备以应付危机或避免伤害,达到预防犯罪的效果,其成效也直接影响到和谐社会的构建。社区犯罪警报预防机制,是指综合运用多种社会力量,采取各种措施,为了预防社区犯罪事件的发生而设置预警的举措体系,并通过限制、消除产生犯罪的原因、条件以构建防止、控制和减少社区犯罪的举措体系。基于社区安全风险评估的结果，分析学生在校外活动过程中可能遇到的风险隐患以及由此可能造成的危害程度，建立多层次、宽领域、全方位的社区犯罪警报预防机制，旨在危害学生安全的事件发生之前，了解掌握有关风险征兆，及时地对校外潜在的安全隐患进行全面的搜集、分析、评估、判断，以确定危机发生的可能程度，并据此向所在区域内相关部门、学校、学生等发出警报，以便提前做好准备加以应对。

科学的犯罪防控体系包括四大组成部分：犯罪预测、犯罪预防、罪犯矫正以及犯罪控制。[①] 何显兵在《建立社区犯罪防控系统的基本构想》一文中提出："社区犯罪防控系统作为一个体系，是由不同的子系统构成的有机整体。犯罪预防主要是指社会预防、治安预防、刑罚预防。据此，社区犯罪防控系统的构成主要包括社会预防——社区建设、治安预防——社区警务、刑罚预防——社区矫正三个部分。"[②] 建立社区犯罪警报预防机制是落实社区安全风险评估结果的有效方法。建设社区犯罪警报预防机制，可以有效预防犯罪侵害、维护社区稳定。社区犯罪警报预防机制立足于社区，通过社区内安全风险评估的结果，有针对性地对社区内犯罪、治安风险问题的处理策略作出预先构想和行动计划，并从某些异常的指标中预先发现学校安全问题的先兆，促使相关管理部门根据安全隐患及时采取应对措施，从而最大限度减轻或者消除风险所造成的损失。社区犯罪警报预防机制具有预防性、应急性、可操作性的特点。社区犯罪警报预防机制建设，旨在提高社区应对风险隐患的减缓、处置和恢复的能力。

传统安全学校建设所依循的是学校安全管理理念，主要依靠一元的学校主体采取相关措施做好校园安全防范工作。学校安全治理理念则以宏观学校安全治理视域研究安全学校建设，将社区作为学校周边安全公共治理的重要责任主体，作为学校生存、运行、发展不可缺少的外部环境的重要组成部分，这符合解决社区治安问题的本质，体现了国家治理和社会治理的有效结合，可以弥补在学校安全问题上学校作为一元主体治理力量之不

---

① 廖斌、何显兵：《社区建设与犯罪防控》，人民法院出版社 2003 年版，第 47 页。

② 何显兵：《建立社区犯罪防控系统的基本构想》，《福建公安高等专科学校学报》2006 年第 1 期，第 45 页。

足。并且,从学校安全治理的视域出发,主动应对新的挑战,调动多元治理主体尤其是社区的独特功能和资源优势,相互合作、相互协调、群策群力、共同管理,创新方式方法,建立维护学校稳定的社区犯罪警报预防机制,对于及时发现、分析和解决维护学校稳定工作中出现的一些问题,增强维护稳定工作的针对性和准确性,弥补学生对不法侵害预防能力之不足,确保学校稳定乃至社会稳定大局,均具有十分重要的意义。①

二 境外社区犯罪警报预防机制的借鉴

相较于我国在社区犯罪警报预防机制建设方面的相对滞后性,境外一些国家建立了较为完善的社区犯罪警报预防制度,并在安全学校建设方面取得了很好的实效,值得我国借鉴。

(一) 美国的社区犯罪警报预防制度

美国在社区犯罪警报预防上所采取的"邻里守望计划"已经为颇多国家所吸纳。该计划产生于20世纪70年代,当时美国的犯罪非常猖獗,民众普遍对犯罪预防失去信心。在这样的社会背景下,各社区自己组织起来,开展"邻里守望"活动:组织同一社区的居民共同监视本社区的治安情况,发现问题立即报告警察或采取防范措施;组织居民巡逻队,流动执勤巡逻,震慑潜在的犯罪人,保护社区安全;同时,作为一种重要的警务战略和警务理念,社区警务在美国也得到广泛开设,其核心内容即是警察与居民、学校教会、企业、社区组织、政府机构等合作,以解决与其利益相关的特定问题。② 美国社区警务控制犯罪和维护治安的方式是通过警察在社区建立责任区,与社区成员一道实行群防群治,健全社区治安防控体系。此时,美国已经开始意识到,良好的社会机制和广泛的市民参与才是有效预防犯罪的最好途径,单纯依靠警察的力量只是治标而非治本之策。诚如科菲所指出的:"公众参与犯罪预防不仅是需要的,而且是必需的,刑事司法系统能否成功地对付大量的违法犯罪问题,在很大程度上依

---

① 毛欣娟、杨亮:《论高校稳定预警机制的构建》,《中国人民公安大学学报》(社会科学版)2007年第6期,第126页。

② 舒扬、彭湃等:《动态环境下的治安防范与控制——以广州为分析典例》,中央编译出版社2007年版,第113页。

赖于公众的参与活动。"社区警务将社区民众联动起来使犯罪预防在萌芽状态。美国的社区犯罪警报预防模式反映的是一种积极主动的动态警报预防战略，其在安全学校建设方面发挥了很好的实践效果。[①]

（二） 英国的社区犯罪警报预防制度

20 世纪 80 年代初，英国格拉斯哥市提出了"治安防范综合计划"，创立了英国第一个治安防范实验区，通过社区环境和居民住房等硬件条件的改善，减少犯罪的潜伏性，给犯罪分子作案设置屏障，以达到威慑的作用，起到预防犯罪的目的。格拉斯哥市把一切社会问题进行综合考虑，力图消除社会的不稳定因素，在工业化和现代化中建立一片安全的绿洲。该市还在雷爱逊地区居委会成立了第一个安全小组，提出了"大安全"的概念，即不仅预防犯罪，而且预防火灾、水污染、卫生事故等多项灾害。英国的"治安防范综合计划"包括：邻里守望、街道联防（邻里守望的升级版）和四邻联防（由志愿者组成的一种特殊警察制度）。当前，英格兰、威尔士、苏格兰有邻里联防组织 3 万多个，伦敦有 100 万个家庭参加了邻里联防组织。英国警方和政界有关人士认为，邻里联防是最好的治安防范措施，它不仅减少了犯罪和居民的恐惧感，还发扬了古老的社区相助精神，使入室盗窃于 1985 年下降了 29%，1986 年又下降了 86%。英国在校园安全治理方面努力实现学校、驻校警察、市政警察和当地市镇社区等各个责任主体之间的相互信任与合作，从而降低犯罪和维护地方秩序，将社区变成"一个繁荣的社区，一个人们都想在那里生活、工作、学习和繁衍后代的地方"。[②]

（三） 日本的社区犯罪警报预防制度

日本于 1993 年开始使用"社区警务"的名称，该制度是在交番体制下发展起来的。所谓交番，即警官在特定地点轮流值勤，在交番和驻在所工作的警察叫"外勤警察"或"巡逻警察"。在预防犯罪、减少案发方面，日本的交番体制发挥了十分重要的作用。社区警察一方面通过进行广泛宣传提高公众预防犯罪意识；另一方面促进警察与公众的对话，发展社

---

① 易招娣：《校园安全治理视角下社区犯罪预警机制的构建》，《教育研究》2016 年第 6 期，第 51 页。

② 同上书，第 52 页。

会团体帮助警察进行预防犯罪的工作。这个地区一旦发生绑架或伤害儿童案件，社区警察会第一时间赶到学校，训练孩子们如何对付侵犯者，并建议他们集体上学一起回家，保持与父母的联系。由于日本有群众参加预防犯罪的社会传统，所以每家每户都参加社区联盟。而在校园安全治理方面依靠青少年警察。该模式始于1949年，"日本的青少年警察也是以政府警察为主导，以社区、校园为核心，辅之以相关的配套制度（如"青少年警察与志愿者制度"），最终都通过对政府警察和社区民众以及学校的工作人员的密切合作，教育违法的青少年、制止损害青少年的合法权益的犯罪行为，并通过与青少年的积极沟通、创建有利于青少年成长的社会氛围，以及采取一些其他的相关配套活动来维护全体维护师生的人身和财产安全，保障学校的正常教学秩序"。① 该模式主要通过教育等辅助手段来控制青少年的违法犯罪行为，通过心理辅导、教育咨询、整肃校园周边的环境来达到预防校园暴力行为，维护校园安全的目的。以防范和治理青少年违法犯罪为例，日本非常强调依靠社会，以社区为中心，开展各种各样的活动，吸引大量的志愿者参加，形成了社区青少年违法犯罪和治理的网络，以其保障校园安全。②

我国至今所依循的传统警务模式仍是"反应式警务"，即警察的大多数工作是处理已发生的犯罪，犯罪预防只是警察工作的一小部分。而在上述国家，以社区警务为标志的警务模式的核心则是"服务型警务"，将政府、警察、社区、家庭、学校、教师及学生自身等主体紧密结合起来，这对我国建立社区犯罪警报预防机制以建设安全学校具有重要启示。第一，社区建设是社区犯罪警报预防制度构建的前提和基础。只有建设成熟的社区，才能形成社区的自治，而社区的自治须以"我为社区，社区为我"的认同感和责任感为基础，校园安全上群防群治的效应才能最终得以实现。第二，在社区犯罪警报预防制度构建中，社区基层组织（居民委员会）是重心，政府相关部门（公安机关）是骨干，人民群众是依托，三

---

① 倪洪涛、韩玉婷:《国外高校安保制度的比较及借鉴——以英国、美国、加拿大、瑞典、日本、新加坡为样本》,《西南政法大学学报》2013年第2期,第22页。

② 易招娣:《校园安全治理视角下社区犯罪预警机制的构建》,《教育研究》2016年第6期,第53—54页。

者之间形成合力，才能构筑严密的校园安全治安防控治理网络。第三，社会各主体的协同参与是增强社区犯罪警报预防力量的重要因素。推行综合治理战略是构建社区犯罪警报预防制度的有效方式。综合治理战略的核心内容就是立足社区，依靠群众，政府、社区、学校和家庭等主体协同，共同防范。当然，社区犯罪警报预防体系的建设还需要相关配套体制和制度加以保障。唯有如此，才能充分发挥社区犯罪警报预防制度对维护社会稳定和校园安全的作用。[①]

三　构建具有我国特色的社区犯罪警报预防机制

基于我国国情、社情、校情，针对我国社区违法犯罪的特点及其对学校安全治理的影响，借鉴境外社区犯罪警报预防机制的优点，构建具有我国特色的社区犯罪警报预防机制，对于推进我国学校安全治理具有重要意义。

（一）社区警务的建设

所谓社区警务，是指"警察与社区公众相结合，共同探讨和寻求解决可能影响和制约社区正常生活质量的各种隐患的对策和措施，以达到预防和惩治违法犯罪、维护社区治安秩序、确保一方平安的警务战略思想"。[②]党的十七大报告明确指出："健全社会治安防控体系，加强社会治安综合治理，深入开展平安创建活动，改善和加强城乡社区警务工作，依法防范和打击违法犯罪活动，保障人民生命财产安全。"社区警务建设是社区犯罪警报预防机制的重要组成部分，是实现警务前移、警民互助、预防犯罪、共保平安的具体措施。社区警务以预防和减少犯罪为目标，以全心全意为人民服务为宗旨，把警务工作立足于社区，其通过向社区居民提供多种服务来建立良好的警民关系，动员和组织社会力量积极参与到社区犯罪预防上来，增强维护治安的社会基础，从而更好地预防和控制社区内违法犯罪的发生。

[①]　易招娣：《校园安全治理视角下社区犯罪预警机制的构建》，《教育研究》2016年第6期，第54页。

[②]　冯文光、张波：《社区警务实用教程》，转引自何显兵《建立社区犯罪防控系统的基本构想》，《福建公安高等专科学校学报》2006年，第46页。

发挥社区优势,实现学校安全治理主体中"社区警务"社会化。从国外社区警务模式可以看出,学校安全治理都不仅依靠学校一方,而是通过联合政府、社区、学校和家庭等主体一起努力治理校园安全。这是国外实务操作中较为一致的做法。联动各方治理主体,强调社区在学校安全治理中的重要作用,实现社区警务的"社会化",是学校安全治理主体多元化的题中之意。如果说治理不同于作为社会管理方式的统治,社区警务社会化则区别过去社区警务维护社区治安秩序中警察相对独立的单面管理。学校安全治理理念的融入,使社区警务的治理范围延展至"社会",理所当然包括处于社区之中的学校。社区警务的目标不仅是发现和解决社区治安问题,而是预防和减少犯罪及再造社会和谐。社区警务的社会化同时也否定了"预防和减少犯罪只是执法机关的职责"这一说法,控制和减少犯罪的发生依靠全社会的共同努力。同时,应当积极发展校园警务,推动警校合作机制防控社区暴力犯罪。[①]

结合社区安全风险评估的结果,依靠社区警务的建设,收集犯罪的相关风险信息,及时发布学校周边社区的违法犯罪动态的通报,有针对性地采取必要的干预措施,形成社区犯罪预防动态预警,严厉打击危害学校安全的不法行为,切实改善学校的周边环境。同时,以社区警务为平台,向学校师生员工进行安全宣传教育,介绍学校周围犯罪类型的预防措施,提高师生员工自我防范意识,使师生学会保护自身安全,从而更好地维护学校外部环境的安全与稳定。另外,社区警务的深入开展,也有利于社区的普法宣传、安全教育的普及,对于提高社区居民的犯罪预防意识有重要的作用。

(二)　社区矫正的推进

最高人民法院、最高人民检察院、公安部和司法部在 2003 年《关于开展社区矫正试点工作的通知》中,对社区矫正的概念界定是:"社区矫正是与监禁矫正相对的行刑方式,是将符合社区矫正条件的罪犯置于社区内,由专门的国家机关在相关社会团体和民间组织以及社会志愿者的协助下,在判决、裁定或决定确定的期限内,矫正其犯罪心理和行为恶习,并

---

① 易招娣:《校园安全治理视角下社区犯罪预警机制的构建》,《教育研究》2016 年第 6期,第 54—55 页。

促进其顺利回归社会的非监禁刑罚执行活动。"①

　　社区矫正是降低社区犯罪率的有效措施。聘用专业矫正人员、吸纳高素质志愿人士或积极利用社会力量，通过多种形式，对社区服刑人员采取有针对性的思想、心理、法制、社会公德等方面的矫正措施和方法，促使他们悔罪改过、弃恶扬善，帮助他们更好地融入社会，从而降低重新犯罪的可能性。社区矫正相对来说有利于刑法的轻缓，使犯罪人更多地与亲友和社会接触，有助于罪犯适应并回归社会，从而达到维护社区安全，预防和减少犯罪的目的，因而也创造了学校的外在安全环境。

（三）社区心理危机预防机制的建立

　　加强社区心理危机预防机制的建设，有助于对社区内人们的心理问题及时进行疏导，把可能出现的心理问题消灭在萌芽状态，防控因心理因素所致的学生伤害案件之发生，进而促进安全学校建设。心理预防机制主要包括危机前的预警机制、危机发生时的反应机制和危机发生后的恢复机制。课题组主要从预警机制——建立社区心理健康档案，反应机制——社区心理危机预防方案，恢复机制——社区干预三个部分探讨社区心理危机预防机制的建立。

　　1. 建立社区心理健康档案。建立社区心理健康档案，对社区居民的心理健康状况进行普查，为有心理、精神问题并有诱发暴力或其他恶性事件可能的人群建立社区心理健康档案，注重对失足青少年和刑释解教人员的帮助教育，在保护隐私权的前提下与社区内的其他相关部门实现信息共享，通过社区医疗机构、公安派出机构、社区心理干预等组织之间的相互协作，建立及时干预平台和反应敏捷的应急联动机制，预防和减少重新犯罪，把可能出现的问题消灭在萌芽状态。另外，有些问题可能在心理健康档案上并没有反映，或者反映模糊，心理专家则需要通过面对面谈话等方式了解社区居民的心理危机，及早地采取相应的干预措施，以便将心理危机控制在萌芽状态。

　　2. 完善社区心理危机预防方案。第一，建立专业化的社区精神救助和心理危机干预工作者队伍。积极组织和整合高校心理教育者、心理咨询

---

　　① 周沛：《社区与社会工作》，转引自何显兵《建立社区犯罪防控系统的基本构想》，《福建公安高等专科学校学报》2006 年第 1 期，第 46 页。

师、医务工作者、社区服务人员、志愿者等多方社会人力资源走进社区,为社区居民定期举办有关心理健康方面的讲座与宣传,开通心理咨询热线,设置心理咨询接待室,给社区居民提供随时随地的心理咨询、问题疏导、交流倾诉的渠道,正确地引导他们正视自身可能遇到的心理问题,以积极的心态去解决问题,帮助他们摆脱各种心理困扰,消除各种心理障碍。第二,加强社区心理健康教育。社区心理健康教育又称"社区心理健康服务","是指在社区服务工作中,运用心理科学的理论和原则来保持与促进人们的心理健康,即通过讲究心理卫生,培养人们的健康心理,从而达到预防身心两方面疾病的目的"。① 在对社区安全风险评估信息结果收集的基础上,有针对性、有计划地在社区内提供以促进心理健康为主要内容的相关心理卫生知识和服务活动,旨在提高人们的整体素质和社会适应能力,从而减少心理和行为问题的发生。"国外社区心理健康服务工作基本都是由国家政府发起并直接管理或引导执行,通过政府力量来动员社会的有效资源走进社区,政府的宏观支持不仅保证了社区心理健康服务工作开展方向的正确性,还能够激发相关人员的发散思维及工作潜力,以确保社区心理健康工作及时有效的开展。"积极构建由政府引导、社会支持、社区动员的社区心理健康服务的模式,② 运用心理科学的理论和原则有针对性、有计划地在社区内普及相关心理卫生知识,培养人们的健康心理,预防和减少心理和行为问题的发生。第三,加强社区调解。作为预防社区心理危机的重要措施,社区调解要做到对当事人不偏不倚,平等对待,并根据事件的前因后果、矛盾纠纷的具体情况和环境特点,运用适宜的方式方法,公平公正地处理纠纷和矛盾,有效地化干戈为玉帛,预防心理危机的发生。

3. 加强社区精神救助和心理危机干预。社区干预是"有计划、有组织地进行一系列活动,以创造有利于健康的环境、改变人们的生活方式,

---

① 车文博:《心理咨询大百科全书》,转引自田圣政、李景《我国社区心理健康教育模式探究》,《攀枝花学院学报》2013 年第 2 期,第 11 页。

② 黄觅、叶一舵:《国外社区心理健康服务发展概况及其对我国的借鉴意义》,转引自田圣政、李景《我国社区心理健康教育模式探究》,《攀枝花学院学报》2013 年第 2 期,第 12 页。

降低危险因子水平，预防疾病，促进健康，提高患者的生活质量"①。加强对社区内精神病患者的救助和干预是改善患者的精神症状，降低患者疾病复发率，提高其健康的生活和社交能力的重要康复措施。完备的社区干预应事先制定出完备的干预方案，根据救助对象分类组建各种专门性的社区精神救助和心理危机干预团队，普及心理健康知识教育，采取心理疏导、药物治疗和康复训练等方法为遭遇危机事件的师生和家长提供专业的心理援助，有效缓解乃至消除校外安全事件对人们造成的心理创伤，恢复校园的正常教学秩序。

另外，完备的干预机构和人员配备是有效落实社区干预的重要保障。社区干预机构应尽可能地引入心理、法律及相关职能部门的专业人士参加，通过进一步地拓展干预主体，优化整合救助团队人力资源，提供有针对性的社区服务，帮助患者掌握心理健康护理方法，指导患者开展社会康复训练，促进精神病患者达到心理和社会康复。当然，也可通过社区探访、电话家访和个案辅导等相结合的方式，加强对社区成员心理及精神健康状态的信息收集，从而有目的、有计划地实施社区精神救助和心理危机干预。

（四）社区群众的参与

人民群众是我们力量的源泉，是我们各项工作取得成功的法宝，而社区犯罪警报预防机制的建设同样需要发挥群众的力量。群众是实现社区安全的最根本的依靠力量，如果失去群众的力量，社区犯罪警报预防机制的建设也无从谈起。"警力有限，民力无穷"，以社区警务为平台，积极组织和发动社区居民，开展群防群治的犯罪警报预防工作，协助社区警察共同维护社区安全，有助于在社区内形成一种人人关心、人人参与的主动防范风险的良好氛围，对不法分子起到威慑作用，从而有利于根本上预防和减少学校外在安全风险源的产生。

开展群防群治工作是推进社区安全的重要措施，但这种群防群治的意识不是自发形成的。社会成员是分散的，如何发挥社区成员的整体合力，是推进社区犯罪警报预防的重要工作。由于受传统"大政府"管理模式

---

① 何晓红、王文艳：《精神分裂症院外遵医行为的调查》，《中华现护理学杂志》2005年第2期，第8页。

的影响,社区公众在参与社会公共事务上往往处于被动状态。因此,通过宣传舆论媒介,在社区中开展社区犯罪警报预防的宣传教育和普法教育,提高社区群众的防范意识和防范能力,将有利于预防和减少安全事件的发生。

(五) 构建社区犯罪警报预防制度中治理子系统的内部衔接机制

课题组结合社区对学校安全治理的需要和责任,认为构建社区犯罪警报制度及其运行体系,应着力构建社区犯罪警报信息系统、分析系统和决策系统等三个子系统。

1. 社区犯罪警报信息系统。这是建立社区犯罪警报预防制度的第一系统和社区犯罪警报预防制度的首要工作。该系统主要由政府部门、社区、学校、家庭、环境、现场等相关信息源组成。即社区犯罪发生之后,处于犯罪发生周边的各相关信息源将不同程度地掌握犯罪信息。具体而言,政府部门是具体承担安全管理的业务部门,制定相关政策法规和管理制度,掌握社区安全信息;社区是人们生活中不可缺少的一个综合性群众基础机构,且是犯罪发生地,掌握较全的犯罪信息;学校往往处在社区之中,社区犯罪一旦发生,社区安全稳定与学校安全治理融为一体,学校也会从不同程度获知犯罪发生的情况;家庭作为社会的基本细胞和组成单位,居住在一个固定区域的居民群体范围内的居民掌握着社区安全最直接的全面信息;环境包括自然和人为环境,如所处的社区地理位置,社区周边的交通状况、治安状况等各类安全信息;现场是指社区内外发生犯罪的第一所在地的犯罪状况,这是信息系统必不可少的。社区犯罪信息系统要全面搜集、选择、储存相关信息,对相关信息进行全面归类、统计、制图,并根据信息运行轨迹,建立综合的社区犯罪警报指标系统。[①]

2. 社区犯罪警报分析系统。该系统是连接信息系统和决策系统的桥梁,是社区犯罪警报制度的核心系统。该系统的运行质量,直接关系到社区犯罪警报决策系统的质量,同时也关系到社区犯罪预防系统能否有效运行。该系统主要对政府部门、社区、学校、家庭、环境、现场等信息源反

---

① 易招娣:《校园安全治理视角下社区犯罪预警机制的构建》,《教育研究》2016 年第 6 期,第 56 页。

馈的信息进行比较分析。分析政府部门制定的安全政策法规和管理制度、部门领导对安全的工作态度；分析社区安全信息统计发展趋势或当前社区安全信息频率；分析学校安全信息发生的类型、特性和规律；分析家庭过往发生犯罪的原因；分析社区过去和当前周边自然和人为环境包括舆论安全环境等的变化；分析过去类似的犯罪现场情况等。在对这些信息源反馈的信息进行分析比较后，通过归纳和合理的逻辑推理，得出其可能发生犯罪的概率和警级、时间、地点，同时结合这些因素，针对社区犯罪可能发生的时间、地点和警级提出几套应对方案，提交有权主体决策，向社会、学校或相关对象发出警报。①

3. 社区犯罪警报决策系统。该系统是根据分析系统提出的社区犯罪警报级别和相应的预防对策方案，结合权力主体或社会可接受程度，采用集体或首长负责的形式作出科学决定的系统。该系统包括判断、传播、责任、督促等四个组成部分。其中，判断系统是指有权主体在自己职责范围内，按照法定的职权和程序，根据分析系统提出的警情，立即作出明确判断，选择决定社区犯罪警报信息的级别、符号和发出警报信息的对象、方式和途径；传播系统是指在决定安全警报级别、符号和应对措施、传播途径等之后，要及时通过相应的途径和手段将决定传播到学校等相应的对象，特别是有关对象的责任人；责任系统包括传播、组织责任人的责任，即应对方案时所要的物资、经费、技术人员、时间、地点等责任人的责任等；督促系统是指为了保证责任落实，切实使应对措施达到实效，相关组织或学校在收到警报信息后，要立即行动起来，及时启动犯罪预防机制等，千方百计通过整改，预防社区犯罪的发生或将可能发生的社区犯罪控制在最小范围，将损失降到最低限度。建立社区犯罪警报预防制度，就要分别建立这三个子系统，由三个子系统有机构成社区犯罪警报系统（见图8—2）。②

---

① 易招娣：《校园安全治理视角下社区犯罪预警机制的构建》，《教育研究》2016年第6期，第56页。

② 同上书，第57页。

图 8—2　社区犯罪警报预防制度模式

　　现代政府的一个重要理念就是"使用少量钱预防，而不是花大量钱治疗"，[①] 因此，社区犯罪警报制度在当今社会生活和政府治理中占据重要地位。从社区犯罪警报系统运行流程上看，政府相关主管部门在决定启用社区犯罪警报机制后，分管信息系统的部门及相关责任人员就按照自己的权利和义务，根据运行设计，广泛搜集和储备社区安全信息，并进行筛选、分类、统计、制图、建立警报的科学指标；紧接着，分析系统开始分析犯罪发生的趋势，并对发现的犯罪发展趋势进行环境（包括气候、时间）的历史比较，与相关科学指标作对比分析，研判发生危害校园安全的社区犯罪事件的可能性及其严重程度，向决策系统即主管部门和负责人提出发出警报级别以及基本的应对措施建议。社区犯罪警报制度的运行关键是责任制度明确、责任人明确、失职惩罚明确、对象和时间界限明确。[②] 其系统运行流程具体如图 8—3 所示：

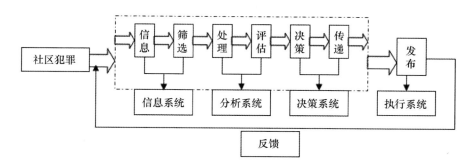

图 8—3　社区犯罪警报预防制度及其运行流程

---

　　① 　戴维·奥斯本等：《改革政府——企业精神如何改革着公营部门》，周敦仁等译，上海译文出版社 1996 年版，第 205 页。

　　② 　同上。

综上所述，学校安全治理主体的多元化及其责任的明确，有助于避免过去单一主体应对的力不从心和信息资源断层的现象。而社区犯罪警报预防制度中各子系统的有机运行，有助于提高预警的发布和实施的效率，在尽可能短的时间内做好预防和相关救助工作，最大限度地预防和减少社区犯罪给学校和社会带来的危险。①

① 易招娣：《校园安全治理视角下社区犯罪预警机制的构建》，《教育研究》2016 年第 6 期，第 57 页。

第 九 章

多元救济:社会安全视野下学校
安全事故的救助模式

　　"没有救济就没有权利"是西方的古老法谚,法律公平正义的理念要求权利的设定必须有相应的救济机制。当前,我国现行学校安全事故损害救济制度存在严重缺陷,致使受害人往往得不到及时、适当的救济,也致使学校或侵权人面临重大困扰。[①] 为了更好地保护学校安全事故受害人的合法权益,确保其获得及时、适当的救济,校方责任保险、学生平安保险和社会救助基金等正逐步介入学校安全事故损害救济领域,这是学校安全事故社会救济制度发展的重要趋势。立足于我国国情、社情、校情,在"权利—义务社会化"理论的基础上,以分散风险为目的,借鉴中国道路交通事故损害赔偿社会化救济的体系建构,以我国学校安全事故的现状为切入点,以侵权责任制度为基础,以社会救济理论为主线,构建校方责任保险、学生平安保险和社会救助基金等有机结合的学校安全事故损害社会化救济制度体系,不仅是实施科教兴国战略、坚持以人为本的必然要求,也是促进社会公平正义、构建社会主义和谐社会的必要手段,更是加快推进社会主义法治国家建设的重要举措,也符合《社会救助暂行办法》所坚持的"托底线、救急难、可持续"精神。

---

　　① 学校安全事故损害救济包括民事救济、行政救济、刑事救济和社会化救济。本课题相关研究仅限于受害学生人身损害的救济问题。

第一节　学校安全事故社会化救济概述

　　长期以来，学校安全事故的损害救济一直以侵权责任承担为主要甚至唯一方式，不利于维护受害人的合法权益、维护学校正常的教育教学秩序、促进教育事业的健康发展等。在现代风险社会，学校安全事故的发生频度和强度都有可能不断增加，其所致之损害的严重性更是难以估量，前述问题将更加突出。从境外的有益经验和国内某些区域的先行实践看，在侵权责任承担的基础上，构建校方责任保险、学生平安保险和社会救助基金等有机结合的学校安全事故损害社会化救济制度体系，是解决学校安全事故损害救济问题的一剂良方。

一　学校安全事故社会化救济的涵义

　　学校安全事故社会化救济，也称"从个人损害到社会损害"，是指将学校安全事故所产生人身损害从个体侵权责任损害视为社会损害，通过校方责任保险制度、学生平安保险制度与社会救助基金制度等高度设计的损害填补制度，由社会上多数人承担和消化此种损害，从而使损害填补不再是单纯的侵权人自我负担的措施。其目的就是要使学校安全事故受害人的人身财产权利在受到侵权损害的同时就能得到及时充分有效的救济，分担和削减因为侵权损害而造成的巨额的赔偿损害成本。[1]

　　学校安全事故的损害救济一直以侵权责任承担作为主要甚至唯一方式，受害人的损失根据《中华人民共和国侵权责任法》第38、39、40条等相关规定，由相关责任人以赔偿或者补偿的方式获得救济。[2] 实际上，

---

　　① 孙昌兴、周彦：《我国企业环境侵权社会化救济的思考》，《华北电力大学学报》（社会科学版）2011年第4期，第9页。

　　② 《侵权责任法》第三十八条规定："无民事行为能力人在幼儿园、学校或者其他教育机构学习、生活期间受到人身损害的，幼儿园、学校或者其他教育机构应当承担责任，但能够证明尽到教育、管理职责的，不承担责任。"第三十九条规定："限制民事行为能力人在学校或者其他教育机构学习、生活期间受到人身损害，学校或者其他教育机构未尽到教育、管理职责的，应当承担责任。"第四十条规定："无民事行为能力人或者限制民事行为能力人在幼儿园、学校或者其他教育机构学习、生活期间，受到幼儿园、学校或者其他教育机构以外的人员人身损害的，由侵权人承担侵权责任；幼儿园、学校或者其他教育机构未尽到管理职责的，承担相应的补充责任。"

可以从学校责任承担的视角，将学校安全事故区分为学校侵权所致之学校安全事故和学校无法律责任之学校安全事故。[①] 对于学校侵权所致之学校安全事故，依法应当由学校承担法律责任；对于第三人侵权所致之学校安全事故，依法应当由第三人承担法律责任；对于学生及其监护人过错所致之学校安全事故和意外事件，依法应当由其自负其责。这种以侵权责任承担作为主要甚至唯一的传统民事救济方式，是建立在侵权人确定和责任个别化具体化的基础之上的。[②] 比如，学校或第三人因赔付能力有限而赔付不能或不足、学校或第三人赔付需要以漫长的法律程序确定其所应承担的侵权责任为前提、第三人不明或下落不明、学生家庭经济困难等因素，经常使受害人不能及时获得适当的赔偿或补偿，甚至使受害人不能及时获得适当的医疗、救护和最低生活保障，其消极影响极大，不利于维护受害人的合法权益、维护学校正常的教育教学秩序、促进教育事业的健康发展等。

在现代风险社会，学校安全事故的发生频度和强度都有可能不断增加，其所致损害的严重性更是难以估量，这种以侵权责任承担为主要甚至唯一方式的传统民事救济方式在对学校安全事故受害人进行救济时的局限性将更加突出。Sugarman 认为，许多损害是无法通过侵权法来给予补偿的，无论是侵权责任构成对过错的强调，还是对因果关系的要求，都在一定程度上不能满足受害人的救济需要，尤其在一些突发侵权事故中，大量受害人是难以完全通过侵权法获得救济的。[③]

在学校或第三人因赔付能力有限而赔付不能或不足的情况下；在学校或第三人赔付需要以漫长的法律程序确定其所应承担的侵权责任为前提，而受害人不能获得及时充分有效的救济必然使其不能及时获得适当的医

---

① 虽然，其中也涉及一些共同过错或混合过错所致之学生伤害事故，但仍不外乎学校有无过错（即有无法律责任）之情况。方益权:《关于构建我国学校侵权责任保险制度的若干思考》，《法学家》2004 年第 4 期，第 133 页。

② 肖海军:《环境事故认定与法律处理》，湖南人民出版社 2003 年版，第 173 页。

③ Robert L. Rabin, Perspectives on Tort Law, Little, Brown and Company, 1995, p. 167.

疗、救护和最低生活保障具有重要意义的情况下；① 在第三人不明或下落不明，受害人不能获得及时充分有效的救济的情况下；在学生家庭经济困难，即使部分或全部的损害侵权责任依法应当自负其责，但是受害学生不能获得及时充分有效的救济必然使其不能及时获得适当的医疗、救护和最低生活保障等情况下，应当以校方责任保险、学生平安保险和社会救助基金等有机结合的学校安全事故损害社会化救济制度体系解决受害人的损害救济问题。

学校安全事故社会化救济通常由三部分组成：校方责任保险、学生平安保险和社会救助基金。三个系统之间的差异是由不同的主体展开：校方责任保险是由学校购买校方责任保险开始，在学校事故安全发生后，学校将其应当承担的赔偿责任转嫁保险公司；学生平安保险是被保险人购买商业保险，因意外伤残、意外身故、因疾病身故、因意外伤害或疾病住院、因意外伤害门（急）诊、在校园内参加教育教学活动或参加学校组织安排的校外活动时遭受意外伤害等情况下，被保险人的人身伤亡和财产损失转嫁向保险公司，保险公司按规定给付保险金。可见，校方责任保险制度下，被保险人对受害人的赔偿资金是由被保险人缴纳提供的；学生平安保险制度下，被保险人的人身损害救济赔偿责任是由被保险人缴纳一定的保险费所获得的。因此，校方责任保险、学生平安保险都可以归入社会化救济制度，因为这两种制度都满足了社会化救济的功能——分散风险、转移损害。而学校安全事故社会救助基金制度是指以国家为主导和发起人，由国家、社会、学校、个人与社会上特定组织等共同筹资设立的基金制度，其社会救助基金的性质决定了其分散社会风险的功能。

简要地说，基于该三个系统可以发现，校方责任保险和学生平安保险，前提是必须将购买保险事项提前到发生事故前，如果不能满足这样的行为，无论是校方责任保险还是学生平安保险，都不发生分散风险、转移损害的功能，因此，这两个系统属于社会救助制度的低阶水平。而学校安

---

① 1994 年，浙江温州某小学未经有关部门审批，在学校教学楼旁建造配电房并管理不善，致使学生缪某被高压电击伤，伤残等级为二级。温州市中级人民法院于 2000 年 3 月 1 日作出判决，学校赔偿金额达 1174566 元。这种学校安全事故发生之后经过很长时间，受害学生才获得及时充分有效的救济的现象非常普遍，但在法律制度设计上也无可厚非。宋永梅：《可怜男童，获赔百万》，《温州时报》2000 年 3 月 2 日。

全事故社会救助基金制度则具有学校安全事故救济的"盲区填补"功能,可以填补受害学生因各种因素不能获得及时充分有效的救济而必然使其不能及时获得适当的医疗、救护和最低生活保障的情况,在其亟须获得救助时就能通过申请并及时获得适当救助。

二　学校安全事故社会化救济的功能

由于学校安全事故的特殊性,传统侵权责任承担救济方式不能很好地达到保护受害人和兼顾侵权人利益的目的,其救济类型必须扩展,扩展的趋势就是学校安全事故的社会化救济。[①] 学校安全事故社会化救济的优点在于其能够最大化地保护和平衡学校安全事故受害人和侵权人的权益,分散学校安全事故损害的风险,使单独的个人、学校责任承担转为国家、社会、学校、个人与社会上特定组织等共同承担,从而在不影响潜在学校安全事故侵权人从事正常社会活动的同时,也能实现对学校安全事故受害者及时充分有效的救济。[②] 因此,学校安全事故社会化救济符合侵权责任法的侵权损害救济由传统"个人化"模式向现代"社会化"模式的发展趋势,具有分散风险、转移损害等功能,能更好地实现"个人自由主义"与"社会集体安全"这两个现代社会损害填补的基本价值的选择与调和[③],能更好地实现分配的正义,对于维护受害学生的合法权益、维护学校正常的教育教学秩序、促进教育事业的健康发展等,具有重要意义。尤其是在 2002 年 9 月 23 日内蒙古丰镇某校挤死 21 名学生、挤伤 47 名学生,2003 年 3 月 19 日辽宁海城 3000 余名学生中毒等特大伤亡、高额赔偿的案件中,学校安全事故社会化救济的功能更加彰显。具体地,体现在以下几方面。

(一) 可以更好地维护受害学生的合法权益

近年来,我国仅中小学生每年非正常死亡人数都在 1.6 万人以上

---

① 渠涛:《从损害赔偿走向社会保障性的救济——加藤雅信教授对侵权行为法的构想》,载梁慧星主编《民商法论丛》第 2 卷,法律出版社 1997 年版,第 288—320 页。

② 周彦:《我国企业环境侵权社会化救济的思考》,《华北电力大学学报》(社会科学版) 2011 年第 4 期,第 9 页。

③ 王泽鉴:《民法学说与判例研究》第 2 册,中国政法大学出版社 1997 年版,第 176 页。

（据不完全统计，1994 年竟达到了 1.8 万多人），平均每天 40 多人，[1] 还有更多的学生遭受各种伤害。在学校安全事故中，面对动辄几十万甚至上百万元的赔偿请求，学校和相关侵权赔偿责任人经常因资金不足而赔付不能或不足。[2] 由于学校的公共性、公益性等特点，将其教育设施及相关财产查封拍卖以偿付赔偿费用并不可行。而制造学校安全事故特别是重特大学校安全事故的侵权责任人，大多又是生活在社会底层，经济生活困窘，对社会强烈不满和敌视，才采取极端的违法犯罪的反社会行为，其及时充分赔偿学校安全事故受害人的能力更是经常显得不足。此时，受害学生及时获得适当的医疗、救护和最低生活保障的权利将难以得到保障。此外，学校或第三人赔付需要以漫长的法律程序确定其所应承担的侵权责任为前提，这期间，受害学生及时获得适当的医疗、救护和最低生活保障的权利将难以得到保障。如发生第三人不明或下落不明等情况，受害学生及时获得适当的医疗、救护和最低生活保障的权利也将难以得到保障。特别是当上述因素与学生家庭经济困难等因素叠加时，更是经常使受害学生不能及时获得适当的医疗、救护和最低生活保障，受害学生可能因为不能继续支付医疗救治费用而被迫停止医疗救治，由此导致最佳医治期间的错过，将严重影响其通过继续医疗救治以恢复健康的基本权利的保障，也可能因经济窘迫而严重影响受害学生及其家属基本生存权利的依法维护。学校安全事故社会化救济，将使受害学生迅速、可靠地获得因学校安全事故所致之损害赔偿或及时得到适当补偿，合法权益得到有效保障。这是学校安全事故社会化救济最根本的功能所在。

（二）可以有效维护学校正常的教育教学秩序

学校安全事故一直是笼罩在校园上空的阴云。在学校安全事故中，不论学校是否有过错，是否应当承担侵权责任，受害学生及其监护人和其他

---

[1]　小雅、英思：《让孩子在校园中安全成长》，《中国教育报》2003 年 9 月 11 日。

[2]　2013 年 10 月 14 日午餐后，当时正读一年级的小云和其他学生一起在学校操场东侧的栅栏边玩耍，这时有学生摇晃栅栏，导致栅栏立柱翻倒，将小云的右手砸伤。小云受伤后，校方立即派人将小云送医。后经鉴定，小云因外伤致右手毁损伤腕部截肢术后，双手十指缺失 50%；双掌缺失 30% 以上，综合评定为六级伤残。小云的父母将校方起诉到法院，要求赔偿医疗费、住院伙食补助费、残疾赔偿金、残疾辅助器具费、精神损害抚慰金等各项损失合计 923425.17 元。这种动辄几十万甚至上百万元的学校安全事故损害赔偿案件已屡见不鲜。南轩、朱弼瑜：《家长状告学校要求赔偿近百万元》，《嘉兴日报》2015 年 4 月 10 日。

亲属在产生对学校和社会以及其他侵权责任人的不满情绪后,经常会选择到学校闹事吵嚷,甚至会迫于无奈而铤而走险,针对学校及其师生做出极端的违法犯罪行为,严重影响学校正常的教育教学秩序,并使学校教职工和学生的生命财产安全受到严重威胁。学校安全事故社会化救济中的校方责任保险制度,将学校责任与损害赔偿分离,使学生和保险人之间建立了关于学校侵权损害赔偿的直接法律关系,学校不再与学生发生侵权损害赔偿法律关系,这不但可以使学生迅速、可靠地获得因学校侵权所致的损害赔偿,从而化解其与学校的矛盾以维护学校和社会的稳定,还使受害人明白,即使学校有侵权赔偿责任,也不是由学校支付赔偿金,到学校闹事于事无补,这尤其对从根本上改变"不闹不赔、小闹小赔、大闹大赔"的解决纠纷争议的非法治思维和不良风气具有积极意义。学校安全事故社会化救济中的学生平安保险制度,使受害学生遇到救助困境亟须获得救助时,能以学生平安保险从保险公司获得理赔;而学校安全事故社会化救济中的社会救助基金制度,则使受害学生可以通过申请社会救助基金获得及时救助,这两项制度将能及时在一定程度上缓解受害学生及其家庭的救助困境,从而降低其不满情绪,化解其与学校的矛盾,维护学校和社会的稳定。

(三) 可以积极促进教育事业的健康发展

《中国教育改革和发展纲要》《教育法》《面向 21 世纪教育振兴行动计划》等都规定了教育经费投入上的"一提高,三增长"。[①] 经过不懈努力,当前全国财政性教育经费支出占国内生产总值比例超过 4%。但是,从我国薄弱的教育基础和对高质量教育水平的强烈需求看,教育经费投入仍然显得极为窘迫,学校教育经费总体上仍然非常紧张。显然,如果学校将必要的教育经费挪用作学校安全事故的损害赔偿或补偿,不但是违法挪用教育经费,而且将使教育改革和发展在物质保障上雪上加霜,使学校正常的教育教学活动受到严重影响,损害了全体学生的受教育权,不利于教育事业的健康发展。学校安全事故的频发性,决定了该影响的广泛性和深

---

① 国家财政性教育经费支出占国民生产总值的比例应当随着国民经济的发展和财政收入的增长逐步提高。各级人民政府教育财政拨款的增长应当高于财政经常性收入的增长,并使按在校学生人数平均的教育费用逐步增长,保证教师工资和学生人均公用经费逐步增长。

远性。并且，学校安全事故具有突发性，这意味着学校的教育经费在承担了突发的损害赔偿或补偿责任后，必然不能按照原使用预算开展相应的教育教学活动，这也必将损害全体学生的受教育权，不利于教育事业的健康发展。而学校安全事故社会化救济，可以使学校的损害赔偿或补偿责任也发生分散风险、转移损害的效果，对于保障教育经费完全按照功能和预算用于教育活动，促进教育事业健康发展，是非常有价值的。

可见，学校安全事故社会化救济是一个以"救济受害人"为中心的系统设计。这个设计的重点是如何弥补受害人的损失，如何转嫁受害人的损失。这种新型的救济模式和侵权救济模式，在更好地保障受害人的权益的同时，也防止了致害人由于赔偿损失而陷入生活困境或无法可持续发展，而将损害向更多的人分散。由于学校安全事故是一个社会问题，学校安全事故的社会化救济也是一个社会问题，而不是社会中个别成员的问题，不应限于只在《侵权责任法》中寻找解决方案。① 因此，试图从其他法律部门寻找适当的法律途径，通过校方责任保险、学生平安保险和社会救助基金等渠道传播损耗，这是符合现代社会救济理论的。

（四）有助于促进严格校园安全建设和增强各方责任意识

由于我国没有真正意义上的教育法，校园安全法规也不够健全，尤其缺少学校安全事故救济方面的具体规定，再加上执法漏洞，客观上对侵权者无法形成压力，损害赔偿纠纷时常打响。高诉讼成本和司法程序漫长的等待时间，使受害者通过司法途径要求侵权人赔偿显得非常困难，当受害人通过行政渠道要求，由于学校或其他教育机构所在地方政府行政单位的保护，再加上学校里缺少资金，所以一旦学校发生安全事故，特别是重大事故，学校无力支付赔偿金。这些原因使受害人索赔道路上充满困难。

---

① 美国现实主义法学派代表霍姆斯在他的著作《普通法》中论及侵权责任保险制度的影响时写道："可以设想，国家可以使自己成为防范意外的互助保险公司，在全部成员中间分配其公民之不幸的负担。也可以存在一种提供给瘫痪病人的养老金，国家可以对那些人身或财产受到暴风雨或野兽侵害的人给予援助。在个人之间，也可以力所能及地采取互助保险的原则，在双方都有过错时分担损害，就像海事法院的简单公正裁决，或者可以将所有的损失加给某一行为人，而不管其有无过错。"小奥利弗·温德尔·霍姆斯：《普通法》，冉昊、姚中秋译，中国政法大学出版社2006年版，第84页。

三　学校安全事故社会化救济的相关理论基础

(一) 利益平衡理论

通常情况下,利益冲突依靠社会自发调整就可以得到解决。但随着经济的快速发展,利益的多元化更为严峻,且社会各群体的利益需求也无限化,利益冲突超出社会自发调整的范畴。法律作为社会矛盾和各种利益冲突解决的重要手段,对于相互冲突的利益关系进行调整有一定的作用。法律的调整在客观上也对利益的先后顺序、上下位阶无形地作了安排,法律根据评价规范对各类利益冲突予以化解,从而使冲突各方在利益关系中处于平衡状态。具体到学校安全事故领域,则需要由法律对学校安全事故受害人的合法权益与学校安全事故致害人的利益、社会公共利益之间产生的利益冲突进行化解,使之处于利益平衡状态。

法律制度设计和实践的重要作用之一就是调整各个社会主体之间的利益关系,实现利益平衡。法律作为一项有效的利益关系调节手段,具备协调和平衡利益冲突的功能,法律通过其特有的权威实现利益平衡,分配已有利益,并将它纳入法律规范中予以调节。在调节过程中,以国家名义出现,要求民众遵守,进而达到化解利益冲突的目的。法律调节各冲突方利益时,主要先通过识别、确认和衡量方面来平衡各项存在冲突的利益,再确定利益分配的原则、范围、数量和质量,最后在各利益主体之间分配利益,并确认每一项利益主体所享有的权利和应当承担的义务。另外,法律基于自身追求的公平正义等价值,会对社会中的强弱势群体予以利益的平衡,对弱势群体的利益会给予倾向性保护,体现在分配利益时给予特殊考虑。利益平衡实际上是在一定的利益格局和体系下出现的利益体系相对和平共处、相对均势的状态。利益平衡既是一项立法原则,也是一项司法原则。法律、规则和制度都建立在利益平衡的基础上。在法律层面上,利益平衡是指"通过法律的权威来协调各方面冲突因素,使相关各方的利益在共存和相容的基础上达到合理的优化状态"。在学校安全事故的救济上,兼顾利益平衡可以使各社会主体之间在学校安全事故发生后,更迅速有效地修复被割裂和破坏了的社会和谐关系,防止在该学校安全事故的基础上进一步引发新的学校安全事故。

（二）分配正义理论

分配正义理论也是学校安全事故救济社会化的理论基础。亚里士多德最早阐述了分配正义与矫正正义的区别。[①] 亚里士多德称之为"各得其所"的是传统侵权责任法中有关损害救济要实现的矫正正义——当冲突发生时，法律为了防止类似行为再次发生，要求加害人赔偿受害人的损失，为他的行为不当付出代价。受害者和加害者的矫正正义的利益调整，不仅要恢复两者之间的平衡，也反映了法律对违法行为的制裁，但矫正正义理论只考虑违法犯罪人的客观行为，无关加害者与受害者客观的社会地位和经济地位。但分配正义与矫正正义的侧重点有所不同，分配正义看重社会成员或群体之间的权利、义务和责任分配，分配正义涉及的问题通常由享有立法权的政府来解决。[②] 分配正义要求在面对侵权责任的责任分配时，不仅要考虑带来损害事实的违法犯罪客观行为，同时考虑到当事人的特殊能力，特别是分散风险的能力——应该由更有能力的一方承担。[③] 分配正义理论建立在三个基本前提上：一是建立在"深口袋理论"的前提之上。该理论认为，在现代工业社会，大量的侵权案件的受害者，如消费者、产业工人，大多属于社会中的弱势群体。而加害人一方往往处在强者的位置。较弱的一方遭受损失，而处于强势地位的一方却大多能从中受益（或受到较小损害）。因此，事故的风险分配给资金雄厚的公司、强大的政府，更能满足现代社会正义的要求。二是建立在"可保险性理论"的前提之上。该理论认为，资金雄厚的公司、强大的政府，通过出资购买保险，将各种的风险转嫁给更多的投保人，可以更好地分散损害风险。三是建立在社会保障理论的前提之上。该理论认为，应当积极动员社会各方面资源，保证无收入、低收入以及遭受各种意外灾害的公民能够维持生存，保障劳动者在年老、失业、患病、工伤、生育时的基本生活不受影响，同

[①]　亚里士多德最早提出了矫正正义和分配正义的区别。他认为，分配正义是对荣誉、钱财或其他可析分的共同财富的分配的正义；矫正正义是在私人交易中起矫正作用的正义。矫正正义又有两种，对应于两类私人交易：出于意愿的和违反意愿的。

[②]　E. 博登海默：《法理学：法律哲学与法律方法》，邓正来译，中国政法大学出版社1999年版，第265—267页。

[③]　薛虹：《演变中的侵权责任和人身伤亡事故问题的解决》，载梁慧星主编《民商法论丛》第五卷，法律出版社1996年版，第714页。

时根据经济和社会发展状况，逐步增进公共福利水平，提高国民生活质量。① 这样，由更广泛意义上的社会各主体筹集救助基金，也实现了更好地分散损害风险的目的。因此，分配正义理论证明了学校安全事故救济社会化具有很好的实现和实践前景，通过多样化的损失赔偿可以达到对受害人进行及时充分有效的救济。

（三）社会本位理论

"社会本位"是与"个人本位"相对应的概念。在侵权法学中，有关个人本位的假定是社会上处境平等和相互独立的个人构成的共同体，因此维护个人利益是法的基点。20 世纪以来，在公法和私法研究领域都出现了以社会本位为其本位观的思想。社会本位假定人是作为社会彼此联系的一员，并以社会的存在为前提，因而强调法应当以维护社会的利益为基点，② 法律的主要功能是协调各种利益冲突，以实现社会公共利益。在这一理念的影响下，强调社会利益和人文关怀的概念已经逐渐取代了强调个人自由和个人权利的个人本位论。"在社会与个人的关系上，社会法学派强调社会、社会连带（合作）、社会整体利益；在权利和义务的关系上，相当一部分法学家强调义务，倾向于社会本位。"③ 社会本位一方面倾斜性保护弱势群体，认为谋求最大多数人幸福的方式是通过社会对个体差异性的认识，对比不同的个体利益，基于个体利益的普遍化来实现社会利益。"表现在权利义务的具体配置上，则以形式上的不平等达到实质的平等，偏重于对具体人格，尤其是对弱势群体的倾斜性保护。"④ 另一方面，强化了的社会责任，认为主体的行为与后果之间存有严格的因果关系是传统责任的要件之一，是为了限制责任的适用。但在社会利益的视角下，法律责任已明显呈现出社会化倾向。⑤ 从而，基于社会本位理论，将社会责任转化为法定义务，转化为社会公共干预的法定目标，以保证社会责任的

---

① 陈仰东：《就业是社会保障的观点值得商榷》，《中国社会保障》2011 年第 3 期，第 23 页。

② 张文显：《从义务本位到权利本位是法的发展规律》，《社会科学战线》1990 年第 6 期，第 136 页。

③ 伽德默尔：《真理与方法》，载张志铭《法律解释操作分析》，中国政法大学出版社 1999 年版，第 1 页。

④ 郑永流：《法学方法论》，《法律思想的律动》，法律出版社 2003 年版，第 34 页。

⑤ 同上书，第 35 页。

全面实现。①

现代法治越来越重视以人为本，强调对人的关怀和尊重，强调被害人救济的权利：即使犯有任何罪行，但受害者的救济、风险和损失也应采取适当的方式转移和分配。为了使受害人得到及时、有效的救济，学校安全事故的责任应该由全社会共享，而不是由个人负担。如果恪守传统中的缔约自由制度，民法中的"个人"很可能为一己私利，自由地选择不去参加校方责任保险或学生平安保险；如果恪守传统民法中"谁过错谁承担"的归责原则，无论是保险公司还是学校安全事故社会救助基金皆无赔偿或补偿之义务，被侵权人在侵权人无赔偿能力甚至逃逸的情况下，将无法获得最基本的生存保障，这样，私权得不到保障，社会公平如无法实现，必将导致社会的失序，产生各种问题，从而影响社会的和谐与可持续发展。为了体现浓厚的公共利益和社会本位色彩，校方责任保险制度、学生平安保险制度和学校安全社会救助基金制度旨在确保事故被侵权人获得一定的赔偿。在社会本位观的指引下，校方责任保险制度、学生平安保险制度要求学校和学生为了风险共担、集体分散而放弃一定的缔约自由，社会救助基金制度也不再一味追求过错承担原则，通过集合来自各方的资金，在一定程度上可以看作被侵权人享受社会福利的一种权利。这三个制度一方面作为一种高度社会化的风险保障工具，使资源向弱者倾斜，财富在不同人之间的分配，最终实现实质正义；另一方面其又不仅仅是服务于狭隘的个体利益，在更深层次的意义上发扬了社会成员之间通过互相帮助，通过集体和社会的力量来分散风险的精神。②

（四）现实主义法学理论

在 20 世纪初，现实主义法学以现实情况为研究基础，因反对传统法学而广受关注。《不列颠百科全书》对现实主义法学是这样概括的："强调行动中的法；强调法律的社会目的；强调法和社会的不断变化；强调现实的重要性和保持独立；对所有正统的法学家的假设提出疑问；特别强调

---

① 姜明安：《行政执法研究》，北京大学出版社 2004 年版，第 151 页。
② 王琳：《简析〈侵权责任法〉第 53 条的社会本位理念》，《重庆科技学院学报》（社会科学版）2012 年第 13 期，第 30、56 页。

了用实践的范畴来推翻现代法学家的所有的推理和概念的必要性。"① 霍姆斯也认为:没有保险的受害者可以得到赔偿,完全取决于加害人的个人财富,这意味着即使受害人成功诉讼,事实上,可能无法得到补偿。保险可以给受害者提供稳定的资金来源,这也使受害人获得赔偿具有现实意义。

法律至上的现实主义法学派将关注的焦点转移到了整个社会的利益,他们指出:"当调整个人之间的关系成为侵权行为法的关注焦点,如何提高质量意味着所有法律一样,是指对社会利益的影响是什么。如果侵权行为法是用来传输从被告向原告支付的钱,这应该被看作是社会的财富和资源的浪费……法律更多关注的是人与人之间的问题,不是简单的规则或原则,这些问题,应该在规则或原则适用前要充分的了解。"② 法律现实主义学派认为,侵权责任法有关理论和制度设计是建立在错误的假设上,即侵权责任必须双方具有相同的风险承受能力。但事实情况是:大多数的人没有能力承担风险,而被告还可以或可能转移风险。显然,现实法学派认为,被告人可以通过保险将损失分散。因此,现实法学派为学校安全事故救济社会化提供了理论依据。

第二节 学校安全事故社会化救济的相关制度

基于学校安全事故的性质多为个体权益侵害,要实现对受害人的有效救济,最大限度地平衡加害人和受害人的利益,就必须打破损害救济责任个别化的框架,把学校安全事故的损害赔偿责任分散开来,由个人责任转变为社会责任,由社会或众多潜在侵权责任人共同分担,学校安全事故社会化救济制度是一个以侵权责任制度为基础,以社会救济理论为主线,构建校方责任保险、学生平安保险和社会救助基金等有机结合的救济制度体系。其中,侵权责任制度作为传统的"个人化"模式,并在其归责原则、责任认定、责任承担等方面,已经有比较成熟的理论研究成果和司法实践

---

① 张文显:《二十世纪西方法哲学思潮研究》,法律出版社 1996 年版,第 135 页。

② Hurry Shulman & Fleming James, Cases and Materials on the Law of Torts, Chicago: Foundation Press, 1942, p.7.

模式；学生平安保险制度也有非常成熟的运作模式，并已在实践中产生了稳定而良好的效果，这两种救助制度不再述及。而校方责任保险和社会救助基金等作为多元化的社会化救济制度，则仍值得深入研究，以更好地促进相关立法工作和司法探索。

一 学校安全事故校方责任保险制度

学校安全事故校方责任保险制度已逐渐在全国范围内普遍推行，并日益发挥其在受害学生救济方面的重要作用。校方责任保险制度对于积极预防、妥善处理学校安全事故，分担损失以保障学生和学校的合法权益，转移赔付主体以维护正常的教育教学秩序等具有重要意义。[①]

（一）校方责任保险制度的内涵

校方责任保险作为保险的一种，是学校安全事故社会化的形式之一。学校安全事故的特性，决定了校方责任保险与其他保险既有很多相同之处，却也有很大不同。因此，应当在科学界定其性质之基础上，进行该险种的可行性研究。

校方责任保险虽然具有特殊性，却完全符合责任保险的一般原理。校方责任保险，表面上看是学校为其侵权所致的学生人身损害投保，本质上却是学校为其侵权所致之学生人身损害所应承担的民事赔偿责任投保，投保标的是法律上的赔偿责任。这是校方责任保险与学生平安保险的重要区别。上海等地所进行的"学生团体保险是保险的一种营销方式或承保方式，而不是一个具体的险种。它一般用于人身保险，是用一份合同向一个团体的大部分成员提供人身保险保障"。[②] 它实际上是以学校为投保人，对全体学生的人身安全给予"批发式"的保险，只要学生人身受到损害，不论学校是否构成侵权，是否应当承担侵权损害赔偿责任，保险公司一概给予赔偿。它的投保标的是学生的人身安全，并非学校的侵权赔偿责任。因此，从本质上看，它仍属于学校为学生投保的学生平安保险（即人身意外伤害保险），并非《上海市中小学校学生伤害事故处理条例》和此处所倡导的校方责任保险。

---

① 方益权：《中国学校安全立法研究》，中国社会科学出版社 2013 年版，第 319 页。

② 王培华：《学生团体保险中的认识误区》，《中小学管理》2002 年第 12 期，第 45 页。

既然校方责任保险属于责任保险,就应当纳入责任保险的范畴进行可行性分析和险种开发。保险公司在进行险种开发时,应当遵循客户满足原则、科学计算费率原则和可保利益原则,并通盘考虑客户需求、支付能力和保险公司的管理水平、承受能力。[①] 在对校方责任保险进行可行性论证时,我们应当看到:第一,由于学校安全事故的发生虽具有突发性,在事故发生前没有明显的症状,但一旦发生就即时造成损害,受害人也能发现受害之所在,且比较容易对损害作出认定,对其发生的概率也比较容易统计。第二,虽然一旦发生学校安全事故,保险人的赔付可能比较巨大,但就全国或某地的整体状况而言,全国在校生已达 25619.85 万人[②],已成为我国社会结构中最庞大的群体之一,发生学校安全事故的概率并不很高,校方责任保险仍然有较大的盈利空间。

(二) 校方责任保险的制度设计

1. 承保范围

一项法律制度的实际效果,既与该法律规范的完善程度有关,更与其满足社会生活的需要程度以及在程序上的可执行程度有关。学校安全事故极具复杂性,对其进行科学细致的分类,规定有些学校安全事故属于投保范围,有些则不属于投保范围,必然会经常发生关于某项侵权是否属于投保范围的争议,不具可操作性。并且,鉴于当前我国严峻而紧迫的学校安全事故形势、教育经费的短缺、教育司法的混乱、学生或学校合法权益保护面临极大挑战等考虑,将所有的学校安全事故都纳入责任保险的范畴无疑是最理想的。当然,这并不意味着保险人应当为所有学校安全事故所致之损害承担全部赔偿责任。作为校方责任保险,承保的是学校的侵权赔偿责任,只有在确认学校应当承担侵权损害赔偿责任的情况下,才由保险人直接向受害学生理赔。也就是说,在将所有的学校安全事故都纳入责任保险范畴的情况下,保险人的赔付仍然是以学校侵权责任之构成为前提的。根据《民法通则》《侵权责任法》等规定,学校仅在下列情况下承担侵权责任:一是无民事行为能力人在幼儿园、学校或者其他教育机构学习、生活期间受到人身损害的,幼儿园、学校或者其他教育机构不能证明尽到教

[①]　张洪涛、郑功成:《保险学》,中国人民大学出版社 2002 年版,第 485—486 页。

[②]　《2014 年全国教育事业发展统计公报》。

育、管理职责的，承担相应的损害赔偿责任；二是限制民事行为能力人在学校或者其他教育机构学习、生活期间受到人身损害，学校或者其他教育机构未尽到教育、管理职责的，承担相应的损害赔偿责任；三是无民事行为能力人或者限制民事行为能力人在幼儿园、学校或者其他教育机构学习、生活期间，受到幼儿园、学校或者其他教育机构以外的人员人身损害的，幼儿园、学校或者其他教育机构未尽到管理职责的，承担相应的补充责任。至于学校无法律责任的学生意外伤害事故等，则通过学生平安保险等方式解决，不属本书探讨的校方责任保险的承保范围。

2. 投保方式

在国外，一般只要规定了校方责任保险的，大多以强制投保方式进行。就我国而言，尽管当前一概推行强制投保的条件并不十分成熟（部分省市已经强制投保），但是，仍然应当强调政府引导投保的职责，积极为逐渐发展到强制保险创造条件。

《学生伤害事故处理办法》第 31 条规定："学校有条件的，应当依据保险法的有关规定，参加学校责任保险。教育行政部门可以根据实际情况，鼓励中小学参加学校责任保险。"深入分析这一规定，前半部分属附条件的强制性规范，但是条件是否成熟完全由学校自主判断；后半部分属任意性规范，对教育行政部门鼓励学校投保的职责并无明确约束。实际上，这就成为一个附条件的强制性规范与任意性规范的强行糅合，从法律规范的角度看是存在不协调性和不确定性的，仅具有倡导性。

《上海市中小学校学生伤害事故处理条例》第 22 条规定："本市以市或者区、县为单位组织学校为其责任投保。"《杭州市中小学校学生伤害事故处理条例》第 22 条规定："教育行政部门以市或者区、县（市）为单位组织学校参加校方责任保险。"《北京市中小学生人身伤害事故预防与处理条例》第 31 条也规定："市和区、县教育行政部门应当组织学校向保险机构办理责任保险。"这些地方性法规，在投保学校责任险问题上，都持强制性保险的态度。规定明确、认识到位、保障有力，是这些地方校方责任保险工作做得较好的重要原因之一。

课题组认为，应当明确规定政府对校方责任保险的引导职责，以逐渐创造条件，为不久的将来能够全面推行学校安全事故校方责任强制保险做充分准备。因为，学校安全事故校方责任强制保险制度是其必然之发展方向:一方面,教育行政机关和学校的保险意识普遍不强,通过保险分散学校侵权赔偿责任的意识更为薄弱。他们普遍存在侥幸心理,认为学校侵权不一定会发生在本地或本校,拿钱买保险基本上是扔钱。因此,如果规定校方责任保险是自愿投保性质的,必然很少有教育行政机关和学校愿意投保。另一方面,实行学校安全事故校方责任强制保险,不仅有助于保护作为受害人的学生的赔偿利益,而且有助于保护作为侵权人的学校的利益,增强其依法治教、规范教育教学行为的意识和能力。

3. 保费承担

学校安全事故校方责任保险的费用应当由谁承担?这是当前争议较多的一个问题。观点一认为,应当将所有的学校侵权赔偿纳入国家赔偿体系;① 观点二认为,应当由国家为全国所有学校承担保费;观点三认为,应当由学校承担保费;② 观点四认为,应当由学校的管理者承担保费;③ 观点五认为,应当由学校的举办者承担保费;④ 观点六认为,应当由学校的举办者或者管理者承担保费。⑤ 课题组亦持观点五。

第一,将所有的学校侵权赔偿纳入国家赔偿体系是不可行的。认为应当将学校侵权赔偿纳入国家赔偿体系的理由是:所有学校都承担着为国家培育人才的重任,对学生的教育、管理、保护等义务都是源于公法的义务。因此,违反该义务所致之侵权责任,应当如同《民法通则》第 121 条和《国家赔偿法》等规定的国家机关及其工作人员的侵权责任,由国

---

① "校长、教师及其他学校工作人员的行为,实际上属于行政范畴的",是"被授予的"。周卫勇:《也谈教育法的地位——兼与李晓燕同志商榷》,《教育研究》1997 年第 7 期,第 30 页。

② 《学生伤害处理办法》第 31 条规定:"学校有条件的,应当依据保险法的有关规定,参加学校责任保险。"

③ 《上海市中小学校学生伤害事故处理条例》第 22 条规定:"本市以市或者区、县为单位组织学校为其责任投保。"从规定上看,似乎是由学校为自己的责任投保,"市或者区、县"仅仅起组织作用。但在实际做法上,是由上海市教委(学校的管理者)统一为所有公办和民办的中小学校,按照在册学生人数,整体向平安保险公司投保。

④ 《杭州市中小学校学生伤害事故处理条例》第 22 条规定:"教育行政部门以市或者区、县(市)为单位组织学校参加校方责任保险。学校投保责任险的,所需经费由学校的举办者列入教育经费预算,以学校为单位支付。"《北京市中小学生人身伤害事故预防与处理条例》第 31 条规定:"市和区、县教育行政部门应当组织学校向保险机构办理责任保险。保险费用由学校举办者承担。"

⑤ 尹力:《学生伤害事故处理:一个"有条件"的〈办法〉》,《教育理论与实践》2003 年第 11 期,第 27 页。

家予以赔偿。该观点显然忽视了民办学校与公立学校在性质上的差异：尽管民办学校也具有公益性的特点，但民办学校是由国家机构以外的社会组织或者个人依法设立的教育机构，属于私法人。将私法人的侵权赔偿纳入国家赔偿体系，显属不当。即使在日本，也仅将公立学校因设施、设备等所致之学生伤害事故，依其《国家赔偿法》第 2 条关于公共营造物责任之规定，由国家承担赔偿责任[1]，并非将所有的学校侵权赔偿都纳入国家赔偿体系。

第二，由国家为全国所有学校承担保费是不可行的。认为应当由国家为全国所有学校承担保费的理由是：其一，这将避免校方责任保险问题上的地区和学校差异，有利于更好地实现教育公正，也是通过保险对一部分国民收入进行再分配，有利于扶持贫困地区的教育发展。其二，该费用在国民收入和教育经费中所占比例极低，丝毫不会影响国家的财政预算。有学者甚至为此算了一笔细账：如果国家以学生数的形式为所有学校投保，按全国在校生 25619.85 万人，每人需要的保费为 2 元计算，每年的花费也就约 5.12 亿元。并指出，由国家统一为全国所有学校投保校方责任保险，"不是一个能不能的问题，而是一个为不为的问题"。其三，即使是民办学校，也承担着为国家培育人才的重任，如果因学校侵权赔偿问题而陷于困境，不利于该目标之达致。

该观点在社会上呼声较高。但其缺陷非常明显：其一，由国家统一为全国所有学校承担保费不具可操作性。由国家统一为全国所有学校承担保费，实际上就是由国家为所有学校侵权所致之损害赔偿埋单。如果保费总额大于赔偿总额，则保险属不必要，由国家直接支付赔偿金即可，不必有保险之中间环节；反之，则保险人不愿承担该保险业务。其二，民办学校是一个法人实体，对其所属的财产享有直接的支配、使用及处分的权利，并独立承担民事责任。由国家为其承担保费在法律上难以周延。其三，民办学校通过制定学校章程自主经营、管理学校事务，独立开展教育活动。政府（教育行政部门）并非民办学校的主管机关，它只能以教育管理者的身份对民办学校依法进行检查、监督，而不能以所有者或举办者的身份

---

① 张玲：《论日本的工作物责任》，《外国法译评》1997 年第 3 期，第 75 页。

介入民办学校的经营管理活动。① 由国家为民办学校投保校方责任保险，必然使国家过多地介入和干预，侵犯其办学自主权，进而对民办教育的发展壮大产生消极影响。在欧洲，在学校侵权赔偿问题上，也对私立学校和公立学校进行严格区分，"只有私立学校仍适用私法"。②

第三，由学校承担保费是不现实的。首先，学校的本职工作就是搞好教育教学，不应由其花大力气去筹措保险经费。第二，正如前述，学校的投保意识普遍较弱，加上教育经费极为紧张，如果由其投保，投保率很难保证。第三，如果由学校筹措保险经费，学校可能迫于无奈，变着法子将该费用摊派到学生头上，进行乱收费，增加学生负担。第四，如果采用《杭州市中小学校学生伤害事故处理条例》第 22 条规定的方式，先由政府通过财政拨款将保险经费拨到学校，然后再由学校去投保，既增加了中间环节，增加了成本，浪费了钱财；也可能因为有中间环节而出现腐败，致使保险经费被贪污、挪用等。既然最终还是由政府出钱，为什么不由政府直接支付保险经费，而要多此一举呢？

第四，由学校的管理者承担保费也是不现实的。学校的管理者，主要是各级地方人民政府教育行政部门。如果规定由各级地方人民政府教育行政部门为校方责任保险埋单，一方面，投保情况必然受当地政府对教育的重视程度、当地财政状况等的极大影响，很难保证全面落实。另一方面，对学校侵权赔偿责任最为头疼的我国广大农村中小学，他们的主管部门是县一级教育行政部门。而县一级政府部门财力有限，有的地区至今还不能解决拖欠教师工资的问题，让它们出资为学校安全事故投保，必然是强其所难，其结果要么是欺上瞒下、敷衍了事；要么是挪用其他教育经费，使教育改革发展雪上加霜。最终，很可能变成了对学校侵权有更大赔偿能力的富裕地区富裕学校有了责任保险，而对学校侵权没有赔偿能力的贫穷地区贫穷学校倒没有责任保险的局面。

第五，由学校的举办者或管理者承担保费是模糊规定。对于公立学

---

① 吴开华：《浅议民办学校法人的性质与归属》，《中国教师报》2003 年 1 月 23 日，第 2 页。

② 克雷斯蒂安·冯·巴尔：《欧洲比较侵权行为法》（上卷），张新宝译，法律出版社 2001 年版，第 215—219 页。

校，其举办者和管理者是统一的，都是各级人民政府教育行政部门，规定由其为学校安全事故投保并不存在模糊，而是前述的可行性问题。而对于私立学校，其举办者和管理者是不统一的，举办者是学校的投资人，管理者却是各级人民政府教育行政部门，规定"由学校的举办者或管理者埋单投保"，最终可能出现互相推诿、互相扯皮，结果没人愿意为学校安全事故投保埋单的局面。

第六，由学校的举办者承担保费是最佳选择。对于民办学校，从产权关系看，其财产来源的非国有性，不但要求政府不能以所有者的身份介入学校财产权利的行使，也决定其对其所属财产享有直接的支配、使用及处分的权利，同时还依法独立享有内部管理及对外进行民事活动的权利，并独立承担民事责任。投保校方责任保险，不仅是维护学生合法权益之需要，也是维护其正常办学秩序并达致其办学目标之需要。因此，由其举办者承担保费是理所当然的。教育行政部门为防止其为节省办学费用，不出资投保或在该问题上弄虚作假，一方面可以要求其在章程中明确规定保费的资金来源和数额等内容，另一方面也应当加强对其投保问题的检查和监督。《北京市中小学生人身伤害事故预防与处理条例》第31条也规定："市和区、县教育行政部门应当组织学校向保险机构办理责任保险。保险费用由学校举办者承担。"

对于公立学校，从产权关系看，其经费全部或大部分依赖国家财政拨款，国家是国有资产的所有者。因此，尽管我国法律明确规定了其法人资格，但是由于其公共性、公益性等特点，由于其（尤其是中小学）没有法人所必须具备的独立的财产权，因而国家对学校实际上仍负无限责任。在国外，这也是比较普遍的做法。欧洲许多国家"把教师的监督义务当作源于公法的义务；因此，违反这种义务仅仅由学校的管理部门对第三人的请求承担责任"[①]。既然是由国家最终承担公立学校的侵权赔偿责任，则由其举办者（即各级人民政府教育行政部门）承担保费，为学校投保，以分担危险、补偿损失，也是理所当然的。为防止其财力不足以致投保不能，应当通过国家财政拨款保证保费来源，或在国家财政性教育经费中明

---

① 克雷斯蒂安·冯·巴尔：《欧洲比较侵权行为法》（上卷），张新宝译，法律出版社2001年版，第217—218页。

确规定用于校方责任保险的专项经费额度；为防止该专项经费被贪污或挪用，应当强调专款专用，并应加强管理、检查和监督。

4. 赔偿限额与免赔额

校方责任保险承保的是学校侵权的赔偿责任，而不是有固定价值的标的，并且赔偿责任因损害责任的大小而异，很难准确预计。因此，法律上很难规定保险金额，而是应当在承保时由保险双方约定赔偿限额的方式确定保险人承担的责任限额，凡是超过赔偿限额的索赔仍然需要由被保险人自行承担。从责任保险的发展实践看，可以将受害学生的财产损失和人身伤亡合成一个限额，规定每个学生一次伤害最高可获得的赔偿最高额，这更具可操作性，并更有利于上述保险目的之实现。由于学生伤害事故经常具有受害人多、损害重等特点，因此不宜规定每次事故和同一原因引起的一系列责任事故的总赔偿限额。

此外，保险人还通常有免赔额的规定，以此减少保险风险，达到促使被保险人小心谨慎、防止事故发生和减少小额、零星赔款支出的目的。校方责任保险的免赔额，通常是绝对免赔额，一般以具体数字表示，受害学生在免赔额内的损失不由保险人负责赔偿。因此，作为学校安全事故的保险人，其承担的赔偿责任是超过免赔额之上且在赔偿限额之内的赔偿金额。

对于在保险免赔额之内的索赔和超过保险赔偿限额的索赔，应当由学校的举办者承担——当然，最佳方案是由国家通过设立学校安全事故社会救助基金的方式解决。由于有了校方责任保险，该项基金所需要的经费并不庞大。

课题组认为，在解决了上述观念和实务上的重大事项的基础上，校方责任保险在很多方面可以参照当前已经推行的律师执业责任保险等职业责任保险的通行做法。

二　学校安全事故社会救助基金制度

学校安全事故社会救助基金制度，是指学校安全事故发生后，在侵害人不明、侵害人逃逸、侵害人缺乏赔偿能力、损害系由意外事件所致等情形下，为了保障受害学生能够及时获得必要的医疗救治和最低生活保障，由学校安全事故社会救助基金对受害学生的全部或者部分抢救医疗费用、丧葬费用等进行垫付并发放困难救助金，而后由社会救助基金向赔偿责任人追偿的制度。在"权利—义务社会化"的理论基础上，依循自2014年5月1日起施行的《社会救助暂行办法》所坚持的"托底线、救急难、可持续"的精神，构建科学合理的学校安全事故社会救助基金制度，是坚持以人为本、促进社会公平正义、构建社会主义和谐社会的必然要求。

（一）构建学校安全事故社会救助基金制度的意义

如前所述，我国社会已进入矛盾冲突的多发期，人为风险与自然风险致使学校安全事故多发。当前，学校安全事故受害学生救济主要是以侵权责任制度解决的，存在诸多缺失。即使完善了学校安全事故校方责任保险制度和学生平安保险，对受害学生的救济仍然存在很大漏洞。主要存在以下几个方面的问题：一是基于学生学制的特性，导致学生的流动性大；二是基于学校自身的教育服务功能，校方责任范围难以确定；三是校方责任险针对非故意造成的人身侵害事件进行赔偿导致保险的覆盖范围及赔偿金额非常有限；四是基于学校的育人功能，因为学生意外事故发生介入到保险责任的索赔等事务中无形卷入道德风险的漩涡，有违学校的定位和功能的发挥。[①] 并对损害系由意外事件所致的情形不承担保险理赔责任；而学生平安保险的赔付额度相当有限。因此，课题组认为，应当将学校安全事故纳入《社会救助暂行办法》关于"临时救助"的制度设计之中，构建学校安全事故社会救助基金制度，使其成为学校安全事故侵权责任制度、学校安全事故校方责任保险制度和学生平安保险制度的重要补充。[②]

作为得到我国《宪法》等法律保障的基本公民权利之一，社会救助权被认为是现代社会基本的、独立的人权。《宪法》第三十三条规定："国家尊重和保障人权。"《宪法》第四十五条规定："中华人民共和国公民在年老、疾病或者丧失劳动能力的情况下，有从国家和社会获得物质帮助的权利。国家发展为公民享受这些权利所需要的社会保险、社会救济和

① 牟永福：《全日制中小学校方责任保险的制度设计及其存在的问题》，《教育学术月刊》2010年第1期，第83页。

② 方益权、廖钰：《论学校安全事故社会救助基金制度的构建》，《温州大学学报》（社会科学版）2015年第6期，第67、68页。

医疗卫生事业。"① 我国 1997 年签署的《经济、社会及文化权利国际公约》规定:"人人有权享受社会保障,包括社会保险、社会救助。" 因此,将学校安全事故社会救助基金制度作为社会救助权的重要组成,可以进一步丰富和发展我国公民社会救助权体系;将学校安全事故社会救助基金制度作为社会救助权的重要组成,可以更好地体现社会救助作为社会再分配的一种方式对公民生存权保障的需要;② 将学校安全事故社会救助基金制度作为社会救助权的重要组成,进一步强化了社会救助作为基于社会福利思想的一种"底线保障",所体现的"国家是个人达致其特殊目的和福利的唯一手段"③ 的重要精神;将学校安全事故社会救助基金制度作为社会救助权的重要组成,是对实质正义的重要回应,将更好地实现"个人自由主义"与"社会集体安全"这两个现代社会损害填补的基本价值的选择与调和。④ 并且,将学校安全事故社会救助基金制度作为社会救助权的重要组成,对于维护受害学生合法权益、维护学校正常的教育教学秩序、促进教育事业的健康发展、构建和谐社会等,都具有重要意义。

(二) 学校安全事故社会救助基金的性质和特征

社会救助基金是社会救助体系的核心部分。⑤ 社会救助基金制度的存在,有助于实现侵权责任制度、校方责任保险制度和社会救助基金制度"三位一体"的学校安全事故受害人救济体系。学校安全事故社会救助基金制度具有校园里的特殊性,但归根结底符合社会救助理论的一般原理。比如在学校安全事故中,基于意外事件,若出现侵害人不明、逃逸甚至其本人缺乏赔偿能力时,受害学生缺乏自救能力或者自救后导致生活困难时,仅靠侵权责任制度和校方责任保险制度是没有办法解决的,也就是说这种情况是侵权责任制度和校方责任保险制度处理的盲区。而社会救助基

---

① 方益权、廖钰:《论学校安全事故社会救助基金制度的构建》,《温州大学学报》(社会科学版) 2015 年第 6 期,第 68 页。

② 林嘉:《社会保障法的理念、实践与创新》,转引自方益权、廖钰《论学校安全事故社会救助基金制度的构建》,《温州大学学报》(社会科学版) 2015 年第 6 期,第 68 页。

③ 莱昂·狄骥:《公法的变迁:法律与国家》,转引自同上。

④ 王泽鉴:《民法学说与判例研究》第 2 册,转引自同上。

⑤ 徐济益:《对社会救助基金的思考》,转引自同上。

金制度的引入，将符合条件的受害学生纳入社会救助的范围，保障其及时获得必要的医疗救治和最低生活保障，就有效填补了学校安全事故受害人获得救济的保障体系。

学校安全事故社会救助基金是国家出于保障学校安全事故受害学生获得适当补助的社会专项基金，也具有国家保护符合法律规定条件的学生获得救济的公共政策的目的。学校安全事故社会救助基金是为了弥补学校安全事故侵权责任制度、校方责任保险制度的不足，经由立法创设的社会救济制度，具有明显的社会公益属性。其主要承担符合法定条件的学校安全事故受害学生人身伤亡的抢救医疗费、丧葬费和基本生活费等方面的费用。

学校安全事故社会救助基金是学生在遭遇学校安全事故后，生命和生存受到威胁，依靠其自身力量和其他制度无法维持正常生活时，国家通过采取积极手段进行干预，对相关社会资源进行整合和适当分配，以实现实质正义的一种社会制度，是"托底线"的社会救济方式。在亟须对受害学生的生命权和生存权给予保障的情形下，这种"托底线"的社会救济方式甚至与是否存在侵权责任人没有关系——对于需要紧急救济的受害学生来说，如果仅仅因为有侵权人的存在，国家和社会就拒绝向受害人提供援助的话，那么这将与我们尊重和保障人权的理念相违背，不利于社会和协调发展。[①] 因此，学校安全事故社会救助基金和社会救助制度在价值理念上是一致的，学校安全事故社会救助基金在性质上属于社会救助基金，是社会救助制度在学校安全事故领域的具体体现。[②]

学校安全事故社会救助基金具有如下特征：第一，学校安全事故社会救助基金的适用对象的"条件性"。作为一种"托底线救济"基金，它要求安全事故的侵害人不明、侵害人逃逸、侵害人缺乏赔偿能力且损害系由意外事件所致等情形下发生，受害学生赔偿不能、赔偿不足，并且受害学

---

① 李培良：《环境侵权损害赔偿社会化研究》，转引自方益权、廖钰《论学校安全事故社会救助基金制度的构建》，《温州大学学报》（社会科学版）2015 年第 6 期，第 68、69 页。

② 方益权、廖钰：《论学校安全事故社会救助基金制度的构建》，《温州大学学报》（社会科学版）2015 年第 6 期，第 69 页。

生无力自救或者自救后导致生活困难的，受害学生才可以申请学校安全事故社会救助基金予以救济。由于该救济基金为托底的救济，关涉受害学生的生存权和生命权之保障。据此也排除了受害学生有能力自我给付医疗费、丧葬费、最低生活保障等费用的情况。第二，学校安全事故社会救助基金的救助内容的"限定性"。学校安全事故社会救助基金的救助内容一般仅限于人身损害部分，不包括财产损害，更不涉及精神损害。其为被救助者提供的是合乎人道的医疗救治保障条件、生活保障条件或者是与其特殊需要相适应的经济帮助，目的并不在于使其从此过上正常生活，而是使其恢复自救能力。第三，学校安全事故社会救助基金的"代位追偿性"。在侵害人不明、侵害人逃逸、侵害人缺乏赔偿能力且受害学生无力自救或自救后导致生活困难等情形下，救助基金依法对受害学生的全部或部分抢救医疗费用、丧葬费用等进行垫付并发放生活困难救助金后，在救助金额范围内依法享有代位行使受害学生对于赔偿责任人的侵权赔偿请求权。其主要目的在于避免受害学生的双重受偿，平衡当事人之间的法律权益与救助基金的收支，并维持赔偿责任人的损害赔偿责任。当然，如果学校安全事故非因侵权行为所致，而是一种无法律责任人的意外事件所致时，则由政府安排的或社会力量捐赠的社会救助资金予以解决相关救助基金的给付，不存在代位追偿问题。①

(三) 学校安全事故社会救助基金制度的体系建构

《社会救助暂行办法》为我国学校安全事故社会救助基金制度的体系建构提供了法律依据和制度保障。《社会救助暂行办法》第四十七条规定:"国家对因火灾、交通事故等意外事件，家庭成员突发重大疾病等原因，导致基本生活暂时出现严重困难的家庭，或者因生活必需支出突然增加超出家庭承受能力，导致基本生活暂时出现严重困难的最低生活保障家庭，以及遭遇其他特殊困难的家庭，给予临时救助。"课题组认为，应当将学校安全事故纳入《社会救助暂行办法》关于"临时救助"的制度设计之中，构建学校安全事故社会救助基金制度。②

---

① 方益权、廖钰:《论学校安全事故社会救助基金制度的构建》，《温州大学学报》(社会科学版) 2015 年第 6 期，第 69 页。

② 同上。

1. 学校安全事故社会救助基金的资金来源

资金是构建社会救助制度的核心，毋庸置疑也是构建学校安全事故社会救助制度的关键。结合国务院 1999 年 1 月 22 日发布并施行的《社会保险费征缴暂行条例》、财务部发布并于 1999 年 7 月 1 日起施行的《社会保险基金财务制度》、国务院发布并于 2014 年 5 月 1 日起施行的《社会救助暂行办法》，并借鉴财政部、中国保险监督管理委员会、公安部、卫生部和农业部联合发布并自 2010 年 1 月 1 日起施行的《道路交通事故社会救助基金管理试行办法》等相关规定，课题组认为学校安全事故社会救助基金的资金来源主要有以下几个方面①。

（1）财政拨款。《社会救助暂行办法》第五条规定："县级以上人民政府应当将社会救助纳入国民经济和社会发展规划，建立健全政府领导、民政部门牵头、有关部门配合、社会力量参与的社会救助工作协调机制，完善社会救助资金、物资保障机制，将政府安排的社会救助资金和社会救助工作经费纳入财政预算。社会救助资金实行专项管理，分账核算，专款专用，任何单位或者个人不得挤占挪用。社会救助资金的支付，按照财政国库管理的有关规定执行。"可见，政府是社会救助制度的构建者，国家是社会救助的责任主体，必须"通过中央和地方政府财政拨款对救助基金提供必要的支持和兜底"。②财政拨款包括中央财政拨款和地方各级财政拨款。目前，地方财政拨款在社会救助款中的比例有增大趋势。国家财政拨款分定期定量救济和临时性、应急性救济两类。

（2）社会筹集。《社会救助暂行办法》第五十二条规定："国家鼓励单位和个人等社会力量通过捐赠、设立帮扶项目、创办服务机构、提供志愿服务等方式，参与社会救助。"因此，社会力量的捐赠也是学校安全事故社会救助基金的重要来源。改革开放以来，通过社会力量筹集社会救助资金的形式得到了很大发展，这项资金在社会救助资金中所占比重也在不断增大。社会筹集的形式主要是募捐，即社会团体或个人无偿捐赠的

---

① 方益权、廖钰：《论学校安全事故社会救助基金制度的构建》，《温州大学学报》（社会科学版）2015 年第 6 期，第 69 页。

② 李寿双、郭文昌：《机动车第三者责任强制保险的制度研究》，转引自方益权、廖钰《论学校安全事故社会救助基金制度的构建》，《温州大学学报》（社会科学版）2015 年 11 月，第 70 页。

款物。

（3）救助基金的孳息和投资营运收入。通过社会救助基金的储蓄和投资获得回报和收益，实现社会救助基金的保值和增值，这也是学校安全事故社会救助基金的资金来源之一。[①] 在保证资金安全性的前提下，可以通过三个方面促进资金的保值增值：一是救助资金中高流动性的部分，可以以银行存款的方式或者现金的方式存在；二是具有一定流动性的部分，可以将其投入到货币市场中，用于资金的短期拆借，购买银行可转让大额存单，对商业票据进行贴现或购买一年期以下的国库券；三是具有中长期性可用于储蓄并投资的部分，可以投入定期存款、国家特种国库券、股票等资本市场。

（4）救助基金管理机构依法向学校安全事故侵权责任人追偿的资金。如前述，在侵害人不明、侵害人逃逸、侵害人缺乏赔偿能力且受害学生无力自救或自救后导致生活困难等情形下，救助基金依法对受害学生的全部或部分抢救医疗费用、丧葬费用等进行垫付并发放生活困难救助金后，在救助金额范围内依法享有代位行使受害学生对于侵权责任人的赔偿请求权。其所追偿的资金，归属于学校安全事故社会救助基金。这四种方式的融合才能实现社会救助基金制度"可持续"之运行需要。[②]

2. 学校安全事故社会救助基金的管理机构

学校安全事故社会救助基金是对最低医疗、生活、丧葬等失去保障的受害学生的一种"托底线"救助。对于这项基金，在多数国家和地区由政府设置、财政兜底，并由官方机构负责管理，将救助基金纳入政府基金体系，性质上属于公法人；也有少数国家和地区采取仅由官方机构监督，而以非官方机构管理承办补偿业务的模式，此时，救助基金不属于政府基金，而是具有公益目的的财团法人，性质上属于私法人。但不论如何，学校安全事故社会救助基金的社会公益性和不以获取利润为原则是毫无疑问的。[③]

---

① 乐章：《社会救助学》，转引自方益权、廖钰《论学校安全事故社会救助基金制度的构建》，《温州大学学报》（社会科学版）2015 年 11 月，第 70 页。

② 方益权、廖钰：《论学校安全事故社会救助基金制度的构建》，《温州大学学报》（社会科学版）2015 年 11 月，第 70 页。

③ 同上。

我国《社会救助暂行办法》第三条规定："国务院民政部门统筹全国社会救助体系建设。国务院民政、卫生计生、教育、住房城乡建设、人力资源社会保障等部门，按照各自职责负责相应的社会救助管理工作。县级以上地方人民政府民政、卫生计生、教育、住房城乡建设、人力资源社会保障等部门，按照各自职责负责本行政区域内相应的社会救助管理工作。前两款所列行政部门统称社会救助管理部门。"第四十八条规定："申请临时救助的，应当向乡镇人民政府、街道办事处提出，经审核、公示后，由县级人民政府民政部门审批；救助金额较小的，县级人民政府民政部门可以委托乡镇人民政府、街道办事处审批。情况紧急的，可以按照规定简化审批手续。"可见，依据由相关行政部门"按照各自职责负责相应的社会救助管理工作"的规定，应当由各地教育行政部门作为学校安全事故社会救助基金的管理机构。①

3. 学校安全事故社会救助基金的保障内容和救助限额

社会救助基金制度和侵权救济制度不同。由于侵权责任法上的救济以矫正正义为基础，其目的在于矫正过错行为所造成的侵害，它主要关注的是使原告恢复到侵权行为发生之前的状态，因此采取的是全部赔偿的原则，甚至还有惩罚性赔偿。在救济内容上，侵权责任法上的救济除了财产损害赔偿和人身损害赔偿外，在特殊情况下对精神损害也加以赔偿。而社会救助基金制度以分配正义为根基，目的在于减轻一种侵害，而不考虑它是如何造成的。由于分配的社会资源具有有限性，社会救助基金制度仅仅关注人身损害，而不考虑财产损害和精神损失。并且，由于侵权责任制度和责任保险制度是常态救济方式，受害者通过自助方式脱离困境也是应当倡导的常态救助方式，因此，即使是对受害人的人身损害进行社会救助也是限在一定的金额范围内，是以帮助受害人渡过急难关口以促使其恢复自助能力为目的的，这也是"托底线、救急难"原则的重要体现。同样需要指出的是，只有在救助内容和救助限额上严格依循"托底线、救急难"的原则，才能确保社会救助基金制度"可持续"运行，而不致陷于人不

---

①　方益权、廖钰：《论学校安全事故社会救助基金制度的构建》，《温州大学学报》（社会科学版）2015 年 11 月，第 70、71 页。

敷出的困境。①

关于社会救助基金的保障内容和救助限额,《社会救助暂行办法》第四十九条规定:"临时救助的具体事项、标准,由县级以上地方人民政府确定、公布。"基于对学校安全事故社会救助基金的功能、性质、特征等的综合考量,其保障内容应当包括并仅限于为了保障受害学生能够获得及时救治医疗和获得最低生活保障所需的全部或者部分抢救医疗费用、丧葬费用、困难救助金。由于学校安全事故社会救助基金制度旨在垫付受害人的抢救费、医疗费、丧葬费等和发放困难救助金以保障受害学生的基本生活,因此在救助数额上以保障受害人获得基本救治医疗和最低生活保障为标准,不宜定得过高。否则,将混淆社会救助基金制度与侵权责任制度、校方责任保险制度,致使损害救济制度和社会救助制度陷于混乱,并致使社会救助制度迅速因负担沉重入不敷出而陷于崩溃。②

4. 学校安全事故社会救助基金的救助请求权人

根据《社会救助暂行办法》《民法通则》《教育法》《未成年人保护法》等法律法规的相关规定,课题组认为学校安全事故社会救助基金的救助请求权人主要包括以下几类。

(1)受害学生及其法定代理人或者其他近亲属。③ 由于是否需要并申请社会救助应当属于受害人自主判断的范围和权利,在受害学生属于完全民事行为能力人的情形下,受害学生有权自主提出救助请求;在受害学生属于无民事行为能力人或者限制民事行为能力人的情形下,受害学生的法定代理人有权代为提出救助请求;在受害学生没有法定代理人或者法定代理人申请确有困难的情形下,受害学生的近亲属也有权代为提出救助请求。

(2)受害学生的父母的所在单位或者其住所地的居民委员会、村民委员会或者民政部门。根据《民法通则》第十六条的规定,在特殊情形

---

① 方益权、廖钰:《论学校安全事故社会救助基金制度的构建》,《温州大学学报》(社会科学版)2015年11月,第71页。

② 同上。

③ 同上。

下，这些组织可以担任未成年学生的监护人。因此，这些组织依法有权代为提出救助请求。

（3）受害学生的就读学校。根据《教育法》《未成年人保护法》等的相关规定，学校对学生依法承担教育、管理、指导、保护的职责。在受害学生及其法定代理人申请确有困难的情形下，受害学生的就读学校依法有权代为提出救助请求。

（4）财政拨款救治医疗机构。根据《社会救助暂行办法》等的相关规定，为保障受害学生及时获得必要的医疗救治和保障救治医疗机构的合法权益，救治医疗机构在抢救受害学生结束后或者在对受害学生进行积极救治的前提下，对相关当事人积极催缴却尚未结清的抢救和医疗费用，可以向救助基金管理机构提出垫付申请，并提供有关抢救和医疗费用的证明材料。可见，救治医疗机构可以作为学校安全事故社会救助基金的直接请求权人。[①]

第三节 学校安全事故社会化救济的体系建构

自 19 世纪末至 20 世纪初以来，社会新发展、理论上新突破，促进了侵权损害救济制度不断改革完善。在复杂的风险社会中，传统的以过错责任为归责原则的侵权损害救济制度曾经的辉煌已一去不复返了。责任保险、社会保障、社会救助基金和商业保险在侵蚀传统的侵权损害救济制度的同时，其本身也都在迅猛地发展、不断地完善。但是，这些救济制度中的任何一种救济制度在一定时间内妄图完全取代侵权损害救济制度都是不太可能的，这是这些救济制度之间相互发展的不均衡性以及现实的不平衡性使然。[②] 因此，借鉴中国道路交通事故损害赔偿社会化救济的体系建构，以我国学校安全事故的现状为切入点，以侵权责任制度为基础，以社会救济理论为主线，构建校方责任保险、学生平安保险和社会救助基

---

① 方益权、廖钰：《论学校安全事故社会救助基金制度的构建》，《温州大学学报》（社会科学版）2015 年 11 月，第 71、72 页。

② 朱伟：《侵权损害赔偿社会化机制的建立——基于公共政策的视角》，硕士学位论文，江西财经大学，2009 年，第 8 页。

金等有机结合的学校安全事故损害社会化救济制度体系已成为必然的选择。这种学校安全事故社会化救济制度体系的构建，不仅是对我国侵权损害救济现状的积极回应，也是建设平安校园与构建和谐社会的应然之意。

一　道路交通事故社会化救济体系的启发

多元的法律关系之间如何相互协调的先例已经在我国道路交通事故救济体系中得以较好地实现，包括侵权法律责任制度、责任保险制度和社会救助基金制度以及其他救济制度，各种各样复杂的法律救济制度之间的体系建构在道路交通事故救济中比较成功。在道路交通事故救济中，如何厘清各种法律关系，实现多元化救济制度的体系建构，才能让受害者得到及时充分有效的救济，并分散损失，这是在建构学校安全事故多元社会化救济体系时应当重点借鉴的。

（一）对多元社会化救济体系的认识

保护受害人的权益，使其被救济，世界普遍采用的三种方法是：一是通过对致害人的侵权法律责任的追究予以实现；二是通过各种责任保险制度的构建，特别是强制责任保险制度，通过广大投保人以投保的方式承担风险得以分散损失；三是完善社会保险体系和社会保障体系，以广泛的社会主体分担损失使受害人获得"托底线"的救助。然而，由于各救济制度在基本价值观方面的差异，如侵权法律责任主要是基于过错责任的原则，在道德评价的支持下，主要以达到预防的作用为目的；而社会保险和社会保障一般不考虑道德因素，没有明显的预防功能。这些差异使各相关救济制度并不能在同一水平同一层次发挥作用。因此，分清它们之间的不同功能和目的，构建它们相互之间的协调与合作机制是非常必要并非常紧迫的。

侵权责任、责任保险、社会救济、一般商业意外保险和其他救济制度在我国有明确的法律规定，在实践中也发挥着侵权救济的相应功能，但它们分散在相关救济制度的法律文件中，并没有建立科学完善的相关法律文件之间的连接并完成系统梳理和架构，导致各相关救济制度的救济功能和作用发挥比较单一，没有建立多层防御受害人遭受损害的救济体系，没能发挥其体系效益。另一方面，由于在立法领域建立的各种相关救济法律机制缺乏协调，被害人救济的司法实践也非常不统一，甚至显得有些紊乱。

　　鉴于此，梳理我国当前现有的各种侵权救济制度，明确各相关救济制度的适用范围，在分清各相关救济制度的相互协调和相互关系的基础上，构建学校安全事故损害赔偿多元的社会化救济制度体系，以充分发挥对受害人的救济功能，并分散风险、转移损害，在立法和司法实践中都是非常必要的。

　　谈论到侵权责任法的危机时，一些学者指出："即使发生意外的所有领域都用责任保险来缓解，所有人的人身问题都由社会保险取代侵权行为法，仍有大量的财产损失和损害赔偿是侵权行为法中不可撼动的领土。"①这句话为我们解决损害救济问题提供了有益的建议——不要寄望于单一的救济制度解决救济问题，各种救济制度需要按照统一标准进行系统的定义和明确适用范围，并建立此标准——虽然这并不容易。

　　在侵权责任法中，加害人应当承担侵权责任，主要体现的是加害人做出对他人权利的违法行为并致人损害时，国家以法定方式做出的责任追究的制裁行为，故意行为人可能会因其主观恶性而加重其赔偿责任。

　　保险法主要涉及的是依据法律或保险合同的规定进行赔偿的问题，通常涉及的是对意外事故所致损害的赔偿，而且是过失责任赔偿，一般不涉及对侵害名誉、姓名等人格权的补救问题，也不具有对不法行为的制裁作用。因此，责任保险是一种合同行为，投保人向履行责任的保险公司投保，保险人通常不承担被保险人因故意行为和非法行为所造成的损害赔偿责任。责任保险作为一种救济方式，其最大的特点之一是救济理赔的程序便捷和理赔速度快，很多责任保险是由保险公司支付给直接受害者，减少了受害者请求赔偿的诉讼等程序性费用。责任保险减少了现代侵权法给社会造成的浪费，有助于分散损失，把损失降到最低限度。责任保险提供的救济，能够弥补责任人赔偿能力不足的漏洞，实现责任分担社会化。②基于以上因素，责任保险已经成为伤害事故社会化救济体系的重要组成部分，特别是在意外伤害事故救济中有着重要作用，责任保险发达程度和可以解决事故的范围成正比，也因此导致了《侵权责任法》的适用范围变

---

① 麻昌华：《21世纪侵权行为法的革命》，《法商研究》2002年第6期，第84页。
② 廖钰：《论学校安全事故社会化救济机制的构建》，《法制与社会》2014年第36期，第190页。

得相对狭窄。

在侵权责任法救济功能遭受冲击的同时,社会保障制度也应运而生。社会保障制度旨在为受害人获得及时充分有效的救济开辟新的渠道。随着社会的不断发展,福利国家的意识形态在不断扩大其影响,"从摇篮到坟墓"的福利国家理论和实践广泛影响着当代社会,从而促进了社会救助制度的发展,也在很大程度上弥补了《侵权责任法》在填补损害方面的缺失。但是,在当前我国多元的社会化救济制度体系中,社会救助基金只发挥着辅助作用:一方面,社会救助基金只能发挥有限的风险分担功能,社会救助的程度是有限的,只能保证最低救治需要和生活标准,经常难以满足"恢复原状"的需要。通过社会保障救济受害人,实际上就是通过税收、金融、捐助等方式,通过集中的社会资源来救助受害人。这种方式的实现,必将建立在高税收的基础上。而在我国现阶段,实施这一办法,还没有相应的社会经济条件。另一方面,如果说在多元的社会化救济制度体系中,以社会救助作为救济受害人的主要方法,对于发挥侵权责任承担等救济方式对违法行为的制裁、遏制和教育上是不利的。此外,我国当前所着力构建的社会救助,是以社会救助体系为统领,对各项社会救助制度进行全面系统规定,确立以最低生活保障、特困人员供养、受灾人员救助以及医疗救助(含疾病应急救助)、教育救助、住房救助、就业救助和临时救助为主体,以社会力量参与为补充的社会救助制度体系框架。[①] 因此,在未来很长一段时间内,还需要依靠对加害人施加侵权责任制度的赔偿责任,而这种责任承担无法通过社会保障制度分散给其他社会成员,不可能完全通过社会保险或责任保险完成对受害人的救济。

(二) 道路交通事故社会化救济体系的制度设计

根据《道路交通安全法》第76条的规定:"机动车发生交通事故造成人身伤亡、财产损失的,由保险公司在机动车第三者责任强制保险(以下简称交强险)责任限额范围内予以赔偿。"由此可见,保险赔偿制度在交通事故救济制度中处于优先适用的地位。当交强险责任限额的赔付

---

① 廖钰:《论学校安全事故社会化救济机制的构建》,《法制与社会》2014 年第 36 期,第190、191 页。

金额被超过时，根据《道路交通安全法》规定，机动车驾驶人承担赔偿责任取决于过错程度及大小。同时，考虑到道路交通事故发生后受害人的人身损害需要得到及时救治，《道路交通安全法》和《侵权责任法》都规定了交强险和社会救助基金的垫付制度。

《侵权责任法》第 53 条规定："机动车驾驶人发生交通事故后逃逸，该机动车参加强制保险的，由保险公司在机动车强制保险责任限额范围内予以赔偿；机动车不明或者该机动车未参加强制保险，需要支付被侵权人人身伤亡的抢救、丧葬等费用的，由道路交通事故社会救助基金垫付。道路交通事故社会救助基金垫付后，其管理机构有权向交通事故责任人追偿。"国家建立社会救助资金的基本目的是缓解道路交通事故受害人的需要，保障被害人的基本生活和基本人权的维护，主要用于受害人抢救费用的支付、丧葬费及其他必要费用。在这个意义上来说，只要受害者一方在抢救费用、丧葬费用面临无资金来源等情况时，就可以申请道路交通事故社会救助基金的援助。

事实上，从社会救助基金部分来源于强制责任保险这一事实可以看到，社会救助基金主要是作为补充和支持强制责任保险制度的。社会救助基金专注于对受害人提供帮助和救助而不是追究责任，但追偿制度的存在也证明加害人最终将承担相应责任。因此，在面对受害者的人身伤害和财产损失时，应当优先适用垫付保险金的规则。不管是责任保险或社会救济基金，进行垫付后，都有权向责任人追偿。

通过引入社会救助基金制度，可以使受害人得到及时的救济，避免受害人求助无门，从而促进社会和谐。道路交通事故社会救助基金的建立，有助于损害分担的社会化，也使侵权责任和社会救助互相接触和衔接，并构建一个侵权责任、强制责任保险和社会救助基金构成的一个全面的救济机制。[1]

二 学校安全事故社会化救济体系适用模式的立法选择

侵权责任制度、责任保险制度、社会救助基金制度和一般商业意外保险制度等救济制度作为学校安全事故社会化救济体系的重要组成部分，在

---

[1] 王利明：《侵权责任法研究》（下册），中国人民大学出版社 2010 年版，第 361—363 页。

分散损失和填补受害人损害等方面，发挥着积极作用。在基本理念和各种价值层面上，各种救济制度都有差异，它们将不可避免地在操作和实践中产生一些冲突，因此，需要进行各种制度之间的职责功能划分即分工，这样可以有效地协调与合作，共同促进学校安全事故社会化救济体系不断走向完善。在各种损害社会化救济制度的关系处理上，当前主要存在两种不同的模式。

（一）补充处理模式

补充处理模式，是指事故发生后，优先考虑责任保险、社会救助基金和一般商业意外保险系统，《侵权责任法》主要是补充。该模式在我国主要用于机动车道路交通事故损害救济。《侵权责任法》第五十三条规定："机动车驾驶人发生交通事故后逃逸，该机动车参加强制保险的，由保险公司在机动车强制保险责任限额范围内予以赔偿；机动车不明或者该机动车未参加强制保险，需要支付被侵权人人身伤亡的抢救、丧葬等费用的，由道路交通事故社会救助基金垫付。道路交通事故社会救助基金垫付后，其管理机构有权向交通事故责任人追偿。"这表明，在我国，机动车道路交通事故损害的救济中，社会救助基金或道路交通事故责任强制保险赔偿是优先顺序适用的；如果社会救助基金或道路交通事故责任强制保险赔偿并不能实现完全补偿，再由因侵权责任追究的方式予以补充。

（二）自主选择模式

自主选择模式，是指事故发生后，受害人可以自主选择经由侵权责任法获得赔偿，也可以选择经由责任保险、一般商业意外保险、社会救助基金制度等获得补偿，但在受害人是否可以获得双重赔偿问题上，存在两种不同的观点。一种观点认为，受害人可以获得双重救济，因为侵权责任法是对人的经济制裁，尽管对受害人进行了赔偿，但人身是最可宝贵的，并非获得赔偿即可弥补。另一种观点认为，根据责任保险、一般商业意外保险、社会救助基金制度的损害填补原则，当事故发生时，保险人给予被保险人经济赔偿、社会救助基金给予受害人救助等，应当恰好填补受害人因遭受事故所造成的经济损害。赔偿数额一般不应少于或者多于实际损害。少于实际损害，说明受害人的损害没有得到完全的填补；多于实际损害，则会造成受害人的不当得利，与设置责任保险、一般商业意外保险、社会救助基金制度的宗旨不符。保险公司承担赔偿责任、社会救助基金提供社会救助，只是为了保障受害人能够得到及时、充分的救济，其垫付赔偿费用后，可以向致害人追偿。如果致害人已经及时、全额赔偿受害人，受害人的利益已有保障，保险公司就无须再作赔偿，社会救助基金也无须再提供社会救助。否则，保险公司在致害人赔偿之外再行赔偿，又向致害人追偿，会造成致害人承担双重赔偿责任；社会救助基金再次提供救助又使社会成本提高。但如果致害人只赔偿了受害人部分经济损失，保险公司仍应对赔偿不足的部分在交强险范围内承担赔偿责任，社会救助基金也可以对赔偿不足的部分适当提供社会救助。

（三）立法建议——自主选择为主、补充处理为辅

通过讨论各种救济制度的适用范围，可以发现各种救济制度的适用范围之界分并不明显。事实上，大多数国家坚持的模式是侵权责任、责任保险、社会救助基金和商业意外保险并行发展，受害人自主选择有利于其救济利益实现的救助方式。通过各种救济制度对受害者提供多元的救济方式，更多地满足了受害人获得救济的需求，提高了受害人获得救济的可能性；另外，可以充分及时有效地救济受害者。然而，事故发生后，各种各样的救济方式，让受害人常常迷失和困惑该怎么办，徘徊于各种救济制度之间，不仅降低了救济的效率，也浪费了司法资源。因此，协调各种救济制度，使各种救济制度作为一个体系，在学校安全事故救济的社会化问题及各种救济请求权的行使、补偿和责任构成等方面，都要求进行深入具体的研究。

学校安全事故的社会化救济体系由侵权责任法、校方责任保险、社会救助基金和学生平安保险等多种救济制度构成，其中，侵权责任法、责任保险和意外伤害保险属于私法救济，社会救助基金属于社会法律救济。因此，课题组认为，学校安全事故的社会化救济体系应该首先分为两块：一块由侵权法、责任保险和学生平安保险构成的私法救济，另一块是学校安全事故社会救助基金构成的社会救助，社会救助基金的功能是应急的辅助功能，在私法和社会法领域都同样适用，救助基金的设立是政府、学校和个人等主体筹资，救助基金应该扮演一个私法救济的补充救济角色。

学校安全事故划分为社会救济和私法救济之后，面临各种救济制度

之间是如何协调的问题。事实上，由于寄生性，学校安全事故校方责任保险救济制度不是一个独立的损害救济制度。学校安全事故校方责任保险是一个由潜在的加害人（学校）通过订立保险合同找到保险公司，它的本质是事故由保险公司来代替被保险人承担侵权赔偿责任，也就是说，只有当被保险人应当承担侵权责任，责任保险才被适用，事故发生后，依法应该由侵权人承担的侵权损害赔偿责任转而由保险公司承担。学生平安保险则是被保险人在保险单有效期间，发生意外伤害事故，保险公司按规定给付保险金。因此，侵权责任、校方责任保险和学生平安保险的划分，不仅在理论上是困难的，在实践中也是不必要的。问题的关键是，学校安全事故发生后，如何协调侵权责任、校方责任保险和学生平安保险之间的相互关系，这也是学校安全事故社会化救济体系构建时必须解决的问题。

在学校安全事故救济领域，学者们讨论其多元救济体系时，从不同角度对侵权责任、校方责任保险、学生平安保险和社会救助基金等多种救济制度中各自的适用范围都作了探讨，虽然出发点不同，但结论基本上是相同的，即：如果非意外事故，当学校未履行相关职责而发生学校安全事故时，由校方责任保险赔偿，但学校安全事故是由学校教师或其他工作人员故意或者重大过失造成的，由学校先行赔偿，然后学校可以向相关责任人追偿；当学校已履行相关职责并无过错而发生学校安全事故时，学校不承担侵权损害赔偿责任，如果有条件，可以根据实际情况、自由意志和可能性的原则，给予受害者适当的帮助或补偿，[①] 而具体的损害赔偿应当按照《侵权责任法》的相关规定，由侵权责任人或者其监护人承担损害赔偿责

---

① 也有学者认为：学校属于公共性、公益性机构，在责任承担上显然应当与一般的营利性机构有所区别；国办学校属"公法人"，对其所控制的国有资产只享有占有和管理使用的权利，不能随意处置；民办学校的资产也属教育经费，是其办学所必须。如果过于强调学校对其并无过错的学校安全事故的"补偿"，极易扰乱学校的教育教学秩序，并造成学校教育经费管理的混乱。现实生活中，在学校安全事故的处理中，已经出现了严重的"不闹不赔、小闹小赔、大闹大赔"的不良风气；在某些学校安全事故中，还出现了学校教职工（尤其是学校领导）的子女、亲朋受伤害，学校给予更多赔偿或补偿；甚至还出现了学校安全事故发生后，受伤害学生为了获得更多赔偿或补偿而给学校领导送礼、行贿，以争取更多额外赔偿或补偿的现象，其危害性极大。因此，在法律规制不足的情况下，规定学校对其并无过错的学校安全事故承担"补偿"义务，实属不当。方益权：《校园侵权法律问题研究》，法律出版社 2008 年版，第 177—178 页。

任，但如果侵权人不明或侵权人无法弥补损失的，学校安全事故社会救助基金可以进行适当补偿。如果发生意外事件，学生有学生平安保险或其他学生人身意外伤害保险的，由保险公司赔偿，如果没有投保的或保险赔付不足以填补损害的，学校安全事故社会救助基金可以进行适当补偿。

三　学校安全事故社会化救济制度之间的相互衔接

"一个健康的社会，不仅要有公平的利益分配制度，也要有公平的损失分配制度。"① 基于社会本位观的影响，必然会促进传统侵权理论的更新和发展，社会化救济体系也将不断完善，以弥补传统侵权民事责任制度的不足，在加害人无力负担或侵权造成的后果特别严重时，由社会不特定个体或组织来消化侵权损失。完善由侵权责任、校方责任保险、社会救助基金和学生平安保险等多种救济制度构建的学校安全事故社会化救济体系，重要的问题是厘清学校安全事故社会化救济制度之间的相互衔接问题。

（一）学校安全事故社会化救济制度的救济顺序

在各种救济制度共存的情况下，救济制度的救济顺序的确定，不仅是多元的损害救济制度可以有序共存的必要条件，也有助于消除受害者由于选择不同的救济制度所可能造成的救济结果不平衡状况。

课题组认为，对于私法救济领域中的救济顺序，即侵权责任、校方责任保险和学生平安保险等一般商业意外保险的救济顺序，王利明教授认为，应该"建立责任保险支付优先规则"。② 首先，对于加害人，支付保险金可能会减少其应当承担赔偿责任，但也减轻了突发事故的受害者的压力。对于受害者，保险金支付优先将使他们得到及时救济，尤其是在加害人无法承担赔偿责任时，对受害者的优先支付具有更大的意义。因此，学校责任保险救济的顺序应当优先于侵权法律责任，学生平安保险等一般商业意外保险也同样优先于侵权责任法的适用。

至于学校安全事故社会救助基金和校方责任保险、学生平安保险等一

---

① 江平：《民法学》，中国政法大学出版社 2000 年版，第 749 页。
② 王利明：《建立和完善多元化的受害人救济机制》，《中国法学》2009 年第 4 期，第 155 页。

般商业意外保险的关系，因为校方责任保险赔偿可以提前支付，因此，应该是责任保险和学生平安保险等一般商业意外保险优先适用，而社会救助基金发挥其补充作用。社会救助基金和侵权责任法律之间的关系，可以让紧急优先的社会救助基金发挥其功能，社会救助基金适用后，《侵权责任法》发挥辅助作用。

（二）学校安全事故社会化救济制度的救济额度

根据侵权损害填补的原则，对于一般的侵权行为，应该支持全额赔偿损失，也就是说，有多少损失，就应赔偿多少。尤其是在一般商业意外保险、责任保险、社会救助基金等救济方式不能让受害者获得及时充分有效的救济时，强调侵权法的损害填补功能，就更为重要。

校方责任保险和学生平安保险等一般商业意外保险，属于商业保险，有利润和风险控制的需要，因而通常需要执行在最高赔偿限额内的赔偿（最高赔偿限额内的受害者损失弥补）。如受害人的损失在最高赔偿限额内，则受害人在获得保险金支付后，不应该要求侵权人承担损害赔偿责任；如受害人的损失超过最高赔偿限额，则受害人超过最高赔偿限额的那一部分损失，可以向赔偿侵权人请求承担。

由于社会救助基金领域的人身伤害或财产损害之救济，只有最低保障的作用，所以大多数情况下只有应急、补充和托底的作用。

（三）学校安全事故社会化救济制度的责任构成

各种学校安全事故损害救济制度引起的法律关系是不同的，因而也各有不同的责任构成。一种救济制度的启动条件是其已经具备完整的相应的责任构成，否则就没有适用的可能。各种救济制度的交叉操作时有发生。因此，厘清它们之间的法律关系和责任构成就显得更有必要。

《侵权责任法》是调整侵权法律关系的，侵权人只有在其实施了侵权行为时才承担侵权责任。在学校安全事故中，相关各方的侵权法律责任之构成，应当依据《侵权责任法》的相关规定予以确认。《侵权责任法》第三十八条规定："无民事行为能力人在幼儿园、学校或者其他教育机构学习、生活期间受到人身损害的，幼儿园、学校或者其他教育机构应当承担责任，但能够证明尽到教育、管理职责的，不承担责任。"第三十九条规定："限制民事行为能力人在学校或者其他教育机构学习、生活期间受到人身损害，学校或者其他教育机构未尽到教育、管理职责的，应当承担责任。"第四十条规定："无民事行为能力人或者限制民事行为能力人在幼儿园、学校或者其他教育机构学习、生活期间，受到幼儿园、学校或者其他教育机构以外的人员人身损害的，由侵权人承担侵权责任；幼儿园、学校或者其他教育机构未尽到管理职责的，承担相应的补充责任。"而对相关各方是否履行了相应的职责，是否存在过错的问题，可以借鉴《学生伤害事故处理办法》的相关规定作出认定。

校方责任保险的保险人和被保险人，在按照法律规定签订保险合同，学校作为投保人直接和保险公司签约，依法对第三人承担赔偿责任作为保险合同的标的物。保险公司理赔校方责任保险的前提条件是：①事故在校方责任保险范围内；②以被保险人应当承担损害赔偿责任为前提；③受害人对保险人提出损害赔偿请求；④对被保险人的损失赔偿限定在责任保险限额内；⑤保险直接支付受害人损害赔偿应符合法律相关规定。

学生平安保险等一般商业意外保险则是由学生或其监护人自愿投保学生平安保险或其他险种的前提下，当被保险人遭遇损害时，由保险公司按照保险合同相关规定向其赔偿损失的制度。

学校安全事故社会救助基金具有"托底线，救急难，可持续"的公益性质，只有当受害人通过侵权责任、校方责任保险、学生平安保险等一般商业意外保险都无法获得及时充分有效的救济赔偿的情况下，由学校安全事故社会救助基金提供为了保障受害学生能够及时获得必要的医疗救治和最低生活保障，由学校安全事故社会救助基金对受害学生的全部或者部分抢救医疗费用、丧葬费用等进行垫付并发放困难救助金，而后由学校安全事故社会救助基金管理人向赔偿责任人追偿的制度。

（四）学校安全事故社会化救济制度的请求权行使

当发生学校安全事故时，除了首先确定损害救济责任人、救济对象、选择救济制度以及确定救济数额外，还需要明确的是谁具有请求救济的权利，即请求权行使的主体问题。

1. 学校安全事故侵权责任请求权的行使

侵权行为分为一般侵权行为和特殊侵权行为。《侵权责任法》第六条规定，行为人因过错侵害他人民事权益，应当承担侵权责任。这一条款是侵权责任的一般条款，对一般侵权行为，受害者可以依该条款为基础，请求侵权责任人承担侵权损害赔偿责任。对于特殊侵权行为，我国《侵权责任法》详细规定各类特殊侵权行为及其侵权责任的构成要件，这些规定构成了在特殊侵权责任的情况下，受害人请求侵权人承担损害赔偿责任的请求权。根据《侵权责任法》第三条的规定："被侵权人有权请求侵权人承担侵权责任。"该法第十八条规定："被侵权人死亡的，其近亲属有权请求侵权人承担侵权责任。"可见，学校安全事故侵权责任请求权人为被侵权人及其近亲属。

2. 学校安全事故校方责任保险请求权的行使

校方责任保险的投保方是学校。当前，根据保险行业关于校方责任保险条款的相关规定，发生学校安全事故时，如果学校应当对注册学生承担侵权赔偿责任，应当由受害学生向学校提出赔偿请求，再由学校向保险人提出理赔请求。此时，实际的损害人（学生及其监护人）仅仅作为第三人，并不具有保险合同受益人地位，不能直接请求保险公司给付保险金，唯有学校向该学生赔偿后，学校才可以请求保险公司给付保险金。[1] 这样，受害学生及其监护人在以学校安全事故校方责任保险的方式请求救济时，完全处于被动地位，不能直接向保险公司请求救济，救济的各种相关成本都大为提高。这不利于保护被害人的合法权益。应当通过完善相关立法，确立受害学生及其监护人直接获得向保险公司请求赔偿的权利，即"受害第三人直接诉讼制度"。

从理论上来说，首先，校方责任保险受害第三人享有直诉权并没有真正违反合同相对性原则，因为责任保险最终是为了保护受害人利益，受害人就是责任保险合同的潜在当事人；其次，基于民法上的债的保全理论，债权人可以享有代位求偿权，如果学校没有行使请求保险赔偿，第三人有权行使代位权起诉保险公司；[2] 再次，第三人直诉制度的构建，可以将学校从理赔双方当事人的地位中解脱出来，有利于降低救济程序成本等，有利于保护受害第三人的利益，也有利于维护学校的正常教育教学秩序。

建立"受害第三人直诉制度"应注意以下问题：第一，沟通协商在诉讼之前。学校安全事故发生后，学校、保险人和第三人，应该首先通过

---

① 邹海林：《责任保险论》，法律出版社 1999 年版，第 234 页。

② 廖钰：《论学校安全事故社会化救济机制的构建》，《法制与社会》2014 年第 36 期，第 192 页。

沟通协商，明确学校是否负有法律责任，学校的法律责任是否包含在保险合同范围内，保险人应当支付的保险金额，保险理赔不足部分由学校赔偿等问题。第二，如果受害第三人与保险人、学校不能达成协议，则受害第三人可以提起诉讼，并将学校和保险公司列为共同被告。

3. 学校安全事故一般商业意外保险请求权的行使

目前，在学校安全事故中广泛应用的一般商业意外保险主要包括学生平安保险和学生人身意外伤害险。该险种由学生或其监护人与保险公司签订保险合同，以学生为被保险人。因此，当发生学校安全事故致使被保险人受到损害时，应由学生或其监护人直接向保险公司请求赔偿以获得保险金理赔，而不再像校方责任保险那样需要通过学校，向学校申请赔偿。也就是说，学生平安保险等一般商业意外保险具有校方责任保险所不具有的"受害第三人直诉制度"。

4. 学校安全事故社会救助基金请求权的行使

对于受害者遭受人身伤害等亟须获得救济，而通过其他救济制度不能得到及时有效的救助时，作为一种紧急救济制度，受害学生及其近亲属可以申请社会救助基金予以救济。社会救助基金在提供救济后，也取得了在救济额度范围内向侵权责任人追偿的权利。

主要参考文献

一 中文期刊类

1. 《2006 年全国中小学安全形势分析报告》,《人民教育》2007 年第 8 期。

2. 《瞭望》周刊记者:《消融社会"失意群体"》,《瞭望新闻周刊》2010 年第 32 期。

3. 巴里·布赞:《论非传统安全研究的理论架构》,《世界经济与政治》2010 年第 1 期。

4. 步立建:《当前中小学安全工作的问题与对策》,《中小学管理》2007 年第 10 期。

5. 蔡屹:《浦东新区学校社会工作本土化发展历程及经验反思》,《华东理工大学学报》2006 年第 2 期。

6. 柴葳:《人大代表忧心教育法律法规执行难——教育执法体制不顺何谈依法治教》,《中国教育报》2015 年 3 月 8 日。

7. 曹海青:《学校安全立法的必要性与可行性之分析》,《哈尔滨工业大学学报 (社会科学版)》2011 年第 3 期。

8. 陈仰东:《就业是社会保障的观点值得商榷》,《中国社会保障》2011 年第 3 期。

9. 程德慧:《校园安全立法与安全保障社会化》,《河南公安高等专科学校学报》2006 年第 1 期。

10. 崔英杰:《学校实验课和实习课安全预案的制订》,《中国应急救援》2007 年第 3 期。

11. 邓国林、朱蓉蓉:《试论高校校园安全文化建设》,《江苏高教》2008 年第 2 期。

12. 董韦：《重大事项社会风险评估机制实证分析——以贵州省铜仁地区社会稳定风险评估为例》，《中共贵州省委党校学报》2012 年第 5 期。

13. 樊秀丽：《日本学校安全法立法运动》，《首都师范大学学报》（社会科学版）2011 年第 3 期。

14. 方益权、张浩、易招娣：《我国校园外来暴力及其防治策略研究》，《高等教育研究》2012 年第 11 期。

15. 方益权、杜玉玉：《平安校园视域下社区安全风险评估制度研究》，《高等教育研究》2014 年第 7 期。

16. 方展画、王东：《美国校园危机管理的组织架构分析》，《高等教育研究》2008 年第 9 期。

17. 冯兰义：《人的价值和人的全面发展研究概览》，《文史哲》1998 年第 6 期。

18. 冯毅：《社会安全突发事件概念的界定》，《法治与社会》2010 年第 9 期。

19. 傅剑锋：《"黑龙会"的少年江湖》，《南方周末》2007 年 9 月 13 日。

20. 古代勋：《对农村辍学现象的思考及对策》，《成都教育学院学报》2002 年第 7 期。

21. 谷永芹、廖星：《高校警务室与保卫工作机制研究》，《甘肃科技纵横》2008 年第 6 期。

22. 郭东、赵玺雅、戴彬：《高校安全工作责任体系研究》，《煤炭高等教育》2010 年第 5 期。

23. 郝树源：《我国社区警务现状及对策探究》，《黑龙江省政法管理干部学院学报》2014 年第 6 期。

24. 何显兵：《建立社区犯罪防控系统的基本构想》，《福建公安高等专科学校学报》2006 年第 1 期。

25. 何晓红、王文艳：《精神分裂症院外遵医行为的调查》，《中华护理学杂志》2005 年第 2 期。

26. 胡斌：《高校保卫组织公安体制改革之我见》，《武汉船舶职业技术学院学报》2007 年第 6 期。

27. 胡远远：《教育惩戒在国外》，《青年导报》2008 年第 14 期。

28. 黄觅、叶一舵：《国外社区心理健康服务发展概况及其对我国的借鉴意义》，《福建医科大学学报》（社会科学版）2010 年第 9 期。

29. 黄俭：《教育行政部门要充分履行职责》，《湖北教育》2006 年第 9 期。

30. 黄健华、王康琳、王保刚、戴晓理、张晶：《多元主体协作机制在国境口岸重大呼吸道传染病防控中的建立与应用》，《中国国境卫生检疫杂志》2012 年第 5 期。

31. 贾飞：《我国校园危机控制研究——以国际安全学校认证标准为视角》，《江苏警官学院学报》2011 年第 2 期。

32. 贾晓红、张铁牛：《体罚和变相体罚学生现象评析》，《许昌师专学报》2002 年 1 月。

33. 江振华、胡鸿保：《社区概念发展的历程》，《中国青年政治学院学报》2002 年第 7 期。

34. 康均心、刘猛：《台湾地区校园安全维护：现状、机制与启示》，《青少年犯罪问题》2015 年第 2 期。

35. 劳凯声：《中小学学生伤害事故及责任归结问题研究》，《北京师范大学学报》（社会科学版）2004 年第 2 期。

36. 黎慈：《美国校园警务管理机制及其启示》，《上海公安高等专科学校学报》2010 年第 6 期。

37. 黎慈：《美国在校园安全管理中的警务运用及其启示》，《辽宁警专学报》2010 年第 4 期。

38. 黎慈：《论我国校园警务管理机制的有效构建》，《江西公安专科学校学报》2010 年第 4 期。

39. 黎明：《保安：功过是非几多》，《决策探索》2003 年第 10 期。

40. 李登贵：《日本学校事故及其赔偿责任研究》，北京师范大学，博士学位论文，2006 年。

41. 李金桥：《档案安全风险评估刍议》，《兰台世界》2013 年第 4 期。

42. 李开盛、薛力：《非传统安全理论：概念、流派与特征》，《国际政治研究（季刊）》2012 年第 2 期。

43. 李汉卿：《协同治理理论探析》，《理论月刊》2014 年第 1 期。

44. 李红雁：《关于制定〈校园安全法〉的若干思考》，《湖南师范大学》2002 年第 8 期。

45. 李进忠：《美国校园暴力走向及其治理模式》，《基础教育参考》2007
年第 11 期。

46. 李林：《试论立法价值及其选择》，《天津社会科学》1996 年第 3 期。

47. 李明强、王一方：《多中心治理：内涵、逻辑和结构》，《中共四川省
委省级机关党校学报》2013 年第 6 期。

48. 李树峰：《国外学校的"零忍受"策略》，《外国中小学教育》2005 年
第 9 期。

49. 李寿双、郭文昌：《机动车第三者责任强制保险的制度研究》，《保险
研究》2005 年第 8 期。

50. 李昕：《论校园安全保障的制度现状与立法完善》，《首都师范大学学
报》（社会科学版）2011 年第 3 期。

51. 李晓明：《校园安全综合防控机制的构建与运行》，《黑龙江高教研
究》2011 年第 5 期。

52. 李中杰、陈曙旸、吴宜群：《国外伤害监测系统的建立与使用情况》，
《国外医学》（卫生学分册）2004 年第 4 期。

53. 梁莹：《媒体信任与公民的社区志愿服务参与》，《理论探讨》2012 年
第 1 期。

54. 廖怀高：《台湾地区校园性侵害处理模式研究》，《重庆行政》（公共
论坛）2014 年第 4 期。

55. 林鸿潮：《论学校安全立法及其制度框架》，《教育研究》2011 年第
8 期。

56. 林曦：《利益相关者管理理论的发展脉络与研究方向》，《学习与实
践》2010 年第 5 期。

57. 刘冬梅：《国外教育执法监督的经验及借鉴》，《教学与管理》2001 年
第 8 期。

58. 刘海中：《警校联动促建校园安全管理长效机制》，《政法学刊》2010
年第 3 期。

59. 刘湃：《公共危机管理与政府形象塑造》，《东北财经大学学报》2007
年第 4 期。

60. 刘士国、张道功、李春：《我国校园安全立法相关问题的深层次思
考——以一起校园伤害事故为视角》，《巢湖学院学报》2008 年第 1 期。

61. 刘亚轩：《国外小学安全教育及其启示》，《教学与管理》2010 年第 26 期。

62. 刘艳虹：《北京市中小学安全管理现状调查》，《教学与管理》2008 年第 19 期。

63. 刘志刚：《如何完善学校安全工作制度》，《河北教育（综合版）》2010 年第 1 期。

64. 刘中文、王玉海、刘真伦：《论安全力理论在安全管理长效机制中的应用》，《煤矿灾害事故预测预警及控制技术学术研讨会论文集》，2014 年。

65. 陆乐等：《校园安全让多国百姓揪心，血腥惨案频现多国校园》，《环球时报》2010 年 5 月 19 日。

66. 卢斌、贾鲁晶：《高校安全保卫的执法诉求》，《中国教育报》2011 年 12 月 19 日。

67. 罗春清：《学校安全教育》，《师友月刊》1996 年第 343 期。

68. 罗朝猛：《日本：全民动员给孩子个安全的校园》，《上海教育》2010 年第 11 期。

69. 麻昌华：《21 世纪侵权行为法的革命》，《法商研究》2002 年第 6 期。

70. 马国颖：《法律界人士评〈学生伤害事故处理法〉》，《南方都市报》2002 年 8 月 23 日。

71. 马晓春：《中小学教师权压行为、体罚及变相体罚行为的比较研究》，《教育科学研究》2006 年第 3 期。

72. 马颖：《政治治理视角下的非营利性组织》，《通化师范学院学报》2012 年第 3 期。

73. 毛发虎：《改革开放三十年中国高校保卫组织的发展变迁》，《首都师范大学学报》2009 年第 2 期。

74. 牟永福：《全日制中小学校方责任保险的制度设计及其存在的问题》，《教育学术月刊》2010 年第 1 期。

75. 倪洪涛、韩玉亭：《后 9·11 时期的美国大学校园警察制度探析》，《山东警察学院学报》2013 年第 2 期。

76. 倪洪涛、韩玉亭：《论英国大学安全治理模式及其对我国的启示》，《山东警察学院学报》2012 年第 5 期。

77. 倪洪涛、韩玉亭：《国外高校安保制度的比较及借鉴——以英国、美国、加拿大、瑞典、日本、新加坡为样本》，《西南政法大学学报》2013 年第 1 期。

78. 倪洪涛、韩玉亭：《美国校园警察的状况》，《比较教育研究》2013 年第 5 期。

79. 倪洪涛：《校园警察主导大学安全治理论》，《江苏警官学院学报》2012 年第 6 期。

80. 欧阳梅：《安全社区建设基本要求解读》，《劳动保护》2007 年第 4 期。

81. 欧阳梅、陈文涛、段淼：《创建安全社区之伤害调查与风险辨识方法探讨》，《中国安全科学学报》2006 年第 11 期。

82. 潘启雯、吴婷、郭潇雅：《保障校园安全要有长效机制——校园恶性犯罪事件频发背后》，《中国社会科学报》2010 年 5 月 27 日。

83. 庞司珈：《公共危机管理中的思想政治教育探究》，《辽宁工业大学学报》（社会科学版）2013 年第 2 期。

84. 逢锦桥：《浅议心理健康教育途径》，《吉林教育》2012 年第 1 期。

85. 钱丽霞、郭琳、徐新容：《国外中小学安全教育比较研究及启示》，《基础教育参考》2009 年第 7 期。

86. 秦德君：《制度设计的前在预设》，《上海社会科学院学术季刊》2002 年第 4 期。

87. 秦金生、黄松元：《加强校园安全，促进学生健康》，《学校卫生》2003 年第 41 期。

88. 曲凌杰、田振山：《强化学校安全不可因噎废食》，《中国教育报》2001 年 8 月 7 日。

89. 曲正伟：《关于制定"校园安全法"的几点思考》，《教学与管理》2001 年第 13 期。

90. 曲正伟：《日本中小学生学校安全保护简况》，《外国中小学教育》2001 年第 4 期。

91. 让—皮埃尔·戈丹：《现代的治理，昨天和今天：借重法国政府政策得以明确的几点认识》，《国际社会科学杂志》（中文版）1999 年第 2 期。

92. 任旭娇：《基于善治理论的公共危机治理中的政府责任研究》，《知识经济》2011 年第 4 期。

93. 邵维国：《论我国刑法中公共安全的内涵及其认定标准》，《中国青年政治学院学报》2002 年第 6 期。

94. 史云贵、王海龙：《合作治理视域中的我国乡镇治理结构重塑》，《社会主义研究》2010 年第 3 期。

95. 宋远升、陈熙：《解构与比较：校园警察制度及安全立法探究》，《青少年犯罪问题》2007 年第 1 期。

96. 孙昌兴、周彦：《我国企业环境侵权社会化救济的思考》，《华北电力大学学报》（社会科学版）2011 年第 4 期。

97. 孙凌寒、朱静：《校园暴力与学校社会工作》，《河北青年干部学院学报》2005 年第 4 期。

98. 谭晓玉：《教育惩戒权的行使与未成年学生违纪行为管理》，《青少年犯罪问题》2008 年第 4 期。

99. 唐丽雪、方益权、沙非：《国际安全学校视野下的我国大陆地区中小学校园安全建设》，《法治与社会》2013 年第 3 期。

100. 藤瑞萍：《落实"一岗双责制"确保校园安全稳定》，《中国现代教育装备》2009 年第 12 期。

101. 田杰：《青年社会心理的结构张力与优化完善——读沈杰〈青年对社会变迁的反应〉》，《上海青年管理干部学院学报》2013 年第 2 期。

102. 万赟：《美国校园欺侮对策及其实用性借鉴》，《外国中小学教育》2006 年第 9 期。

103. 汪新科、胡信勤、徐雄伟：《论和谐校园的安全基础》，《学校党建与思想教育》2005 年第 12 期。

104. 王彬彬：《浅析科塞的社会冲突理论》，《辽宁行政学院学报》2006 年第 8 期。

105. 王洪明：《美国公立中小学安全措施变革》，《国中小学教育》2010 年第 6 期。

106. 王辉：《论教师的惩戒权》，《教育研究与实验》2001 年第 2 期。

107. 王均平：《安全，还是秩序——治安理论与实践之上位概念分析及选择》，《中国人民公安大学学报》（社会科学版）2009 年第 6 期。

108. 王岚：《守护学校：日本制订〈学校安全法〉草案》，《科研与决策》2006 年第 27 期。

109. 王利明：《建立和完善多元化的受害人救济机制》，《中国法学》2009 年第 4 期。

110. 王立峰：《高校公共安全法律机制的理论证成——以公共安全的内涵为视角》，《西南科技大学高教研究》2007 年第 3 期。

111. 王立峰：《高校公共安全的法律维度——来自于法哲学视域的观照》，《山西财经大学学报》（高等教育版）2008 年第 2 期。

112. 王琳：《简析〈侵权责任法〉第 53 条的社会本位理念》，《重庆科技学院学报》（社会科学版）2012 年第 13 期。

113. 王培华：《学生团体保险中的认识误区》，《中小学管理》2002 年第 12 期。

114. 王清：《国际安全社区建设效果评估体系研究——以上海市国际安全社区建设评价为例》，复旦大学，硕士学位论文，2010 年。

115. 王思斌：《社会政策的实施与社会工作的发展》，《江苏社会科学》2006 年第 2 期。

116. 王小飞：《美国：逐级立法完善校园安全》，《中国教育报》2010 年 6 月 1 日。

117. 王兴伦：《多中心治理：一种新的公共管理理论》，《江苏行政学院学报》2005 年第 1 期。

118. 王云娟：《校园安全需要群防群治》，《河北教育》2001 年第 10 期。

119. 王志亮：《刑诉法修改应关注刑事法律体系的衔接》，《东方法学》2009 年第 1 期。

120. 文达：《关于我国校园安全立法和校园警察制度的思考》，《法学杂志》2009 年第 12 期。

121. 文军：《学校社会工作略论》，《社会》2003 年第 1 期。

122. 吴开华：《教育惩戒合法化：原则、要求及其保障》，《教育理论与实践》2008 年第 5 期。

123. 吴开华：《浅议民办学校法人的性质与归属》，《中国教师报》2003 年 1 月 23 日。

124. 吴心正：《美国高校的安全管理比较研究》，《武汉水利电力大学学报》2000 年第 3 期。

125. 吴忠俐：《推进学校及周边治安防范体系建设，大力构建学校及周边安全稳定屏障》，《教师》2010 年第 8 期。

126. 谢明辉：《英国发布基础教育改革白皮书》，《思想理论教育》2009 年第 22 期。

127. 邢冀源：《我国企业社会责任研究发展述评》，《科技创业》2011 年第 1 期。

128. 熊节春、陶学荣：《公共事务管理中政府"元治理"的内涵及其启示》，《江西社会科学》2011 年第 8 期。

129. 徐泓、朱秀霞：《低碳经济视角下企业社会责任评价指标分析》，《中国软科学》2012 年第 1 期。

130. 徐济益：《对社会救助基金的思考》，《城市问题》2007 年第 2 期。

131. 徐辉：《高校风险评估管理体系研究》，《浙江工贸职业技术学院学报》2008 年第 3 期。

132. 薛传会：《论高等学校的协同创新战略》，《当代教育科学》2012 年第 7 期。

133. 阎卫东：《建立高等职业院校校园安全管理体系的探讨》，《中国职业技术教育》2005 年第 26 期。

134. 杨亮：《关于建立高校稳定警报机制的几点思考》，《山西警官高等专科学校学报》2009 年第 4 期。

135. 杨启富、周全保、叶胜富：《多校区办学格局下校园安全现状的调查与思考》，《台州学院学报》2008 年第 5 期。

136. 杨艳、孙晓丛：《校园安全立法探析》，《现代教育科学·高教研究》2009 年第 5 期。

137. 杨颖秀：《美国学校安全措施及其启示》，《现代中小学教育》2001 年第 2 期。

138. 姚建龙：《帮派对校园之渗透与对策——以广州"黑龙会"为例的研究》，《中国青年研究》2008 年第 1 期。

139. 姚建龙：《校园暴力：一个概念的界定》，《中国青年政治学院学报》2008 年第 4 期。

140. 殷景录：《学校教育惩戒功能缺失与对策研究》，《中国教师》2009

年第 4 期。

141. 尹力:《学生伤害事故处理:一个"有条件"的〈办法〉》,《教育理论与实践》2003 年第 11 期。

142. 尹琳:《从未成年人法律体系看日本的儿童权利保护》,《青少年犯罪问题》2005 年第 2 期。

143. 尹晓敏、方益权:《公共治理:我国校园安全管理的一种新范式》,《现代教育论丛》2011 年第 3 期。

144. 余宏明:《美国高校安全管理及启示》,《中国安全科学学报》2004 年第 8 期。

145. 俞可平:《全球治理引论》,《马克思主义与现实》2002 年第 1 期。

146. 俞可平:《没有法治就没有善治——浅谈法治与国家治理现代化》,《马克思主义与现实》2014 年第 6 期。

147. 袁媛、曲铁华:《农村中小学校舍维修改造问题的病与解》,《河北师范大学学报》(教育科学版)2009 年第 1 期。

148. 曾祥瑞:《日本国家赔偿特别领域要论》,《行政法学研究》2004 年第 1 期。

149. 张殿军:《加强民族法律清理促进民族立法和谐统一》,《内蒙古社会科学》(汉文版)2010 年第 1 期。

150. 张桂蓉:《企业社会责任与城市社区建设》,《城市问题》2011 年第 1 期。

151. 张宏业:《我在美国当警察》,《辽宁法制报》2002 年第 12 期。

152. 张康之:《走向合作治理的历史进程》,《湖南社会科学》2006 年第 4 期。

153. 张立荣、冷向明:《协同治理与我国公共危机管理模式创新——基于协同理论的视角》,《华中师范大学学报》(人文社会科学版)2008 年第 3 期。

154. 张玲:《论日本的工作物责任》,《外国法译评》1997 年第 3 期。

155. 张善根:《学校社会工作与校园暴力的防控》,《青少年犯罪问题》2010 年第 1 期。

156. 张爽:《近年来有关学校安全问题研究述略》,《首都师范大学学报》(社会科学版)2011 年第 3 期。

157. 张维平、翁莹秀：《〈校园安全法〉立法原则性问题研究》，《教育理论与实践》2005 年第 10 期。

158. 张卫平：《认识经验法则》，《清华法学》2008 年第 6 期。

159. 张文显：《从义务本位到权利本位是法的发展规律》，《社会科学战线》1990 年第 6 期。

160. 张小虎：《转型期犯罪率明显增长的社会分层探析》，《社会学研究》2002 年第 1 期。

161. 张瑜：《民办高校周边环境的治理和对策》，《赤峰学院学报》2012 年第 4 期。

162. 张振喜：《日本〈学校保健安全法〉相关法律法规》，《中国疫苗和免疫》2009 年第 6 期。

163. 赵若辉、张鸿巍：《少年帮派的特征、催生因素与防治刍议》，《广西大学学报》2008 年第 2 期。

164. 赵仲堂、Leif Svanstrom：《中国安全社区发展需求与展望》，《中国公共卫生》2003 年第 1 期。

165. 郑布英：《关于校园安全立法的几个问题》，《武汉大学学报》（哲学社会科学版）2005 年第 4 期。

166. 郑恒峰：《协同治理视野下我国政府公共服务供给机创新研究》，《理论研究》2009 年第 4 期。

167. 郑孟望、汤玉明、张宏：《校园警务——大学生安全问题对策研究》，《企业家天地》（理论版）2008 年第 3 期。

168. 郑永年、黄彦杰：《暴力的蔓延及其社会起源》，《文化纵横》2010 年第 4 期。

169. 中国台湾地区"教育部"：《维护校园安全实施要点》，2011 年 2 月 23 日。

170. 中国行政管理学会课题组：《高校应急管理机制建设研究报告》，《中国行政管理》2006 年第 10 期。

171. 周博文：《美国校园警察制度及其对我国校园安全管理工作的启示》，《公安研究》2010 年第 10 期。

172. 周成泓：《规则、原则、程序——对法律原则的一个诠释》，《贵州大学学报》（社会科学版）2006 年第 3 期。

173. 周丽等：《深圳市中小学校校园安全状况分析》，《中国学校卫生》2006 年第 8 期。

174. 周义程、黄菡：《用"合作的治理"取代"民主的治理"》，《理论探讨》2010 年第 4 期。

175. 周静茹：《以科学发展观解析公共安全之内涵和外延》，《长春大学学报》2006 年第 2 期。

176. 朱国平：《解决校园安全问题的 5 步计划》，《安防科技》2003 年第 12 期。

177. 朱立言、陈宏彩：《论危机管理中的行政信息公开》，《新视野》2003 年第 4 期。

178. 周彦：《我国企业环境侵权社会化救济的思考》，《华北电力大学学报》（社会科学版）2011 年第 4 期。

179. 侯莹莹：《转型期我国中小学校园安全管理研究》，硕士学位论文，南京师范大学，2011 年。

180. 易招娣：《校园安全治理视角下社区犯罪预警机制的构建》，《教育研究》2016 年第 6 期。

181. 毛欣娟、杨亮：《论高校稳定预警机制的构建》，《中国人民公安大学学报》（社会科学版）2007 年第 6 期。

182. 孙照：《高校突发事件应急管理法律机制创新研究》，硕士学位论文，青岛科技大学，2014 年 6 月 10 日。

183. 谢秉宸：《浅谈高校安全保卫工作立法》，《中国市场》2011 年第 35 期。

184. 廖钰：《论学校安全事故社会化救济机制的构建》，《法制与社会》2014 年 12 月。

二　中文著作类

1. 北京市哲学社会科学规划办公室、北京市教育委员会，首都社会安全研究基地：《首都社会安全研究报告》，同心出版社 2005 年版。

2. 蔡德辉、杨士隆：《青少年暴力行为：原因、类型与对策》，五南图书出版股份有限公司 2002 年版。

3. 蔡定剑：《历史与变革》，中国政法大学出版社 1999 年版。

4. 曹诗权：《未成年人监护制度研究》，中国政法大学出版社 2004 年版。

5. 车文博：《心理咨询大百科全书》，浙江科学技术出版社 2001 年版。

6. 陈宝智：《系统安全评价与评测》，冶金工业出版社 2005 年版。

7. 陈慈幸：《青少年法治教育与犯罪预防》，台湾涛石文化事业有限公司 2002 年版。

8. 陈国华、张新梅、金强：《区域应急管理实务——预案、演练及绩效》，化学工业出版社 2008 年版。

9. 陈鹤琴：《家庭教育》，教育科学出版社 1981 年版。

10. 陈兴良：《正当防卫论》，中国人民大学出版社 1987 年版。

11. 褚宏启：《学校法律问题分析》，法律出版社 1998 年版。

12. 褚宏启：《中小学法律问题分析》（理论篇），红旗出版社 2003 年版。

13. 董安生：《民事法律行为》，中国人民大学出版社 2002 年版。

14. 董立山：《自治与法治之间——高校行使学生惩戒权问题研究》，湖南大学出版社 2007 年版。

15. 方益权：《中国学校安全立法研究》，中国社会科学出版社 2013 年版。

16. 冯军：《刑事责任论》，法律出版社 2003 年版。

17. 冯文光、张波：《社区警务实用教程》，中国检察出版社 2003 年版。

18. 费孝通：《费孝通文集》，天津出版社 1985 年版。

19. 高铭暄：《中国刑法学》，中国人民大学出版社 1989 年版。

20. 高铭暄、马克昌：《刑法学》（下篇），中国法制出版社 1999 年版。

21. 公丕祥：《马克思法哲学思想述论》，河南人民出版社 1992 年版。

22. 龚向和：《受教育权论》，中国人民公安大学出版社 2004 年版。

23. 郝铁川：《教育法基础》，上海教育出版社 1998 年版。

24. 郝维谦、李连宁：《各国教育法制比较研究》，人民教育出版社 1999 年版。

25. 胡黎明：《"焦点现象"研究》，新华出版社 2004 年版。

26. 胡平：《精神损害赔偿制度研究》，中国政法大学出版社 2003 年版。

27. 胡伟民：《内部控制与企业风险管理——实务操作指南》，电子工业出版社 2007 年版。

28. 黄顺康：《公共危机管理与危机法制研究》，中国检察出版社 2006 年版。

29. 黄崴、胡劲松：《教育法学概论》，广东高等教育出版社 1999 年版。

30. 黄崴：《教育法学》，广东高等教育出版社 2002 年版。

31. 伽德默尔：《真理与方法》，载张志铭主编《法律解释操作分析》，中国政法大学出版社 1999 年版。

32. 姜明安：《行政执法研究》，北京大学出版社 2004 年版。

33. 江平：《民法学》，中国政法大学出版社 2000 年版。

34. 康树华：《比较犯罪学》，北京大学出版社 1994 年版。

35. 劳凯声、孙云晓：《新焦点——当代中国少年儿童人身伤害研究》，北京师范大学出版社 2002 年版。

36. 劳凯声、郑新蓉：《规矩方圆：教育管理与法律》，中国铁道出版社 1997 年版。

37. 劳凯声：《变革社会中的教育权与受教育权：教育法学基本问题研究》，教育科学出版社 2003 年版。

38. 劳凯声：《教育法论》，江苏教育出版社 1993 年版。

39. 劳凯声：《中国教育法制评论》（第 2 辑），教育科学出版社 2003 年版。

40. 乐章：《社会救助学》，北京大学出版社 2008 年版。

41. 李步云：《人权法学》，高等教育出版社 2005 年版。

42. 李德顺：《价值论》，中国人民大学出版社 1997 年版。

43. 李浩：《民事证明责任研究》，法律出版社 2003 年版。

44. 李连宁、孙葆森：《学校教育法制基础》，教育科学出版社 1997 年版。

45. 李晓燕：《教育法学》，高等教育出版社 2001 年版。

46. 联合国全球治理委员会：《我们的全球伙伴关系》，牛津大学出版社 1995 年版。

47. 梁彗星：《民商法论丛（第 2 卷）》，法律出版社 1997 年版。

48. 廖福特：《国际人权法——议题分析与国内实践》，元照出版公司 2005 年版。

49. 廖斌、何显兵：《社区建设与犯罪防控》，人民法院出版社 2003 年版。

50. 林菊枝：《亲属法新论》，五南图书出版公司 1996 年版。

51. 林嘉：《社会保障法的理念、实践与创新》，中国人民大学出版社 2002 年版。

52. 刘士国：《现代侵权损害赔偿研究》，法律出版社 1998 年版。

53. 刘志伟：《危害公共安全犯罪疑难问题司法对策》，吉林人民出版社 2000 年版。

54. 娄成武、孙萍：《社区管理》，高等教育出版社 2003 年版。

55. 罗云：《风险分析与安全评价》，化学工业出版社 2010 年版。

56. 罗云：《学校安全保障与事故预防》，北京师范大学出版社 2013 年版。

57. 马长山：《国家、市民社会与法治》，商务印书馆 2005 年版。

58. 马克昌：《刑罚通论》，武汉大学出版社 1999 年第 2 版。

59. 马维麟：《民法债编注释书（一）》，五南图书出版公司 1997 年版。

60. 全球治理委员会：《我们的全球伙伴关系》，牛津大学出版社（中国）有限公司 1995 年版。

61. 史尚宽：《亲属法论》，中国政法大学出版社 1999 年版。

62. 史尚宽：《债法总论》，中国政法大学出版社 1999 年版。

63. 舒扬、彭湃等：《动态环境下的治安防范与控制——以广州为分析典例》，中央编译出版社 2007 年版。

64. 宋冰：《程序、正义与现代化》，中国政法大学出版社 1998 年版。

65. 孙葆森：《教育法学基础》，吉林教育出版社 1998 年版。

66. 孙霄兵：《教育法哲学论纲》，载劳凯声主编《中国教育法制评论》（第 7 辑），教育科学出版社 2009 年版。

67. 孙霄兵：《受教育权法理学》，教育科学出版社 2003 年版。

68. 孙笑侠：《法理学导论》，高等教育出版社 2004 年版。

69. 佟丽华：《未成年人法学》，中国民主法制出版社 2001 年版。

70. 佟丽华：《学生伤害事故预防及处理手册》，群众出版社 2004 年版。

71. 王大伟：《英美警察科学》，中国人民公安大学出版社 1995 年版。

72. 王惠岩：《行政管理学》，高等教育出版社 2011 年版。

73. 王康：《中国社会学的兴旺》，山东人民出版社 1988 年版。

74. 王利明：《民法·侵权行为法》，中国人民大学出版社 1993 年版。

75. 王利明：《民法典·侵权责任法研究》，人民法院出版社 2003 年版。

76. 王利明：《民法疑难案例研究》，中国法制出版社 2003 年版。

77. 王利明：《侵权行为法归责原则研究》，中国政法大学出版社 1992 年版。

78. 王莉君：《权力与权利的思辨》，中国法制出版社 2005 年版。

79. 王卫国：《过错责任原则：第三次勃兴》，中国法制出版社 2000 年版。

80. 王鹰：《创建安全的学校——学校安全管理与法律研究》，北京师范大学出版社 2010 年版。

81. 王鹰：《学校安全管理的原则与措施》，载劳凯声主编《中国教育法制评论（第 3 辑）》，教育科学出版社 2004 年版。

82. 王泽鉴：《民法学说与判例研究》（第 2 册），中国政法大学出版社 1997 年版。

83. 王泽鉴：《民法学说与判例研究》（第 2 册），中国政法大学出版社 1998 年版。

84. 王泽鉴：《侵权行为法》（第 1 册），中国政法大学出版社 2001 年版。

85. 夏保成：《国家安全论》，长春出版社 1999 年版。

86. 肖海军：《环境事故认定与法律处理》，湖南人民出版社 2003 年版。

87. 肖鹏军：《公共危机管理导论》，中国人民大学出版社 2006 年版。

88. 肖远军：《教师的法律视野》，浙江大学出版社 2001 年版。

89. 谢鹏程：《基本法律价值》，山东人民出版社 2000 年版。

90. 徐爱国：《英美侵权行为法》，法律出版社 1999 年版。

91. 徐国栋：《民法基本原则解释——成文法局限性之克服》，中国政法大学出版社 1992 年版。

92. 徐久生：《校园暴力研究》，中国方正出版社 2004 年版。

93. 颜泽贤、范冬萍、张华夏：《系统科学导论——复杂性探索》，人民出版社 2006 年版。

94. 杨立新：《侵权损害赔偿》，吉林人民出版社 1990 年版。

95. 杨立新：《人身权法论》（修订版），人民法院出版社 2002 年版。

96. 杨士隆：《校园犯罪与安全维护》，台湾五南图书出版股份有限公司 2012 年版。

97. 杨霞：《历史进步与人的解放》，中国社会科学出版社 1996 年版。

98. 姚建龙：《校园暴力控制研究》，复旦大学出版社 2010 年版。

99. 叶龙、李森：《安全行为学》，清华大学出版社，北京交通大学出版社 2005 年版。

100. 应松年：《行政法与行政法学》，法律出版社 2005 年版。

101. 于敏：《日本侵权行为法》，法律出版社 1998 年版。

102. 余潇枫等：《中国非传统安全能力建设：理论、范式与思路》，中国社会科学出版社 2013 年版。

103. 展万程：《农村治安与构建和谐社会》，中国人民公安大学出版社 2008 年版。

104. 张成福、唐钧：《政府危机管理能力评估》，中国人民大学出版社 2009 年版。

105. 张洪涛、郑功成：《保险学》，中国人民大学出版社 2002 年版。

106. 张俊浩：《民法学原理》，中国政法大学出版社 1997 年版。

107. 张俊宗：《现代大学制度：高等教育改革与发展的时代回应》，中国社会科学出版社 2004 年版。

108. 张康之：《行政伦理的观念与视野》，中国人民大学出版社 2008 年版。

109. 张民安：《过错侵权责任制度研究》，中国政法大学出版社 2002 年版。

110. 张明楷：《刑法学》，法律出版社 1997 年版。

111. 张维平、陆鑫、唐立杰：《中小学校学法用法案例评析》，辽宁大学出版社 1995 年版。

112. 张维平：《平衡与制约——20 世纪的教育法》，山东教育出版社 1995 年版。

113. 张文显：《法哲学范畴研究》（修订版），中国政法大学出版社 2001 年版。

114. 张文显：《法理学》，（第 2 版）高等教育出版社 2003 年版。

115. 张文显：《二十世纪西方法哲学思潮研究》，法律出版社 1996 年版。

116. 张新宝：《侵权责任法原理》，中国人民大学出版社 2005 年版。

117. 张新宝：《侵权责任构成要件研究》，法律出版社 2007 年版。

118. 张新宝：《人身损害赔偿案件的法律适用》，中国法制出版社 2005 年版。

119. 张新宝：《中国侵权行为法》，中国社会科学出版社 1995 年版。

120. 张馨：《公共财政论纲》，经济科学出版社 1999 年版。

121. 张幼文、周建明：《经济安全：金融全球化的挑战》，上海社会科学院出版社 1999 年版。

122. 张玉堂：《学校安全预警与救助机制理论和实践》，四川人民出版社 2010 年版。

123. 张昭瑞、张建明、张瑞清：《社区警务》，中国人民公安大学出版社 2003 年版。

124. 张兆端：《社区警务论——社会治安综合治理的社区化理论与实践》，中国人民公安大学出版社 2003 年版。

125. 赵震江：《现代法理学》，北京大学出版社 1999 年版。

126. 郑杭生：《中国人民大学中国社会发展研究报告 2004：走向更加安全的社会》，中国人民大学出版社 2004 年版。

127. 周明成：《城市社区危机管理能力提升研究》，广州大学出版社 2011 年版。

128. 周晓丽：《灾害性公共危机治理——基于体制、机制和法制的视界》，社会科学文献出版社 2008 年版。

129. 周志宏：《教育法与教育改革》，台北高等教育文化事业有限公司 2007 年版。

130. 邹海林：《责任保险论》，法律出版社 1999 年版。

131. 卓泽渊：《法的价值总论》，人民出版社 2001 年版。

132. 子杉：《国家的选择与安全——全球化进程中国家安全观的演变与重构》，上海三联书店 2005 年版。

三　外文译作类

1. 《马克思恩格斯全集》第 2 卷，人民出版社 1957 年版。

2. 《马克思恩格斯选集》第 4 卷，人民出版社 1972 年版。

3. 埃莉诺·奥斯特罗姆、帕克斯和惠特克：《公共服务的制度建构》，宋全喜、任睿译，上海三联书店 2000 年版。

4. 埃莉诺·奥斯特罗姆等：《制度激励与可持续发展》，陈幽泓等译，上海三联书店 2000 年版。

5. В. П. 格里巴诺夫、С. М. 科尔涅耶夫：《苏联民法》，法律出版社 1984 年版。

6. E. 博登海默：《法理学：法律哲学与法律方法》，邓正来译，中国政法大学出版社 1999 年版。

7. E. 博登海默：《法理学——法哲学及其方法》，邓正来、姬敬武译，华夏出版社 1987 年版。

8. 澳大利亚昆士兰大学高级法律教程：《民法导论》，澳门 PYT 有限公司，法律书籍公司 1962 年版。

9. 鲍里奇·加里：《有效教学方法》，易东平译，江苏教育出版社 2003 年版。

10. 彼得·斯坦、约翰·香德：《西方社会的法律价值》，王献平译，中国人民公安大学出版社 1990 年版。

11. 彼得哈伊：《美国法律概论》（第二版），沈宗灵译，北京大学出版社 1997 年版。

12. 大须贺明：《生存权论》，林浩译，法律出版社 2001 年版。

13. 戴维·奥斯本、特德·盖布勒：《改革政府——企业精神如何改革着公营部门》，周敦仁译，上海译文出版社 1996 年版。

14. 狄骥：《宪法论》第 1 卷，钱克新译，商务印书馆 1962 年版。

15. 蒂姆·佛西：《合作型环境治理：一种新模式》，《国家行政学院学报》2004 年第 3 期。

16. 弗里德利希·冯·哈耶克：《法律、立法与自由》第 1 卷，邓正来、张守东、李静冰译，中国大百科全书出版社 2000 年版。

17. 戈德斯坦、哈鲁图年、康诺利：《学生攻击行为——预防与管理》，林丽纯译，江苏教育出版社 2010 年版。

18. 古斯塔夫·拉德布鲁赫：《法学导论》，米健等译，中国大百科全书出版社 1997 年版。

19. 赫尔曼·哈肯：《协同学——大自然构成的奥秘》，凌复华译，上海译文出版社 2005 年版。

20. 兼子仁：《教育法》（新版），东京有斐阁 1978 年版。

21. 结诚忠：《父母在学校教育中的权利》，东京海鸣社 1994 年版。

22. 金勇义：《中国与西方的法律观念》，陈国平等译，辽宁人民出版社 1989 年版。

23. 凯斯·孙斯坦：《风险与理性》，师帅译，中国政法大学出版社 2005 年版。

24. 克雷斯蒂安·冯·巴尔：《欧洲比较侵权行为法》（上），张新宝译，法律出版社 2001 年版。

25. 克雷斯蒂安·冯·巴尔：《欧洲比较侵权行为法》（下），焦美华译，法律出版社 2001 年版。

26. L. 科塞:《社会冲突的功能》,孙立平译,华夏出版社 1989 年版。

27. 莱昂·狄骥:《公法的变迁:法律与国家》,郑戈、冷静译,春风文艺出版社 1999 年版。

28. 鲁道夫·冯·耶林:《罗马私法中的过错要素》,柯伟才译,中国法制出版社 2009 年版。

29. 路德维希·冯·米瑟斯:《自由与繁荣的国度》,韩光明等译,中国社会科学出版社 1995 年版。

30. 罗纳德·德沃金:《论规则的模式——略论法律规则与原则、政策的法律效力》,潘汉典译,《法学译丛》1982 年第 2 期。

31. 罗斯科·庞德:《通过法律的社会控制》,沈宗灵等译,商务印书馆 1984 年版。

32. 洛克:《政府论》(上、下),叶启芳译,商务印书馆 1996 年版。

33. 迈克尔·麦金尼斯:《多中心治理体制与地方公共经济》,毛寿龙、李梅译,上海三联书店 2000 年版。

34. 马丁·因尼斯:《解读社会控制——越轨行为、犯罪与社会秩序》,陈天本译,中国人民公安大学出版社 2009 年版。

35. 马卡连柯:《马卡连柯教育文集》(上、下),吴式颖等译,人民教育出版社 1986 年版。

36. 孟德斯鸠:《论法的精神》,张雁深译,商务印书馆 1982 年版。

37. 米切尔·L. 耶尔、安东尼斯·凯茨亚尼斯:《美国保障校园安全的法律措施》,王石磊编译,《世界教育信息》2005 年第 9 期。

38. 纳雷什金娜:《资本主义国家民商法》(上、下),中国政法大学出版社 1989 年版。

39. Shlomo Sharan、Hanna Shachar、Tamar Levine:《创新学校——组织和教学视角的分析》,姚运标译,中国轻工业出版社 2007 年版。

40. 斯宾塞:《教育论》,胡毅译,人民教育出版社 1962 年版。

41. Walter Feinberg、Jonas F. Soltis:《学校与社会》,李奇等译,教育科学出版社 2000 年版。

42. 乌尔里希·贝克:《风险社会》,何博闻译,译林出版社 2004 年版。

43. 乌尔里希·贝克:《自由与资本主义》,路国林译,浙江人民出版社

2001 年版。

44. 亚里士多德：《政治学》，吴寿彭译，商务印书馆 1997 年版。

45. 约菲：《损害赔偿的债》，中央政法干校翻译室译，法律出版社 1956 年版。

46. 约翰·洛克：《教育漫话》，傅任敢译，教育科学出版社 1999 年版。

47. 詹姆斯·罗西瑙：《没有政府的治理：世界政治中的秩序与变革》，张胜军、刘小林等译，江西人民出版社 2001 年版。

四　外文论著类

1. *A Dictionary of Law*. Oxford University Press，1994.

2. Barry Buzan. *People，States and Fear：The National Security Problem in International Relations*，Brighton，Wheatsheaf，1983.

3. Caroline Thomas，"Global Governance，Development and Human Security：Exploring the Links，" *Third World Quarterly*，Vol. 22，No. 2，2001.

4. Campbell and Cosans v. The United Kingdom，*European Human Rights Report*，1985.

5. De Tocqueville，Alexis. *Democracy in America*，Nxew York：Harper Perennial，1988.

6. Deeda Sessoms. A Safety Project in Elementary School. *The American Journal of Nursing*. Sep，2000.

7. Department of Homeland Security. *National Response Plan*. Washington，D. C：2004. 12.

8. *Early Warning，Timely Response：A Guide to Safe Schools*. U. S Department of Education & U. S Department of Justice，August 1998.

9. Freeman，R. E. *Strategic Management：A Stakeholder Approach*，Pitman Publishing Inc，1984.

10. George Bush. *America 2000：An Education Strategy*，Washington，D. C：1991.

11. Human Security Now，report launched：UNSCO.

12. Hurry Shulman & Fleming James. *Cases and Materials on the Law of Torts*，Chicago：Foundation Press，1942.

13. Jeffrey L. Dunoff, Joel P. Trachman. Economic Analysis of International Law. *The Yale Journal of International Law*, Vol. 24, 1999.

14. Julius Menacker, Ward Weldon and Emanuel Hurwitz. *School Order and Safety as Community Issues*. The Phi Delta Kappan. Sep, 1989.

15. Takayuki Nakamura. *Approaches to School Security In Japan*, The PEB/US-DOE seminar on School Safety and Security, Paris, 12 – 14 November 2003.

16. Kanti Bajpai, "Human Security: Concept and Measurement," *Kroc Institute Occasional Paper*, August 2000.

17. Lakoff, GandM. Johnson. *Metaphors We LiveBy*. Chicago: ChicagoUniversity Press. 1980.

18. Practical Information on Crisis Planning: A Guide for School and Communities. U. S. Department of Education, 2003.

19. RobertL. Rabin, *Perspectives on TortLaw*, *Little*, *Brown and Company*, *1995*.

20. Safeguarding Our Children: An Action Guide. U. S Department of Education & U. S Department of Justice, 2000.

21. See Andre Tunc, *International Encyclopedia of Comparative Law*. Vol. 4, Torts, Introduction, J. C. B. Mohr (Paul Siebeck) Tubingen, 1974.

22. *United Nations Development Programme (UNDP)*, *Human Development Report 1994*, New York: Oxford University Press, 1994.

23. U. S Department of Education, U. S Department of justice (1998): Early Warning, Timely Response: A guide to safe school.

24. U. S Department of Education, U. S Department of justice (2000): Safeguarding Our Children: An Action Guide.

25. U. S. Department of education, U. S Department of justice (2003): Practical Information on Crisis Planning: A Guide for School And Communities.

后　记

时光荏苒，作为一位学者关注和研究学校安全问题已经近二十年了。每每看到校园安全相关案例，内心总是无比痛苦和不安。

二十年来，青丝白发，人生如歌，学校安全相关学习和研究一直是其中非常重要的篇章。

感谢全国教育科学规划领导小组办公室，我申请的"社会安全视野下的学校安全法律制度研究"幸得全国教育科学规划课题立项资助（立项号：BAA120013）。

感谢课题组成员易招娣、刘辉、高国平、缪惠娜、李洁、黄文浩、叶正飞、吴旻、何金侠、唐丽雪、杜玉玉、廖钰、张玉等，"志同道合"的责任感和使命感使我们凝聚在一起，共同探讨、共同研究、共同提升。缪惠娜、李洁、黄文浩、叶正飞、吴旻、何金侠等做了很多调研工作、资料收集整理工作，也在课题研究讨论会上发表了很多真知灼见；易招娣、刘辉、高国平、唐丽雪、杜玉玉、廖钰、张玉等不但参与了课题相关调研、资料收集整理和讨论等，还具体参与了课题成果的写作，具体如下：

易招娣：第二章、第三章、第七章、第八章的写作；

刘辉、高国平：参与了第一章部分内容的写作；

唐丽雪：参与了第四章部分内容的写作；

杜玉玉：参与了第八章部分内容的写作；

廖钰：参与了第九章部分内容的写作；

张玉：参与了第七章部分内容的写作。

虽然我国学校安全问题日益引起社会各界的关注，相关研究成果也不断丰富，但该领域的研究至今仍显得单薄，还难以支撑我国《学校安全法》立法的相关需要——没有成熟的相关理论研究成果作为支撑，就难以有高质量的立法成果。同时，该领域的相关研究成果也还难以满足学校安全治理实践的理论指导需要。所有教育法学研究的学者都任重道远。

　　由于该研究涉及教育法学、学校管理学、教育学、社会学、安全学等诸多学科，更由于作者水平有限，该课题的研究比较艰难，该书也必然存在诸多疏漏、差错及不足之处。为此，除感谢引文作者的艰辛劳动所给予的支撑外，也要感谢可能疏漏了的引文作者的默默贡献，并诚祈各界闳达以极大包容宽厚之心对拙作的疏漏、差错及不足给予谅解。

作者

2016 年 6 月 6 日